U0934354

【典藏】

厦门文史丛书

中国人民政治协商会议
福建省厦门市委员会 编

# 厦门科举纪事

傅兴星 主编

厦门大学出版社

图书在版编目(CIP)数据

厦门科举纪事/傅兴星主编.—厦门:厦门大学出版社,2019.12
(厦门文史丛书)
ISBN 978-7-5615-7713-4

Ⅰ.①厦…　Ⅱ.①傅…　Ⅲ.①科举制度—史料—厦门　Ⅳ.①D691.3

中国版本图书馆CIP数据核字(2020)第012736号

出版人　郑文礼
责任编辑　薛鹏志
版式设计　鼎盛时代
技术编辑　朱　楷

出版发行　厦门大学出版社
社　　址　厦门市软件园二期望海路39号
邮政编码　361008
总　　机　0592-2181111　0592-2181406(传真)
营销中心　0592-2184458　0592-2181365
网　　址　http://www.xmupress.com
邮　　箱　xmup@xmupress.com
印　　刷　厦门集大印刷厂

开本　720 mm×1 000 mm　1/16
印张　14.25
插页　3
字数　250千字
印数　1～2 000册
版次　2019年12月第1版
印次　2019年12月第1次印刷
定价　58.00元

本书如有印装质量问题请直接寄承印厂调换

厦门大学出版社
微信二维码

厦门大学出版社
微博二维码

## 《厦门科举纪事》编写组

■顾　问　洪卜仁

■主　编　傅兴星

■副主编　洪祖溢　乐志强　徐得志　黄嘉斌　陈小强
黄向阳

■编　辑　张海玲　廖艺聪　林明霞　林福全　沈　琦
王琴珍　张昭春　王秀玉　董　慧　张聪超

# 【前言】

中华优秀传统文化是中华民族的文化根脉，是坚定文化自信、积聚更深沉更持久力量的重要源泉。编辑出版《厦门科举纪事》一书，旨在加强对优秀传统文化的挖掘和阐发，充分发挥文化的熏陶和濡染作用，夯实文化自信的根基，进一步促进厦门文化事业发展。

今厦门市辖区，绝大部分是古同安县区域，还包括史属龙溪县、海澄县的小部分区域（今海沧区的部分地区）。古同安于晋太康三年（282 年）设县，后并入晋安县；五代南唐长兴四年（933 年）又置同安县。本书所收集的就是公元 933 年置县后、这一地域范围内的科举名人及其故事。随着全国经济重心的南移和闽地经济、文化教育的发展，古同安县文风渐盛，宋代“闽之文学，同安为最”，明代科举蝉联，清代武功之盛为全省冠。据已有资料统计，在南唐长兴四年（933 年）至清光绪三十一年（1905 年）废除科举的 970 余年间，这一区域共考中文进士 206 人，武进士 53 人，宋朝特奏名 10 人，明清钦赐进士 5 人、文举人 626 人、武举人 379 人，清朝钦赐举人 15 人。以那时的情况看，能取得这样的成绩，实属不易。

本书从厦门科举史上的“第一”、科举名村望族、科举轶事、名人佳话、文化遗迹等五个方面，梳理了 56 篇史料轶事，其中有杰出的天文学家药物学家魏国公苏颂、19 岁就考取探花的蔡复一等历史名人，也有嘉禾望族南陈北薛、科甲簪缨的东黄西石等科举家族，他们都曾在所在的政治、经济、军事、文化教育等领域发挥了不同程度的作用，也为振兴乡梓、开发厦门做出了贡献。

在正史中，为进士举人立传立言者较少，多散见于地方志乘、碑文、族谱等。本书从史料的搜求到整理校核，尽可能地做到客观、有历史依据，也有个别故事是根据传说整理。有个别人物的出生年月、出生地、中进士科名、是否属今厦门等有争议的，暂按古同安的习惯说法收录。由于资料不全，时间仓促，水平有限，存在不足在所难免，恳请大家指正并提供相关史料，以便再版时加以完善。

编者

2019 年 11 月

# 目录

**第一章　厦门科举史上的“第一”　/　1**

第一位进士陈纲　/　1
第一位榜眼刘逵　/　2
第一位武进士邵应魁　/　2
第一位会元许獬　/　3
第一位探花林钎　/　5
第一位武探花叶时茂　/　6
最年轻的进士蔡复一　/　8
最后一位进士陈纲　/　10
古同安的三位榜眼　/　10

**第二章　厦门科举名村望族　/　13**

“东黄西石”的东黄——金柄村　/　13
“东黄西石”的西石——高浦村　/　15
“南陈北薛”的南陈　/　16
“南陈北薛”的北薛　/　19
科甲连登青礁村　/　22
古同安最早姓氏许氏　/　31
雁塔科第——塔头社林氏　/　34
科举之乡——田洋　/　35
武功之乡——古坑村　/　37

武功之乡——石浔 / 42
明代科举望族桥东刘 / 44

## 第三章　厦门科举轶事 / 46

苏颂“洗墨池” / 46
陈沧江为诰命堂立规 / 47
林希元轶事 / 47
刘存德怒斥“水鬼应仔” / 48
许獬北山圆梦 / 49
洪侍郎吃蕃薯粉粿 / 50
褒美进士芋 / 51

## 第四章　厦门进士名人佳话 / 52

魏国公苏颂 / 52
许巨川修西安桥 / 55
三府太守陈健 / 57
刑部左侍郎洪朝选 / 59
湖广御史林一柱 / 61
理学名宦林希元 / 65
石敢当御史柯挺 / 69
忠谏名臣李献可 / 76
光禄少卿蔡献臣 / 78
一代廉吏温如璋 / 81
德智双馨蒋芳镛 / 86
闽南士子周起元 / 88
军门一品张廷拱 / 93
兵部尚书蔡复一 / 96
翰林编修许钟斗 / 99
东阁大学士林釬 / 103
太常寺卿林宗载 / 105
福建水师提督吴必达 / 106

水师提督李长庚 / 109
四川总督苏廷玉 / 112

## 第五章 厦门科举文化遗迹 / 115

南院陈太傅祠 / 115
古同安最早的书院 / 117
古同安的科举牌坊 / 118
同安大轮山文公书院 / 121
朱熹燕处高士轩（朱子书院） / 124
海沧书院史话 / 127
玉屏书院 / 131
明代金门蔡献臣家族在同安 / 137
澳头的鳌石 / 142

## 附录 厦门市历代进士举人名录 / 143

一、厦门市历代进士名录 / 143
（一）文科进士名录 / 143
（二）武科进士名录 / 156
（三）宋代特奏名名录 / 159
（四）明清钦赐进士名录 / 160
二、厦门市历代举人名录 / 160
（一）文科举人名录 / 160
（二）武科举人名录 / 200
（三）清代钦赐举人名表 / 216

## 后记 / 217

# 第一章　厦门科举史上的“第一”

## 第一位进士陈纲

陈纲，字举正，同安浯洲阳翟人，宋淳化三年（992年）进士。同安于晋太康三年（282年）设县，当年又并入晋安县；五代南唐长兴四年（933年）复置县。据《同安县志·选举》记载，陈纲是同安置县后的第一个进士，称为“开同进士”。

陈纲的祖父陈洪济是五代时的同安县令，首创同安儒学于登龙坊。其父陈元愷有文才，任龚邱令。其弟陈统、侄昌侯，后来都中了进士。可见陈纲有深厚的家学渊源。陈纲首仕任建州观察推官。旧例，春夏时都要征茶农数万人采贡茶，且不给工价，茶农苦不堪言。陈纲上奏：“请以北苑茶供御，余皆赋民，收其租入。在民者，官复定其直偿之，则民不困而国亦利。”就是划定贡茶园范围为北苑，其余分给茶农自行管理经营，官按年征租，北苑贡茶也要定价给钱，这样才国民两利。朝廷准奏施行，建州茶农感恩戴德，立碑颂之。后陈纲升任淮南、江浙、荆湖转运使，都是理财大员，却一尘不染。传入《福建通志·循绩》、《同安县志·乡贤》，入祀同安乡贤祠。

（文：陈金城）

## 第一位榜眼刘逵

刘逵（生卒年不详），字公达，开同后的第一位榜眼，宋元丰八年（1085 年）焦蹈榜进士第二人。状元即焦蹈，故历史典籍以第一名状元为该科的榜名，历代相承。而第二人即称谓榜眼，成为历史名词。在《东涯杂记》中记述："泉属榜眼颇多，宋则曾公会、黄公宗旦、宗公程、刘公达（即刘逵）、董公洪、陈公晋接及邑之石公起宗，共七人。"而石起宗终吏部员外郎。石公及第之岁，王公十朋为诗赠之，有"坐看万石门闾大，转觉朋山气象新"之句。王十朋字龟龄，号梅溪，浙江乐清人，南宋绍兴进士第一人，曾任泉州府尹，以龙图阁直学士致仕，为政极廉明且重视学术。刘逵及石起宗的榜眼身份确切无疑。

刘逵，累官越州观察推官、同知枢密院事、中书侍郎。时宋徽宗以天上星宿有变而"避殿减膳"，刘逵即上书给予释疑，当时的权相蔡京极力攻击刘逵。后蔡京罢相，刘逵与赵挺之同心辅佐徽宗，尽改蔡京的为政之法，重整朝纲，启用元祐党人，朝政为之一新。后蔡京又复为宰相，被贬为镇江节度副使，任中百姓赖以休养生息。后蔡京再罢相，遂起任杭州知府，后召回京师，尽力辅政，卒于官，赠光禄大夫，祀乡贤祠。南宋理学家吕大奎对其为官处世、辅政安民极其赞扬，诗云"崇宁之初，耿耿孤忠，政尚元祐，弊革熙丰。国事一新，公其弥缝。千载垂休，斯文有功"。概括了刘逵一生的勋绩，故入传旧县志乡贤录。

（文：耿　瀚）

## 第一位武进士邵应魁

邵应魁，字伟长，号榕斋，明代同安翔风里金门所人。幼习举子业，县试每冠儒学。嘉靖四年（1525 年）俞大猷驻防金门任千户，应魁弃文就武，从俞门下。嘉靖丙午（1546 年）中武举，越年中进士，为同安武进士之第一人。出仕即抚平赣南峒贼。嘉靖乙卯（1555 年）倭寇大队犯浙江钱塘口，上令调应魁于大猷麾下，大猷喜曰："邵抚军来，倭不足平矣！"应魁伏兵于平望桥，一战击毙、溺死倭寇千余人。奉命率舟师增援衢山，与敌战于蒲湾，应魁以寡敌众，乘夜顺风奋力冲杀至马迹，倭船大溃，而应魁也身负重伤，俞大猷亲为解衣敷药。受命守卫吴淞，随时增援嘉定、上海、江阴等处，取得川沙洼大捷。又善火攻，曾雪夜率兵三百，轻舟潜抵双屿倭寨，以火药尽焚其栅寨，倭寇大部烧死。奉命督师黄窑港，倭大队结舟成营，应魁乘夜火攻，倭焚、溺无数。又中途设伏，追歼残敌至乍浦，击沉倭舰二艘。战后以功升至永宁卫指挥使。不久，于巡弋中击沉倭舰于三片沙，升福建都司，署都指挥佥事（福建省最高军事长官），诰授“昭勇将军”，奉命以闽统筹浙江、直隶军事，专守江南沿海。倭寇慑其威，转犯江北，总兵卢韩失机被劾，株连应魁，遂被解职。不久巨盗曾一本勾结倭寇，横行广东，总督吴桂芳奏准起用应魁任广东惠潮参将，率哨船二十多只，乘夜直冲倭寇百舰船队，亲自射杀贼首，复合诸路大军共破之，粤寇乃平。但因应魁不事权贵，遭福建巡抚陈某中伤，遂灰心官场，挂冠归田。在家闭门谢客，注《左传》、《史记》，寄情诗酒，遍游大轮、夕阳、天马、慈云诸名山，后移居同安豪山。省、府屡次遣使礼聘咨询，均无功而返，仅得其诗词而已，从不再问政事。年七十六卒。著有《射法诗稿》传世，世称“儒将”。今金门城东门珍珠石旁有其故居，“清风处”三字为其所题。

（文：陈金城）

## 第一位会元许獬

许獬（1570—1606），原名行周，后因其梦揭魁榜而改名獬，字子逊，号钟斗，同安县翔风里十九都后浦保后湖（今金门县金宁乡）人。生于明隆庆四年（1570年）八月三十日。从小天资聪慧，九岁能文，年十三淹贯经史，因慕李光缙文章，乃只身前往晋江从之游。万历丁酉（1597年）中举，四年后会试第一，殿试再举二甲第一名，故有“会元传胪”之誉。初授庶吉士，寻授翰林院编修，常以“取天下第一等名位，不若干天下第一等事业，更不若做天下第一等人品”自励。

他是同安甚至闽南闻名的才子。民间赋予这位神童才子许多有趣的故事和传说，有的还形成了激励后生的民间俚语，如“许獬许獬，状元我不知，会元在我荷包内”，“状元未必知，会元随后来”，“天下第一通，晋江陈紫峰；天下第一势，许獬进士头”，都是夸耀许獬得中会元之事。

《同安县志》也记载，万历二十八年（1600年），知县洪世俊“就凤山建石塔五层，为儒学文笔，是科登贤书者八人（其中陈士铨、刘行义两位举人是金门人）；明年许公獬，捷南宫第一”。许獬中会元，为同安凤山文笔塔（也称魁星塔）带来了强盛的“文运”。

许獬在京为官，居久而以思亲成疾，告假归养，不久后于万历三十四年（1606年）卒于家，年仅三十七岁。《金门县志·人物志》列为“乡贤”。以其性严峻狷念，殚心力学，矢口纵笔，精义跃如，文思泉涌，思路敏捷，每有文章出，内外争相传抄，尤善对，时人推崇其为同安第一才子，并呼为“许同安”。所著有《四书合喙鸣》、《易解》、《丛青轩文集》，存有诗稿、制义五百多首。明代金门民间有俗谚：“文章许钟斗，品德黄逸所”，正是推崇许獬的文采之精巧。

根据东园张氏族谱记载：许獬曾在香山岩寺南侧的“徽国文公祠”（即香山书院）读书，并与蔡复一、陈文瑞、张廷拱、蒋芳镛等十位读书人结为盟友。此事志书未见记载，但许獬游香山有诗为证：“层峦游不尽，拍手上香山。举白浮天色，来青识圣颜。披云亭渺渺，漱石水潺潺。日暮烟岚合，相看意未还。”从诗中可以看出，许獬沿着“香山廿四崎”的蜿蜒仄径，或坐憩凉亭，或静听山泉，满目层峦，苍茫暮色，让他游兴未尽，流连忘返。

金门现存与许獬有关的文物中，有已经公告为第三级古迹的清金门镇总兵署，相传原本是许獬读书处“丛青轩”所在地的旧址。

许獬逝世后，与妻蔡氏合葬于山前村后石狮山麓，穴位俗名“石狮披甲”。由于英年早逝，所以墓的规模不大，墓碑也小，碑文“太史钟斗许公墓”，可能是后来重修。许獬墓的墓道碑在今贤庵国小左侧的古官道旁，碑高285厘米，宽89厘米，厚度15厘米，碑文：“皇明万历辛丑科会元授翰林院编修文林郎钟斗许公墓道。”而在今贤庵国小后方运动场边，还有一座“文章垂世　孝友传家”石坊，坊为四柱三间，明间二柱是狮柱，两边柱是文笔柱，柱面未刻任何文字，造型简朴，许多构件已散失。2008年，由金门县文化局完成墓道碑与这座牌坊的重修，修后的四根坊柱都是旧原件，其他全是新构件，该坊横额刻“明翰林院编修许獬文章垂世孝友传家”等字。

（文：黄振良　颜立水）

金门许獬“文章垂世　孝友传家”坊（叶均培　摄）

# 第一位探花林钎

林钎（1578—1636），字实甫，号鹤台，又号九皋居士，明末同安县翔风里十八都仓湖保瓯陇人（今金门县金湖镇后垄）。幼时丧父，随母改嫁龙溪（今漳州龙文区蓝田村洞口社）。据《明史·列传》记载，林钎乃明万历四十年壬子（1612 年）科乡贡，万历四十四年丙辰（1616 年）科殿试第一甲第三名进士，即通俗所谓“探花及第”，授翰林院编修起居注，纂修实录，经建筵展书官，历任南京国子监司业，左春坊中允喻德国子监祭酒，詹事府詹事，教习庶吉士，实录副总裁、礼部右侍郎，后拜为东阁大学士。

崇祯九年（1636 年）六月初二日，任大学士不到半年的林钎遂以国务繁剧，过劳而卒，享年五十九岁。朝廷赠礼部尚书，并据其清廉清正，赐谥“文穆”，归葬学籍地漳州仓门，后迁到洞口社。墓坐北向南，面宽三米，墓碑镌刻御赐的“慈孝承恩”字样，墓龟基碑及石狮，石虎保存完好。

其后裔亦迁居漳州龙文洞口村。

林钎为人处事，冲淡和平，廉介自守，令人敬服，朝野上下齐声赞誉。在其赐祭葬不久，崇祯皇帝下旨在龙文蓝田镇西坑东北的官道上，立三间五层的石牌坊一座。坊宽 8 米、高 7 米，石柱结构，三间五楼十二柱，正楼四坡顶，雕刻精细考究，上御书“澹泊宁静，中正和平”八个大字。

漳州芗城纪念林钎的石牌坊（岩立　提供）

（文：张再勇）

## 第一位武探花叶时茂

叶时茂（1740—1800），字允丰，号得溪，清代同安县岭下人。祖父叶长善为县学庠生。叶时茂自幼好武，以臂力过人见长。乾隆二十四年（1759 年）中武举人时，年仅 19 岁。乾隆二十八年（1763 年），参加武科会试，获会试第一名“会元”。随后参加殿试，获乾隆皇帝钦赐一甲第三名，即探花。中武探花后，叶时茂即赴京城就职，先后任宫廷侍卫行走、武英殿编修、兵部主事等职。乾隆三十年（1765 年），因成都动乱，叶时茂被派往四川，动乱平息后，回到京城。不久，以兵部职方司督理江南，乾隆三十三年（1768 年）以后，叶时茂正式外派为官，历任广西柳州游击、融怀参将、新太副将、湖州副将等职。晚年告老辞官，定居于江西遂川县大沙乡。嘉庆五年（1800 年）十一月，病逝家中，享年 60 岁。叶时茂生性耿直刚正，持重老成，一生清正廉洁，宦绩卓著。在其为官30余年中，一方面“剔奸除弊，清饷核兵”，另一方面“礼贤下士，抚恤流民”，故深得各地兵民爱戴。叶时茂文武双全，是古同安县唯一的武探花，其祖父及父亲因之获赠武翼大夫。叶时茂排行第二，其兄叶长茂也中武举，曾任湖州副将。叶时茂尤喜好吟诵，著有《得溪诗集》留传于世。

叶时茂故居又名瑶头探花第，位于同安区西柯镇瑶头村，此为其青少年生活之地。故居坐东朝西，穿斗式悬山顶，砖木结构，整体布局为两落双护厝加一后界，占地面积1000多平方米。两落建筑面宽11.5米，总进深28米。第一落面阔3间，进深1间，明间为前厅，次间为房。明间设对开大门，次间各开一虎眼窗，屋脊为燕尾脊，屋脊上无装饰。两落建筑外墙墙基为花岗岩条石砌筑，墙体为砖石夹砌，内隔断均为夯土墙，屋面铺红色板瓦，地面铺设红色斗底砖。2005年，叶氏后裔维修时，第一落正立面墙改为红色清水砖贴面。两落建筑间为天井，天井两侧设东西厢房，厢房正立面设木隔扇，中间设单开门。护厝以三个过水廊分隔为两个单元，顶护为一厅二房，下护为一厅一房。护厝屋顶为卷棚顶，屋面铺红色板瓦。护厝墙体为砖石夹砌，内隔断均为夯土墙，地面铺设红色斗底砖。后界为一厅二房，左右“突规”为一厅一房，屋顶为燕尾脊硬山顶，屋面铺红色板瓦，墙体为砖石砌夹夯土外抹灰，地面铺设红色斗底砖。主体建筑与后

2005年重修后的叶时茂故居（吴稳水　摄）

界间设宽敞的后院，南北各设一出入口。后院内设家用水井。探花第前铺设内外两级砖埕，入口设于内埕西北侧，外埕前置一对八角形石旗杆。

叶时茂“会元”匾（岩立　摄）

叶时茂中武举人后，先在故居的北侧兴建了一座武馆。中武探花后，又在故居南侧兴建了一座宅第和上下书房。整体布局基本相同，武馆保存“会元”和“武魁”额匾，还有相传是叶时茂当年习武吃饭所用的“探花碗”、洗脚的“石脚桶”及4米多长的轿杠等遗物。

（文：陈　娜）

## 最年轻的进士蔡复一

蔡复一（1577—1625），字敬夫，号元履，又号遁庵，明代同安县翔风里十七都刘浦保蔡厝人（今金门县金沙镇光前里），万历二十三年（1595年）进士。他为今天的金门县书写了几个“首位”：1. 金门（乃至古同安）首位年青（19岁）进士；2. 金门（乃至古同安）首位赐予尚方宝剑的从一品官员；3. 金门首位被写入正史（《明史·卷二四九蔡复一传》）的官员；4. 金门首位获谥（即“清宪”，意为清正廉明，博学多能）的乡贤名宦。

蔡复一画像（岩立提供）

蔡复一一生从政27年，历任刑部主事，湖广参政，山西左布政使，兵部右侍郎，五省经略等职。他文武兼备，为人正直，公正不阿，是一位军事家，也是一位诗人、文学家。

蔡复一故居（岩立　摄）

蔡复一曾在同安大轮山文公书院（也叫大同书院或紫阳书院）读书，接受“程朱理学”思想熏陶，怀有“经世济民”抱负。天启四年（1624年），贵州苗酋奢崇明、安邦彦起兵反抗朝廷，攻城掠众，巡抚王三善战败而死，朝廷任命蔡复一为兵部右侍郎巡抚贵州，不久又取代杨述申总督贵州、云南、湖南、湖北、广西军务（即“五省经略”）兼巡抚贵州。他奉旨平乱，“日夜治军事，调兵食，精神耗废”、“真有孔明食少事繁之意”（明何乔远《蔡清宪公文集序》）。天启五年（1625年）十月，终因环境恶劣，缺医少药，患疟痢溘逝平越军中，享年五十。朝廷嘉奖其忠勤，赠兵部尚书，谥清宪。

蔡复一累死国事，践行了他一生“报国恩以忠心，担国事以实心，持国论以平心”的理念，为明王朝立下了“二百年未有之功”。

（文：颜立水）

## 最后一位进士陈纲

古同安最后一科的进士陈纲（1870—？），字子显，清代同安县嘉禾里仙岳村人，清光绪甲午（1894 年）榜举人，乙巳榜（1895 年）进士。其父陈谦善（1844—1901）为菲律宾侨领，任甲必丹专理华侨事务。任内极力维护华侨权益，扶助华侨的经营与生活，深受爱戴。1898 年，美国通过美西战争击败西班牙，夺取菲律宾，废甲必丹制。陈谦善呈请清廷设菲律宾领事馆。次年，清政府委任刑部陕西司郎中陈纲为驻菲律宾总领事。任内承继父风，维护华侨权益不遗余力，又捐俸设华文学校，称“大清中西学堂”。1903 年任满，调驻古巴总领事。

为期十年的中美《限禁来美华工保护寓美华人条约》至 1904 年底期满，此条约歧视并虐待华人，清政府在舆论压力下依条款规定提前半年提出废约，竟遭美方拒绝，引起海内外华人的公愤。在上海的同安巨商曾铸联合各通商大埠发动全国性的拒美约会运动，抵制美货，全面停止与美洋行的合作。厦门各界公推陈纲为厦门拒美约会会长。陈纲坚决响应并执行上海总会的全面抵制美货办法五条，断绝了美国对厦门的一切商业贸易活动。美国对华贸易遭此全面、长时间的打击，才被迫同意废约。陈纲领导的厦门拒美约会运动的胜利，开创了以民间力量助力政府外交斗争的先例，对以后民国时代厦门人民反对日本强占虎头山，反对英国强占海后滩的斗争起了很大的示范与鼓舞作用。

（文：陈金城）

## 古同安的三位榜眼

古同安山川钟灵毓秀，“域地生才，人杰必由地灵也”。诚如古人孙子荆之言：“其山崔巍而嵯峨，其水泙渫而扬波，其人磊落而英多。”诚不虚也。同安虽偏于祖国东南一隅，却胜景天成，山川形胜，孕育着一代又一代的历史先贤，推动着古同安的历史进化脚步，铸就着同安文明史和发展史的辉煌。本文所要阐述的是古同安科举史上的三位榜眼，他们的业绩增光史乘，熠熠生辉。

由于年代湮远，谱牒资料的缺失，无法实地乡籍的采访。文献的片言只语，尚无法完整体现这些先贤们的为宦之道和丰满形象，然不把他们整理出来总是一种缺憾。按古文献所载，开同后的第一位榜眼为宋元丰八年（1085 年）焦蹈榜的刘逵，为一甲第二名。另两位榜眼即石起宗和廖金城。

石起宗，字似之，乾道五年己丑（1169 年）进士第二人，初仕敕局删定官召试馆职，条对时务，文理通达，帝览之称善，升秘书省正字，再迁权仓部郎官。极力向朝廷分析建言“天下治乱安危之机”，又力劝“妄启边衅以开兵端不可不戒”，以求国家政治安稳平定，百姓休养生息。后转任漳州府通判，在任中“宽盐禁”，禁兵丁不得无故杀平民百姓于市，漳州太守给予否定，以树官府威严。则极力向太守力争并置以法，爱民如子体察下情已见一斑，漳州人民绘像祀之。后因功升徽州知府，官至尚书吏部员外郎。为宦处世，目睹官场腐败，常向皇帝奏言：“愿诏大臣尽公任责，以破群臣徇私偷惰之习。”其反腐倡廉在当今仍有现实意义，何况封建社会的官吏有此明智的襟怀，可见石起宗为政的清廉，堪称良吏。而石起宗也博学多才，善字画，立于秘书省的“汗青轩碑”即其所书。尤工诗赋，好学不倦，常用薪俸购书于市。自言“藏书数千卷，胜良田千顷”。所著有《继史管窥》，综观其一生，堪称我邑杰出先贤。

入清以来，同安邑又有一位榜眼即廖金城，据《同安县志》记述：“廖金城，归德里莲山乡人，移居福州，己巳（1809 年）恩赐殿试，一甲二名。”寥寥数语，已考其籍，即同安的第三位榜眼。根据此信息，在廖水深先生陪同下，走访汀溪进美山廖姓族人，考察莲花窑市廖厝尾，初显端倪。据进美山廖姓耆老介绍，廖金城先人在清朝时即从进美山分衍莲花窑市定居。进美山廖姓源流于安溪唐代人廖长官，时来安溪（唐时安溪称清溪）为宦，称廖长官，故安溪民谚相传“未有清溪县，先有廖长官”之千古流传。进美山廖姓在明时即播迁汀溪进美山，也有约五百年的历史了。耆老还介绍，在清时廖金城中进士后曾派人到同安联系寻根谒祖，在县城寻访进美山竟无人知晓，因进美山地处高山深沟，林茂树密，道路崎岖，入县城不方便，较为闭塞。且与安溪接壤，宗族渊源多与安溪交流，故县城之人较不熟悉，致联系报喜之人无功而返。至于莲花窑市莲峰岩寺西侧，据里人老大介绍就是廖厝尾，今已被村民改建民居及乡道公路，路侧尚见原廖厝尾的旧水井及石舂碓，遗址已无可觅踪。里人还介绍：廖厝尾廖姓在清朝中属大姓，1000 多人口，比现今窑市叶姓人还多。因属交通要道，店铺林立，故窑市之名因之名之。当时廖姓做生意，杀牛、杀羊开屠宰铺，开杂货店、设药店，今药店口地名尚存。在 20 世纪 50 年代初及后来扩建窑市学校时，原廖厝尾的屋基尚在，为夯土墙建筑。后据说瘟疫流行，廖姓才向外迁，但不知去处。而查《福建省志・人物志》记载："廖鸿荃，嘉庆十四年（1809 年）榜眼，籍贯闽县（今福州），初名金城，字应礼，号钰夫，历任翰林院编修，工部尚书，漕运总督，曾数次主考，并督学江浙。"在《中国人名大辞典》载：廖金城，闽侯官人，嘉庆进士，道光间累工部尚书，时议改河道，朝命鸿荃往勘，请乃堵筑漫口，挽为故道，寻坐事夺职，再起官太常寺卿，卒谥"文恪"。从上述记载已可见廖金城的政绩辉煌，为宦显赫，已入我县历史先贤佼佼者之流，增光邑乘。而至于廖金城何以迁徙闽县，省志还载：与廖金城同榜进士的闽县籍还有一位廖鸿藻，可能为兄弟或族人。由此推论廖姓先人或族亲在此之前已在闽县繁衍，前往投亲靠戚，故迁徙闽县。并在闽县定居，入学读书，考取功名，才为闽县籍，实祖籍为同安，这也是旧县志登录确认之缘由。

三位本邑榜眼的出生地、生卒年月、行状、家族渊源、谱牒及迁徙缘由等，均无线索实地考证，其本来历史面目、社会背景亟待相关文史工作者关注。

（文：耿　瀚）

# 第二章　厦门科举名村望族

## “东黄西石”的东黄——金柄村

“东黄西石”的“东黄”，是指今天同安区东面、翔安区北部金柄村的黄氏家族。唐垂拱二年（686 年），黄姓开基祖黄纶自泉州徙居同安金柄。自唐至宋，瓜瓞绵绵，簪缨辈出，为邑著姓。宋石赓传中有“东黄西石，并为甲族”，《林次崖先生文集》中亦有“黄氏为同著姓，同昔有东黄西石、南陈北薛之称”的记载。以金柄地处同安县东界，故谓东黄。

相传黄纶进入同安，初至曾林，认为既不近山又不靠海不合心意，策驴再行，至乌山仍不合意，继至金柄，仍觉有所不足，但驴止不行，乃定居。以屋后有一山脊，笔直而土似金，故曰金柄。其周围多坑谷，俗称坑柄。

黄氏在金柄日渐繁荣，富甲一方，科第联昌，在古同安为甲族，仅金柄派系在明清两朝计有进士 9 名（明 6、清 1、明清武进士各 1），举人 46 人（明 13、清 22、明武举人 3、清武举人 8）。族谱云“而附吾家二里许有宋致政黄公及黄太尉墓碑”，“故老谈先世契卷，有七相公八相公之称”。故东黄与西石并为甲族。历史人物自黄纶第五子文彦登唐肃宗辛酉科进士，历任监察御史，赠封开国公谥忠义始，第五代黄光龄登贞元三年（787 年）进士，受劓中落，至光龄孙僖广，官学士，有“能不贪取盈之义”。唐有黄炳，仕至职方郎中。至宋，黄炳的裔孙黄万顷，宋绍兴二十七年（1157 年）进士，官至安抚使。宦迹四十年，清慎自守，不营椽屋田亩，以诗酒著述

新圩金柄黄氏大宗祠（岩立　摄）

自娱。万顷四世孙黄琳，募兵赴泉州解宋帝昺被蒲寿庚之围。明有正德刑部郎、耿直敢为的黄伟。有护乡里抗倭寇，被谭维鼎调护同安城的武举黄复初。有重新檀越祠——四安黄祖祠的黄文炳。其弟黄文炤，南明时数受征聘，辞不受官，方面大员秉帝命赠“天恩存问”匾额。清兵入泉，隐居三秀雪山岩，义不降清，人称“黄布衣”。有千里寻亲，从粤背负盲父以归的黄俞叔。

新圩后埔村唐代黄纶手植的香樟树（岩立　摄）

（文：黄大张）

# “东黄西石”的西石——高浦村

“西石”，指史上同安县鹤浦西安乡（今厦门市集美区高浦村）的石氏家族。唐光启二年（886 年），福建南部都尉石鑫扈率军入闽，托处苎溪，后移居同安县安仁里十四都鹤（高）浦西安乡，为同安石氏始祖。二世石琚，号正庵，五代后唐天成三年（928 年）进士，授司勋员外郎，卜居仁德里十三都苎溪（现属集美区）。

发展至宋代，石氏在同安已是望族，科甲簪缨。两宋同安共有 47 名进士，石姓占 9 人：庆历二年（1042 年）石仲甫，皇祐元年（1049 年）石遵、石赓、石仲攸，嘉祐八年（1063 年）石亘，政和五年（1115 年）石倪，重和二年（1119 年）石邻，绍兴二年（1132 年）石恍，乾道五年（1169 年）石起宗。还有特奏名 3 人：景祐元年（1034 年）石选，政和二年（1112 年）石锐之，绍兴二十四年（1154 年）石侁。他们或兄弟连捷或叔侄同榜。石起宗官至吏部尚书，因赈济泉州有功，留居泉州东门外赤山乡，故石氏高浦祠庙有“宋室尚书府，银同甲第家”之联语。石赟于徽宗崇宁年间（1102—1106）隐居文圃山，与谢脩、洪文用合祀三贤祠。朱熹主簿同安时，曾游文圃山，应石氏之请撰写《鹤浦石家祠堂记》，可见宋代石氏之盛，故有“南陈北薛，东黄西石”之誉。

可是“厥后明初，江夏侯奏害，遂至四散”（据《鹤浦西安乡石氏谱序》）。据传江夏侯周德兴奉命在高浦建千户所城，和石氏发生争端，周氏上奏朝廷而加害石氏。族人逃难散居浙江台州、广东潮州及本省晋江、龙溪、厦门、同安等地。高浦石氏从此式微，但公认为闽省石姓发祥地。

石起宗之子十世石大猷于南宋绍兴年间从高浦西安乡徙居在坊里，现大同街道小西门外社坛有石厝社的遗址。其族众于明初部分迁新店镇石厝社，部分留县城。清时石氏有所振兴，文武举人（包括行伍荐辟）就有 5 人，他们是乾隆三十六年（1771 年）的石国辉，乾隆年间的千总石廷标，嘉庆六年（1801 年）的石鼓文，嘉庆十七年（1812 年）钦赐的石辉（前浯村人），道光二十三年（1843 年）的石耀宗。至民国初石氏又大部外迁。

（文：洪树勋）

# “南陈北薛”的南陈

“南陈”，指史上嘉禾屿（今厦门岛）薛岭山南面的陈氏家族。其史上在厦门的开基祖有些不同看法。说起南陈，从历史到现在，其代表人物言必陈黯，这是由于某些史籍和陈氏族谱记载以及我们的先人没有看到唐代墓志有关，陈黯之说一直存在疑问。20 世纪 70 年代在泉州晋江和 2005 年厦门出土了三方唐代墓志，展示了确切的证据，陈黯之说被否定了，南陈迁居嘉禾屿（厦门）的第一人应该是陈僖，其中缘由是这样的。

《颍川大成谱》的《南陈实录》载：“始祖陈忠……厥子邕，唐神龙初进士。神龙元年乙巳（705 年），武后收中宗回宫，是年登位，改号神龙。邕官至太子太傅，与李林甫不协。开元二十四年（736 年）被谪入闽，先住福州三山，始居兴化，驯入泉州惠安社坛，后旋移入漳之南驿路南厢山居焉”。这就是南陈先祖入闽的路线图。

兹按大成谱列出南陈的十世辈序：一世祖陈忠（鄂国公），二世祖陈邕（太子太傅），三世夷则（紫金光禄大夫），四世俦（著作郎），五世闻（陵州刺史），六世丞（福唐县令），七世僖（开府仪同三司上柱国，墓在院边，墓东有上柱国祠），八世仲寓（番禺县丞），九世元通（婺源知县），十世肇（员外郎，创普照寺）、黯（字希儒，陕西元帅）。陈氏这十世人氏在朝廷中央、江西、广东做官和经略福建，十分显赫。

从陈邕到陈黯已历九世，以 25 年为一世，计为 225 年，陈黯应在五代后唐年间了，无论如何是不可能成为南陈的代表人物。《南陈实录》又载：“邕公卒年九十有五，谥忠顺王……夷则兄弟奔丧毕，睡梦隐于禾田，因与子著作郎俦于德宗建中二年（781 年），举家三百余口迁入嘉禾岛。始登岸，宫室未建，托足茅舍，今人号其处曰陈寮……用钱三百六十万贯，向官请产后，薛令之家来同里，时乡人有南陈北薛之称。”这一说法仅是族谱记叙，没有确凿证据可以佐证。

20 世纪 70 年代初，泉州东门外石井乡，农民挖水渠时，挖到一座唐墓，出土一方墓志《唐许氏故陈夫人墓志》，此陈夫人按族谱对照应该是陈黯的堂妹，十七岁出嫁，二十三岁死于产后痢疾，时为唐大中十一年（857 年），距今已 1161 年，至为珍贵。

陈夫人墓志说：“室人其先颍川人也，汉丞相陈平之后，高祖任长乐县令，秩满家于福唐，亦长乐之邻邑也。曾祖僖，爱仁好义，博施虚襟，俊义为之，鳞萃辐辏，故门有敢死之士，遂为闽之豪族”，“时闽侯有问鼎之意，欲引为谋，乃刳舟剡楫，罄家浮海，宵遁于清源之南界，海之中州，曰新城，即今嘉禾里是也”。这与《颍川大成谱》“南陈实录”所载“夷则兄弟奔丧毕……与子俦于德宗建中二年（781 年）举家三百余口迁入嘉禾岛”颇为相似，但清代的族谱与唐代的墓志相较，唐代的墓志更为正确，它有力地纠正了族谱的错讹。

陈夫人墓志又说：“屹然云岫，四向沧波，非利涉之舟人所罕至，于是度地形势，察物优宜，曰可以永世避时，贻厥孙谋，发川为田，垦原为园，郡给券焉，家业丰厚，为清源之最，终身不仕，以遂高志。”这就是说“曾祖僖”原“为闽之豪族”，避难来到嘉禾岛上，“发川为田，垦原为园”，又成为“清源之最”，而且“终身不仕，以遂高志”。

陈夫人墓志说陈僖是因“时闽侯有问鼎之意，欲引为谋”而“罄家浮海，宵遁于海之中州嘉禾岛”的。查《资治通鉴》唐德宗贞元四年（788年），“福建观察使吴诜轻其士兵脆弱，苦役之，军士作乱，杀诜心腹十余人，逼诜牒大将郝诫溢掌留务。诫溢上表请罪，上遣中使就郝以安之……辛未，以太子宾客吴凑为福建观察使，贬吴诜为涪州刺史”。这次福州的军士作乱，没有波及其他地区，朝廷只撤换了福建观察使，将吴诜调换了工作，事态和平解决。

按墓志推算，陈僖约生于唐开元二十五年（737 年），而他成为“闽之豪族”时应到了中年 40 岁至 50 岁，这与唐德宗贞元四年（788 年）发生军乱的时间是符合的。因此，陈僖迁居嘉禾岛的时间可以肯定是在德宗贞元四年（788 年）左右。

至于大成谱说陈僖是“开府仪同三司上柱国”，“上柱国”相当于宰相的职位，而且还有“上柱国祠”。在厦门湖里区禾山街道办事处后坑居委会后院埔山坡上有重修于清同治年间的“唐上柱国公茔”和“大唐赐进士出身陈公封茔”两座陈僖墓。经抢救性挖掘证实不是陈僖墓，而是他的孙儿陈元通夫妇墓，出土的两方墓志正证明“陈夫人墓志”中说的陈僖“终身不仕”，一生没有做官，是“闽之豪族”，从而纠正了族谱和后坑陈僖双墓的讹传。为什么会造成如此重大的错误，陈氏族人已无人能说得清楚了。

据墓志记载，南陈迁居嘉禾岛的代表人物不是陈黯，而是陈僖，这也与史志记载陈邕先住福州三山，继居莆阳，又居泉州惠安社坛，最终定居漳州南厢山的路径是相符的。

走笔至此，似乎南陈迁入嘉禾岛的代表人物已经说清楚了，但关于陈黯的情况还得补举。

陈黯作为南陈的代表人物，第一个进入嘉禾屿这一说法，历史上不少人提出过质疑，就连朱熹也认为陈黯与薛令之不对应，就拉出一个龙溪尉薛沙（薛令之孙）来对应，可《龙溪县志》却没有薛沙的记载。道光《厦门志》的主编周凯对此也只能以“无可考证”而存疑。

道光《厦门志》载：“陈黯，字希儒，号昌晦，南安人。《唐史·艺文志》、《漳州府志》作莆田人。黄滔（黯内侄，一说是女婿）、罗隐二序皆称颍川先生，不言其地。父贽，通经及第，黯无昆仲姐妹。登瀛陈氏宗谱，黯系元通次子，其长子名肇，分派厦门，似非单子”。《闽大记》谓黯“隐居终南山，后徙嘉禾屿”，“事无可据，不敢臆说”。从这里可以看出先贤们调查陈黯身世时，发现不少矛盾，有南安人陈黯、有莆田人陈黯，而且其父不是陈元通，而叫“陈贽，通经及第，娶江夏黄夫人，黯无昆仲姐妹”。可是登瀛陈氏宗谱却记载“黯系元通次子，其长子名肇”。因没有确凿证据可以证明，更没有看到唐代的墓志，只能注释“既有异同，又无可考证”，为后人留下了难题。

最有力的证据出现了，乃是 2005 年 4 月，为配合厦门仙岳路改造工程，对后坑后院埔山坡上的陈僖双墓进行抢救挖掘，掀开封土，取出墓志，发现墓主人不是陈僖，而是陈僖的孙儿陈元通夫妇。撰于唐大中九年（855 年）的陈元通墓志铭载：“先娶汝南周氏……不幸早逝。有男不育，唯女二人。后娶汪氏以继其室，有男子二人，长曰肇，次曰皋。女子三人，皆稚年。”撰于唐咸通二年（861 年）的汪夫人墓志载：“有男一人，曰皋，举孝廉……有女二人，皆美淑端休”。两方墓志均不见“黯”的名字，且陈元通夫人不是“江夏黄夫人”，这就充分说明陈黯不是陈元通世系的人，应另有其人，这与黄滔在《颍川陈先生集》序所说的黯为颍川先生……父贽……黯无仲昆姐妹，是相符的。唐代的陈元通墓志和汪夫人墓志证明了他们没有“黯”这个儿子，也为我们纠正了史志和谱牒的误传。

因此我认为，陈黯不是也不可能是南陈的代表人物，更不是南陈迁居嘉禾岛的第一人。

南陈作为“嘉禾望族”之一，民间素有“南有陈贡元”之称。厦门陈姓宋明清三代进士、举人、贡生不少。据《选举表》载，计有进士 4 人、举人 15 人、贡生 8 人，进士有陈俊卿、陈襄立、陈士兰等人。明清贡生分拔贡、优贡、岁贡、恩贡、副贡五等。拔贡每 12 年由县学秀才中选 1 人，优贡每三年从全省秀才中选 6 人，均称贡元。在嘉禾陈姓明清 8 名贡生中，即有贡元3名：康熙六十年（1721年）拔贡陈启甲、嘉庆六年（1801年）拔贡陈璜、道光年间优贡陈荣瑞。民谚："南有陈贡元"有据可查。

（文：龚　洁）

## "南陈北薛"的北薛

北薛，指史上嘉禾屿（今厦门岛）薛岭山北面的薛氏家族。其开基祖代表人物为薛令之，史志记载比较一致。

只有南宋淳熙二年（1175年），在同安县任主簿的朱熹，校阅陈黯的《裨正书》写作《金榜山记》时，称："金榜山在嘉禾屿二十三都，北有岭曰薛岭。岭之南唐文士陈黯居焉，岭之北薛令之孙徙于此，时号'南陈北薛'。"这一说法是朱熹为对应陈黯而杜撰的，不少人持否定态度，认为不论从金榜山与薛岭的地理位置，还是有没有薛沙其人都不靠谱。因之，自宋至今，大多不从此说。

清道光《厦门志》列传文学如是说："薛令之，字珍君（一说君珍）。长溪人。一曰徙嘉禾里，神龙二年进士。""开元中，累迁左补阙兼太子侍读，与贺知章并侍东宫。时李林甫不惬于太子，官僚冷落。令之欲讽明皇，题壁云：朝旭上团团，照见先生盘。盘中何所有，苜蓿长阑干"。"明皇阅不悦，授笔题曰：啄木嘴距长，凤凰羽毛短。若嫌松桂寒，任逐桑榆暖。""令之遂谢病徒步归。明皇闻其贫，令有司资以岁赋，令之量口受赐。及肃宗接位，以归德召令之，令之已逝矣。"

这里没有注明令之是什么年份题壁诗和"徒步归"的，也没有注明什么年份徙嘉禾里的，只是说令之对伙食不好，题诗壁上表达不满，唐明皇看到后答诗于后，似乎下了逐客令。令之感到形势不妙，决定"谢病徒步归"，在叙述这个问题之前，必须先说说宰相李林甫。

李林甫，在唐玄宗朝中为相十九年，他为人阴险，是个口蜜腹剑的两面人。后代学者许衡评价李林甫："奸邪之人，其心险，其术巧。惟险，故千态万状而人莫知；惟巧，故千蹊万径而人莫能御。其谄似恭，其奸似直，其欺似可信，其佞似可近。"

唐开元初李瑛是太子。武惠妃让韩休推荐李林甫为宰相，拜黄门侍郎。

李林甫即对武惠妃表忠心，“我愿保护寿王”（武惠妃子李瑁）。设计陷害太子李瑛和鄂王李瑶、光王李琚，促使玄宗听信他的谗言而废太子李瑛，并进而将太子李瑛和鄂王李瑶、光王李琚废为“庶人”，继而这三人被害，史称“三庶人之祸”。接着李林甫导演玄宗夺其子寿王妃杨玉环为己妃的父夺子妃的荒唐剧。

李瑛被废后，太子位空缺，李林甫建议唐玄宗立寿王李瑁为太子，玄宗不允，立忠王李亨为太子。从此，李林甫与太子李亨为敌，彼此明争暗斗了十五年，唐代宫廷内演绎了诸多权力相争的博弈大戏。

2013年9月，福安市明月文化研究会刘松年先生主编《帝师志》，在《薛令之与其所历之唐朝》一文中说：“嗣圣元年（683年）农历八月十五，中秋月明，薛令之诞生，号明月先生。”“天宝十一年（752年），薛令之七十岁，东宫侍讲，这年可能是题壁苜蓿诗。天宝十二年（753年），七十一岁的薛令之徒步回乡石矶津，此时很有可能因避祸而浪迹嘉禾屿（厦门）。十三年（754年），薛令之七十二岁重回灵谷草堂隐居”。“唐肃宗至德元年（756年），薛令之七十四岁病逝”。

这一说法值得商榷和研究，兹据《唐史》等史料作一番考析：

唐神龙二年（706年），薛令之二十四岁赴京会试登进士第，二十五岁入翰林院。开元元年（713年）薛令之三十一岁，任右补阙，时李林甫为太子李瑛的“中允”（官职名）。期间，武惠妃宠压后宫，李林甫献媚要保护她儿子寿王李瑁，武惠妃暗荐李林甫为相。

开元二十五年（737年），李林甫与武惠妃策划废太子李瑛，制造“三庶人祸”事件。翌年，李林甫荐寿王李瑁为太子，玄宗不允，立忠王李亨为太子，并调薛令之入东宫为太子侍读（讲），这年薛令之五十六岁。

薛令之入东宫后，因李林甫与太子有隙，不善待东宫，连伙食也甚差，这就引起薛令之的警觉。他静观了数年，见李林甫欺君弄权，朝廷群臣大多与李林甫不协，待到天宝元年（742年），玄宗迷恋杨贵妃（玉环）的声色，整日在后宫专事奢靡歌舞享乐，不理朝政，将朝政委于李林甫。同时玄宗赏赐杨贵妃四姐妹每人脂粉费100万两，并为四姐妹每人建一座豪华大厅，每厅又耗银100万两以上。到了这般田地，薛令之预感到危机即将来临，“开元盛世”将要终结，唐朝会出大事！于是，在东宫壁上题“苜蓿”自悼诗以明志，借以讽刺玄宗的昏聩奢靡，警醒玄宗自律。可是，当看了玄宗的答诗以后，令之对唐朝时政的走向，形势的发展了然于胸，但又无可奈何，感到东宫不是久留之地，不可恋战。于是决定离开，且不要朝廷多弗开销，徒步返乡，是年五十八岁。

薛令之返回长溪石矶津后，时局的发展，不出所料。玄宗听信李林甫的建议，任杨贵妃的堂兄杨国忠为宰相，不按祖训廷规，起用不识文墨的胡将安禄山，授予兵权，镇守边疆。

天宝四年（745 年），安禄山拜杨贵妃为干娘。时年六十二岁的薛令之感到时局将会大变，石矶津也不安全，于是决定南迁，率全家遁入清源之南界的荒岛嘉禾屿，择居屿北的一小山海滨即今林后、安兜，躬耕自娱，经营家业，还为同安县修了东岳庙，时人将那座小山称为“薛岭”。大约 30 年后，原在福唐的闽之豪族陈僖，率全家 300 余口，也因避祸来到嘉禾屿，择居薛岭之南，才有了“南陈北薛”之称。

天宝十四年（755 年），安禄山反，玄宗西逃，杨贵妃被勒死于马嵬坡，年仅三十八岁。唐玄宗不久也驾崩，太子李亨接位，是为肃宗，改元至德。至德元年（756 年），薛令之逝于嘉禾屿，终年七十四岁，葬于嘉禾屿禾山下张（忠）社。唐肃宗感念令之师恩，下诏要老师回京任职，可令之已逝矣。

经过 1300 年的风雨，薛令之在厦门禾山下张（忠）的墓仍占地约 200 平方米，呈风字形，封土高约 0.8 米，墓围三合土构筑，显然是日后重修时所为，墓碑楷书“唐侍御薛公墓”，款为“乾隆已丑年”，这说明令之墓在乾隆时重修过。其旁还有一方厦门市政府的文物保护碑，碑阴书“薛令之，字珍君，唐代福建长溪（今福安）人，神龙二年（706 年）进士。闽人以诗赋登第，自薛令之始。薛于开元中累迁左补阙兼太子侍读，后以病辞官，徙居厦门……”

1997 年，厦门市文物部门对薛令之墓进行抢救性挖掘清理，为长方形无顶砖砌墓室，长 3.8 米，宽 1 米，高 1.04 米，墓底发现两枚锈蚀的棺钉，葬具及尸骸已不存。墓壁、墓底共设十二个壁龛及前后两个腰坑，共出土随葬器物 29 件，包括十二生肖俑，男女侍俑、墓首俑等陶俑和双鱼联荷纹银碗，双鱼纹银盏、方形铜镜、铜器柄、铁器、双系瓷缸、箕形石砚及“开元通宝”铜钱等。银碗、银盏采用錾刻和锤地隐起工艺，在厚度不足一毫米的器壁上錾出细如发丝的水禽花卉图案，令人叹为观止。花纹墓砖，线条纤细流畅，集人物、翼首、飞鸟、花卉、祥云、站鹰等纹饰于一体，是了解认识唐代厦门社会、经济、文化的珍贵实物。特别是银碗、银盏，与北方中原地区出土于公元 8 世纪中叶前的唐代皇家制作的金银器颇为相似，可以说明这些银器很可能是薛令之迁居嘉禾屿时带来的，是他任唐左补阙兼侍御时的器物。

北薛与南陈同为唐代开发嘉禾屿的望族，民谚有“北有薛解元”之说。宋代薛氏一家三进士，即薛舜俞、薛舜庸、薛梦纪。薛舜俞，字钦父，绍熙元年（1190年）进士，知金华县，郡守督催欠赋严急，舜俞请宽其期，民悉乐输。罢归卒，著有《易抄》、《诗书指》、《文集》。薛舜庸，字惠父，舜俞弟，绍熙四年（1193年）进士，知古田县，民间死牛，例应输钱于官，舜庸叹曰，民不幸牛死，又责输钱，是重困民，立除之。徙兴化军通判，卒于任。薛梦纪，舜庸子，绍定五年（1232年）进士。清代，举人1名，乾隆三十年（1765年）乙酉科薛起凤；贡生1名，康熙三十九年（1700年）薛维英。

（文：龚　洁）

# 科甲连登青礁村

海沧是唯一属过厦、漳、泉的城区，深得三地文化基因，号称“最闽南”，是闽南文化的核心区，传统文化和海洋文化在此交汇融合，形成了海沧独具一格闽南文化。其中村庄人文荟萃，百舸争流，有锦里林氏九牧传芳，金沙周氏汝南传芳，柯井张氏清河衍派，等等，不得不提的却是青礁颜氏鲁国传芳。

## 一、地灵人杰之青礁

早在南宋，进士杨志的《慈济宫碑》就有云：“介漳泉之间，有沃壤焉，名曰青礁，地势砥平，襟层峦而带溟渤。”民间有“一命二运三风水”的说法，可见好的地理对子孙后代会有很大庇荫。在青礁海边有一块形如两瓣“杯信”的青色礁石，当地俗称为“杯信石”。因形如“杯信”，所以村民认为由神而生，乃是村中的风水石，青礁之名也由此而来。在“杯信石”一旁有一颗重约六七吨的“风动石”，“风动石”原是海里的一块礁石，因青礁人多次填海造陆，才形成这一奇观。南宋时期，为了防止海水侵袭，在颜唐臣子孙三代的带领下，青礁村民大规模地对海滩进行了填海筑堤。

青礁杯信石礁

《龙溪县志》记载："里有绿石渡，潮涨可行舟，潮退泥圩愁，倡导乡人在此填土铺石为堤，长2780尺，筑重长工亭供涉水者歇息，其子敏若又筑南堤新亭，长1900尺，岁久淤深，孙载再砌石增高，建庵于憩亭侧。"几代人填海筑堤，历经沧海桑田，将这一石留在了村落。周围还有"蛇石"与"鸡母石"，形成三峰护卫，镇守水口，所以村落流传"龟蛇把水口，龙虎做靠山，鸡头往龙溪，蛋生青礁地"的民谣。

据《青礁颜氏族谱》记载，青礁颜氏一世祖为颜慥，字汝实，号朴庵，北宋恩贡，一代儒宗，是复圣颜子的第五十代孙，书法大家颜真卿的第十一代孙，五代诗人颜仁郁的第五代孙。秉承家族良好的家风与学风，笃志好学，在漳郡西湖白莲书院求学，与北宋端明殿学士蔡襄为金石之交。庆历四年（1044年），经蔡襄举荐为漳州路教授，遂举家迁往龙溪青礁（今厦门海沧），自号八十遁翁，因当时漳郡文教未兴，自颜慥定居之后，大兴文风，倡学海滨，教授生徒，礁海之滨一时掀起兴文盛儒的狂潮，在开启文教先河，教化漳郡，为颜氏家族的兴旺奠定了牢固的文化基石。在青礁开漳堂有一块残缺的书院牌匾"植兰书院"，匾额的"植"字被砸掉，由此仍然能看出青礁颜氏在颜慥肇基之后，子孙后代文教之风的兴盛状况。

青礁出土的"植兰书院"残碑

古时卜居择地，水源最为关键，越清澈最为好。据乾隆《海澄县志》记载："三川井、四川井，俱在青礁，四旁砌石，中刻进士'颜贵来'三大字。"老辈口口相传，慥公当时初入闽南，先至墩尾（今龙海金山）打了一川井，向随行保护神"玄坛元帅"掷茭，得出的却是"有财无丁"的风水。于是至白礁打了二川井，结果却是"有丁无财"。最后至青礁打了三川井与四川井，经玄坛爷指点，此地为"七星坠地，有财有丁"的风水宝地，遂卜居于青礁。三川井与四川井自宋代至今从不干涸，在大旱之时也涌露甘泉，养育了青礁众生灵。至元朝，有青礁进士颜贵来重修。明天启年间，开台王颜思齐召集 3000 多闽南子弟赴台湾开垦，携带着青礁的红砖块作为压舱石，至台湾笨港（今北港）登陆，在云林县水林乡水北村的颜厝寮，打了一口七角井，并用青礁的红砖块作为井壁，与三川井，四川井相互辉映，至今已有近 400 年历史。

青礁村的四川井

青礁村的万应庙

青礁万应庙始建于北宋庆历四年（1044 年），内供奉武财神“玄坛元帅”。这尊武财神神像是颜氏入闽始祖泊公，唐奉武帝旨，领兵十七万征战闽粤带来的随军保护神，后平息战乱，遂留闽封侯，是闽地玄坛元帅信俗之始。庆历四年（1044 年），随慥公入青礁，在焦江旁今现址立庙，每岁举行“炮炸玄坛爷”的民俗活动，现在已经列为厦门市非物质文化遗产。后来颜氏在台湾开枝散叶，也将玄坛爷信俗带至台湾，岁岁举办“炮炸玄坛爷”。青礁万应庙成为闽台玄坛元帅的开基祖庙，在海内外拥有众多分灵庙。近年来，众多台湾玄坛爷信众至青礁万应庙来寻根谒祖。

宋太平兴国四年（979 年）三月十五日，漳州府海澄县青礁吴厝（今厦门海沧青礁），一说泉州府同安县白礁（今龙海白礁）天生异象，一室内满院奇香，吴真人降世了。吴真人名本，字华基，号云冲，北宋著名神医，在青礁龙湫坑结庐，采药炼丹，悬壶济世。宋景祐三年（1036 年），吴真人在山崖采药时，不幸跌落山谷，五月初二日驾鹤西去，享年 58 岁。吴真人逝世后，青礁乡人感其生前医术高明，医德高尚，遂在其结庐之处青礁龙湫坑建龙湫庵奉祀，称其“医灵真人”。杨志所撰《慈济宫碑》就有记载：“乡之父老私谥为医灵真人，偶其像于龙湫庵。”由此可见，龙湫庵为吴真人初享香火之地，是青礁慈济祖宫的前身。经115年，绍兴二十一年（1151年），青礁人颜师鲁奏请，为吴真人立庙。杨志《慈济宫碑》记载：岁在辛未（1151年），乡尚书颜定肃公奏请立庙。至乾道元年（1165年）赐额“慈济”，称“慈济庙”；淳祐元年（1241年），升庙为宫，成为“慈济宫”，加上地名为“青礁慈济宫”。据嘉庆年间《重修慈济祖宫碑记》载：“宫为漳之祖，或建或修，成之于颜氏。”可见青礁颜氏对慈济祖宫重要性。

明朝天启元年（1621年），开台先锋颜思齐率郑芝龙等人，招募闽南子弟开垦台湾，为保海上平安，也为缓解思乡之情，随行奉请青礁妈祖庙湄洲妈祖、玄坛元帅、保生大帝等神明的香火或神像，至台湾笨港（今北港）登陆，后开垦水上三界埔地区。因妈祖神威显赫，经士绅倡议建庙，以庇佑合境平安，经掷筊选定庙地，至清朝乾隆二年（1737年）建庙完成，地方人士却发现庙址原来在当地二十八庄的中心地带，宛如天上的二十八星宿，经妈祖圣杯裁定，取名为“璿宿上天宫”，至今已有将300多年！

## 二、人才辈出之颜氏

在宋代，颜氏当属望族，其中北方当推山东省，山东是许多颜氏的祖地，那里颜氏族人众多，势力强大。南方当属福建海澄、龙溪一带的青礁颜氏，据《漳州府志》记载：“宋时此乡科第最盛。”两宋时期，青礁颜氏科甲联芳，满朝朱紫，形成了壮大的青礁士大夫群体。据《古今图书成集·氏族典·颜姓部》记载，宋代颜氏较有名望的就有颜慥、颜师鲁、颜彻、颜振仲、颜唐臣、颜敏德、颜耆仲、颜颐仲、颜公衮等。其中青礁颜氏占了大部分。颜耆仲与颜颐仲兄弟两人一直受朝廷重用，当时天下称儒学政事，必以“二颜昆仲为首”。颜师鲁官至吏部尚书，其孙颜颐仲也为吏部尚书，颜颐仲侄孙颜荣官至户部尚书，所以有颜师鲁“祖孙五代三尚书”之美谈。元、明、清时，出了四个督抚及八个赏戴花翎的人，故对联赞曰：“一门三世四督抚，五部十省八花翎。”青礁颜氏的发展与推动，全益于开基祖颜慥兴文盛儒的一脉相承。

青礁开漳堂内景

据《青礁颜氏族谱》记载，颜回为一世祖，颜洎为入闽始祖。唐，颜洎奉武帝令，带兵十七万征战闽粤，居永春，生三子：仁郁、仁贵、仁贤。仁郁为归德场长官，生周。周生乐，乐生林，林生慥。《龙溪县志》记载：颜慥，“初与蔡襄为金石交，读西湖白莲院，以文章德行相高，庆历间，襄为郡幕，辟为漳州教授，倡和颇多，及襄迁京职，慥遂卜隐于青礁，时海滨文教未兴，慥倡明道学，教授生徒，人皆化之，卒祀名宦”。颜慥开青礁文化先河，其后代秉承文教遗风，纷纷走上科举致仕的道路，仅是宋朝就出了十八位进士，从宋至清共有四十七位进士名贤，最近又从族谱和史料中找出四个。

颜师鲁，字几圣，南宋高宗绍兴十二年壬戌（1142 年）科进士，先后官至福清知县、礼部侍郎，吏部尚书兼侍读。南宋著名理学家，直言不讳，敢于谏政。《宋史》称他“遇事尽言”、“大节确如金石”。后因年老乞归，皇帝不允，任泉州府知府，绍熙二年（1191 年）修葺洛阳桥。

颜大猷，字体武，号毅庵，南宋高宗绍兴十五年乙丑（1145 年）科进士，颜唐臣之弟。

颜唐臣，字旋纲，号理庵，南宋高宗绍兴十八年戊辰（1148 年）科进士。所居地有绿石渡，潮涨可行舟，潮退泥泞不堪，他出资造堤便民行走，

堤长 2780 尺，堤上筑态度亭。其子敏若复筑南堤，长 1900 尺。其孙载见堤又淤积，再增高堤并筑庵于上。里人有谚语：“渡不艰，待三颜。”

颜大勋，南宋高宗绍兴二十四年甲戌（1154 年）科进士。

颜敏若，字克中，号顺斋，南宋孝宗隆兴元年癸未（1163 年）科进士，颜唐臣之子。

颜敏德，字克和，号养斋，南宋孝宗乾道五年己丑（1169 年）科进士。唐臣次子，知德化县，擢知循州，除邕管安抚使。其地素有峒蛮，敏德以威信待峒人，不敢犯，民赖以安，朝旨嘉之。官至朝散大夫。

颜质，字子彬，号钟文，南宋孝宗淳熙八年辛丑（1181 年）科进士。

颜敏则，字克法，号惠斋，南宋宁宗开禧元年乙丑（1205 年）科进士。

颜赟，南宋宁宗嘉定五年壬申（1212 年）科进士，颜大猷之子。

颜敏道，字克修，南宋宁宗嘉定七年甲戌（1214 年）科进士。

颜维魁，南宋理宗宝庆二年丙戌（1226 年）科进士，河南开封府尹，南渡回至连江衍派颜奇。

颜几，字子奇，号元祥，南宋宁宗嘉定十六年癸未（1223 年）科进士，颜敏德之子。

颜耆仲，字景英，南宋理宗宝庆二年丙戌（1226 年）科进士。官至中奉大夫，赐爵龙溪县开国男。端平年间，朝廷征用正直之士，他与弟颜颐仲齐名，一起受到朝廷重用。当时天下称儒学政事者，必以“二颜”昆仲为首。

颜戴，字子恩，号敬堂，南宋理宗绍定二年己丑（1229 年）科进士。

颜贡，字经举，号对墀，南宋理宗绍定二年己丑（1229 年）科进士。

颜纯，字国蕴，号熙所，南宋理宗绍定五年壬辰（1232 年）科进士。

颜敏明，南宋理宗绍定二年己丑（1229 年）科进士。

颜复之，字尔开，号阳宇，南宋理宗淳祐元年辛丑（1241 年）科进士。

试礼部，寻补太学，不久迁太学录，惠阳教授。为人貌温气和，不苟言笑，然轻财好义，表里如一。叶侍郎推荐“十贤”于朝廷，颜复之为其中之一。

颜颐仲，字景正，讳员嵩，祖泽补官宋宝祐元年（1253 年）吏部尚书。他在端平年间，曾与兄长颜耆仲于福州建造九仙观，摹写道经 564 函庋藏。乡人立二公祠于道藏之右。归老时又曾于鹤鸣山建造天开图画亭、仙亭岩。为漳州史迹。

颜希孔，字泗甫，号雪岩，元成宗大德二年戊戌（1298 年）科进士。

颜希哲，字清甫，元成宗大德八年甲辰（1304 年）科进士。

颜贵来，字君宠，号恬庵，元成宗大德四年庚子（1300 年）科进士。据《广东省海丰县颜氏族谱》记载，福建漳州青礁颜氏十四世颜贵来元末明初因避兵燹之祸，衍派福建平和县新埔岭竹仔脚乡，为平和县始祖，历十一世至颜宗颙。颜宗颙之孙颜文进、颜文贤、颜飞鸾和曾孙颜荣玉、颜畴等入海丰，分散定居。

颜用章，元仁宗皇庆元年壬子（1312 年）科进士。

颜荣，元泰定年间户部尚书。据《安溪颜氏族谱》记载，福建安溪颜氏为颜仁郁十三世孙、青礁颜慥第八世孙颜荣，于元代开基紫泥（今蓝田乡乌土村）为始迁祖。后裔现有 2000 多人，繁衍黄柏村 800 多人，山内寨村 400 多人。颜荣于元朝年间建颜氏宗祠，位于紫泥村银瓶山下，向朝天山，原貌完好。

颜瑶，明成祖永乐三年乙酉（1405 年）科进士。

颜宝，明成祖永乐四年丙戌（1406 年）科进士。

颜奕芳，明成祖永乐十三年乙未（1415 年）科进士。

颜朝彬，明英宗正统十年乙丑（1445 年）科进士。

颜格，明宪宗成化二年丙戌（1466 年）科进士。

颜偕，明武宗正德九年甲戌（1514 年）科进士。

颜会，明世宗嘉靖二十九年庚戌（1550 年）科进士。

颜容暄，明神宗万历三十八年庚戌（1610 年）科进士。

颜继祖，字绳其，号同兰，明神宗万历四十七年己未（1619 年）科进士。据学术界考证，明代末年胡正言、颜继祖在 17 世纪 40 年代用饾版、拱花技术，编印了《十竹斋笺谱》、《萝轩变古笺谱》等彩色套印和凹凸印刷版画，发展了木版水印技术。作为朝廷重臣，颜继祖居然在印刷出版史上留下浓重的一笔，殊为难得。

颜容舒，明思宗崇祯元年戊辰（1628 年）科进士。

颜茂猷，明思宗崇祯十二年己卯（1639 年）科进士。

颜延锡，清康熙三十六年丁丑（1697 年）科进士。

颜光敏，清康熙三十六年丁丑（1697 年）科进士。

颜绍瓒，清康熙五十二年癸巳（1713 年）科进士。

颜希圣，字西埜，别字宜若，清雍正元年癸卯（1723 年）科进士钦点翰林。清康熙五十九年（1720 年）中举人。雍正元年（1723 年）中进士，殿试钦点翰林院庶吉士，为清代连平州五名翰林中最早的一位。

颜容辉，清雍正十一年癸丑（1733 年）科进士。

颜希深，字若愚，号静山，又号浚溪，清乾隆年间湖南、云南、贵州巡抚。

颜检，字惺甫，号岱山，又号岱云，别号槎客，清乾隆年间直隶总督太子少保荣禄大夫。关于永定河的治理，颜检写有《直隶河道情形疏》，针对河道位置、结构、河水涨溢情况做出分析，并提出疏通淤塞、裁弯取直的应对方案，对永定河治水起到积极作用。

颜尔枢，清嘉庆十四年己巳（1809 年）科进士。

颜伯焘，字鲁舆，号载帆，别号小岱，清嘉庆十九年甲戌（1814 年）科进士钦点翰林闽浙总督、兵部尚书。他极力清除社会积弊，责令地方对鸦片“善为禁制”。颜伯焘认为厦门地处闽南，与广东毗连，为全闽咽喉门户，于是增强这一带防御。因青屿在峿屿之内，特增建峿屿、青屿、大小担三大炮台，并加强炮火配备。

颜培瑚，清道光二十一年辛丑（1841 年）科进士钦点翰林。赏戴花翎，钦赐按察使衔加一级。颜培瑚谦和好学，工诗词、书法，著有《自怡斋诗稿》，其诗词多以表现“勤”与“学”为内容。

颜以澳，清道光年间东河总督兵部侍郎资政大夫。

由宋至清，所述四十六人皆根据《龙溪府志》、《海澄县志》、《连平县志》、《海丰颜氏族谱》、《青礁颜氏族谱》核对抄录。青礁颜氏不仅进士辈出，所涌现出来的名贤也不计其数。

颜思齐，字振泉，明朝天启年间开发台湾第一人，在笨港（今北港）登陆。开展和大陆的海上贸易，同时组织海上捕鱼和岛上捕猎，发展山海经济，以解决移民生产和生活的需要。颜思齐故后，众推郑芝龙为盟主，继续拓垦大业。颜思齐被尊为“开台王”、“第一位开拓台湾的先锋”。《台湾通史》为台湾历史人物列传，“以思齐为首”。

颜永成，字锡坤，祖籍福建海澄县青礁人，生长于新加坡。常叹我国贫弱不振，教育不兴。清光绪间，独力创设永成华英文学校于新加坡，每年的经费，皆万元以上。家乡青礁，素无学校，亦自独力倡办四所，年捐甚巨。一生存孤恤寡，扶困济危，赠医施药，及一切慈善事业，殆书不胜书，享寿五十有五卒。

颜长贵，字衍祥，祖籍福建海澄县青礁人，为新加坡名商，颜永成的季子。爱国亲群，对于内地外洋，凡华人慈善公益，即捐巨资。安溪澳江桥之修造，捐金二千元，同安医院亦捐金三千，其慷慨豪迈类如此。

颜长春，字雪魂，祖籍福建海澄县青礁人。辛亥革命前，与同志组织革命机关于鼓浪屿及青礁乡等处，创办乡团。时清政府通缉党人，皇皇告示，亲友多担心，颜长春却说："丈夫不当怕死，更不当偷生，且吾所为，乃报复汉族九世仇者，纵因是而死，死重于泰山矣，幸而不死，则得睹二百余年团花簇锦之江山亡而复存，岂不快哉。"

颜克明，福建海澄县青礁院前人。七岁随父至新加坡，为人慷慨，勇于为善，书籍报纸，手不停披，兴学育才，新加坡各校，多得捐资相助。

颜锦华，祖籍福建海澄三都，壮年南来槟城比邻之双溪呐埠，任庆元号商店经纪，嗣移居北海之双溪浮由，启新合发号，业板柴及诸建筑料，曾与众发起勉励学校，一度任总理，育侨学校，飞鸿社，灵永社，鲁国堂等，均为职员，内地赈灾事，亦尝与事而捐资。

颜天送，祖籍海澄县海沧青礁过田社。少时勤读，精通中英巫三种语文。民国四年（1915 年），发展商务至新加坡，与友共创仙丹公司，经营土产，贸易极盛，声望兼孚。为人豪爽，热心爱国，并重视教育，历任仙丹群化学校及侨商公局、中华益友社等文化社团总理有年，屡有捐献，远近钦迟，且得荷政府之顾重，聘为廖内州人民参政会议员，对地方兴革，颇多贡献。

颜玉莹，1900 年出生于漳州海澄县青礁社。1906 年，颜玉莹随父亲赴南洋奋斗。他认识了一位远洋轮船随行的德国军医，并成为挚友。这位军医空闲时喜欢用各种草药钻研不同的药方，经过反复研究和试验，发明了利用薄荷、樟脑、薰衣草、桉叶等植物混合调制出药油很有疗效，尤其对热带地区居住的人更为适用，而后由颜玉莹发扬光大，名为"白花油"。

民初"颜氏三杰"，颜惠庆是民国时期享誉中外的政治家、外交家。颜福庆是中国近代著名医学教育家、公共卫生学家。颜德庆是中国铁路工程师，中国接收胶济铁路委员长、胶济铁路管理委员会首任委员长。清道光初年颜清源公为躲避战乱，从厦门举家迁居上海，遂定居于上海王家码头

（今上海黄浦区）。第二世：颜永京（1838—1898）、颜如松、颜妹妹（子曹云祥，清华大学校长）。第三世：颜惠庆（1877—1950）、颜德庆（1878—1942）、颜福庆（1882—1970）。现在已发祥第七世了。

青礁的文化底蕴不是只言片语就可以表达叙述的，颜氏的发展也绝不是寥寥几字就可以全部讲述的。愿我们随着时代的进步、高科技的发展，不断深入研究，不断发扬光大。

（文：颜晨新）

**参考文献：**

《青礁颜氏族谱》。
《璿宿上天宫宫志》。
杨志：《慈济宫碑》。
龚洁：《海沧保生慈济文化简论》。
廖艺聪：《海沧姓氏源流》。
厦门市海沧区文化馆：《毓秀青礁》。
厦门市姓氏源流颜子文化分会、厦门青礁颜氏宗亲会：《青礁始祖颜慥千年诞辰纪念特刊》。
厦门市姓氏源流颜子文化分会、厦门青礁颜氏宗亲会：《浩气长存诸罗山：两岸颜思齐开台研讨文集》。
厦门青礁颜氏宗亲会、卢志明：《海沧古韵》。
颜丽惠、颜丽娟：《我的先祖颜永成》。
郑来发：《白花油大王颜玉莹》。
周建昌：《颜氏的兴衰与青礁慈济宫》。

# 古同安最早姓氏许氏

同安营城，是西汉武帝左翊将军许滢府第，当年许滢将军奉令赴闽“讨南越、平边患、开拓同安”调兵遣将之地，也是许滢“永镇斯土”的督府，位于同安区三秀街 113 号（即同安旧电影院片区）。

《同安县志》记载：“许滢，字元亮，谥武靖，河南许州人，西汉武帝朝为左翊将军。”西汉前，闽南还是荒芜之地，只是少数越族居住区，因不满汉武帝时有纷扰，汉武帝派许滢为左翊将军，入闽平越。许滢驻师于同安，后世传其址为营城（营与滢同音暨营城）。十年闽越平，为防反复，许滢复蒙敕旨，“永镇斯土”。许滢和他的军队留镇闽南，再也没回中原。许滢卒后葬于同安西山下，现为厦门市级涉台文物保护单位。从资料看，西汉武帝派河南许州人许滢为左翊将军入闽平越，后“永镇斯土”，在闽南繁衍后代，这是许氏第一次入闽，也是中原汉人第一次入闽。现在的闽南文化、闽南语就是当年许滢将军的军队带来的中原古汉语即河洛语，古同安是闽南文化发源地。

据《同安县志》卷三十《武功》载，许滢有子十五，分镇闽南各地。许滢后裔，居住以原营城为中心，周边的营城巷、许内巷、营前、洗马池（相传当年许滢军队军事训练洗马的地方，后改为“洗墨池”）。这些与营城许氏名字有关的大街小巷，都是许氏居住地。之后许氏扩展到以许西安命名的西安街、西安桥周边。

同安旧城改造前的西安街

据族谱记载，唐代同安营城许氏丁财两旺，是同安的望族。唐末农民起义，同安营城许氏家族一夜外迁 500 多户。宋时，个别外迁又回迁同安，许氏家族又一次得到发展。到三十二世许滢裔孙许西安时成为同安首富，许西安个人“捐资巨万，骈力为桥”，建成西安桥。朱熹主簿同安时，重视“兴学传道”。许滢裔孙许顺之是朱熹的学生，之后许顺之与朱熹在同安“治学兴儒，传道授业”，营城成了朱熹讲学堂所，名曰存斋书院。朱熹题赠“存斋”墨宝，并为之记。明代，存斋书院重修，改名官办福星社学。因此，营城不仅是许滢故居，更是朱熹与许顺之讲学堂所。明代科举考试以四书五经为内容，解释以朱熹的经注为依据，同安进士一跃为 125 人，占全国进士的 3.74%。史载，“闽之文学以漳泉为最，而漳泉尤以同安为最，盖因朱子过化，文风日盛耳”。

营城许氏自古崇文尚武，科甲鼎盛，特别是宋以来科举功名特别突出。

许权（1046—1108），许西安次子。宋治平二年（1065 年）进士，官至承信大夫。《同安县志·文苑》录载，许权“盛德高标，文名藉甚”。把苏颂宰相与许权相提并论，立为同安士子楷模。

许良肱，字康国。许权从兄，宋神宗元丰五年（1082 年）进士。

许揖，字正纲，号有斋。许权之弟，元丰八年乙丑（1085 年）科进士。

许衍，字平子。许权从兄，乾道八年（1172 年）进士，建宁府通判。

许巨川，字东甫，号纯斋。许升长子，嘉定七年甲戌（1214 年）科进士，广州建康教授、东莞县知、象州太守。

许廷炜，字扬甫，号郎斋。许升次子，端平二年乙未（1235 年）科进士，官至知州。避乱入南安八都居焉，后迁安溪官桥、山地，为始祖。

许日新，字惟学，号习斋。许巨川次子，咸淳四年戊辰（1268 年）科进士，官广州司法参军。

许全，字体忠，东界许日新后裔。进士，广东吴川县知县，敕封“五柳高风”。

许成楚，明崇祯元年戊辰（1628 年）科刘若宰榜进士，府志作同安人。

至于明清举人，人数更多。

原营城许督宗祠中堂

近代以来，营城许氏后裔人才辈出，特别是迁居海外的许濙后裔更为突出。已故菲律宾总统科拉松·许环哥·阿基诺，许濙裔孙，1988 年在位时，率菲律宾代表团访问中国，先回祖籍地祭祖。其子原菲律宾总统阿基诺三世，于 2012 年 9 月对中国进行国事访问时，特回祖籍地祭祖。现任新加坡国家卫生部部长许文远，多次回祖籍地祭祖。祖籍东界村的马来西亚中华总商会会长、太平局绅、拿督许平等；许平等之子，马来西亚首相署部长，曾任槟州首席部长 18 年之久的许子根博士；前国民党秘书长、考试院院长许水德；原台湾工业总会理事长许胜发，原海基会副董事长许惠祐，台湾工商业联合总会理事长许显荣，台南市长许添财，新竹市长许明材等，都是同安营城许濙后裔，他们多次返回同安祖籍地祭祖。

总之，同安营城许氏是最早入闽的姓氏，是崇文尚武、科甲鼎盛的望族。

（文：许初水）

# 雁塔科第——塔头社林氏

厦门岛南部海滨有一个古村社叫塔头，其历史可称悠久。据当地主人告诉我，塔头社林姓聚居，他们的先人于北宋景祐二年（1035 年）从晋江马平徙居嘉禾塔头，至今已近千年。据资料载，南宁王象之曾在《舆地纪胜》中记载嘉禾屿的居民有千余家，列举了 20 个村社名，其中便有塔头。明朝时嘉禾里分为 4 都 25 乡，其中第 22 都包含塔头等 5 乡。

那么塔头这个村社当年如何得名？莫非其中涉及一座塔？我在塔头打听究竟，原来确实与一座塔相关。有资料称，旧时塔头村落西边山间有 7 层石塔，时有群雁来栖其上，因之称“雁塔”，有“塔影雁阵”之美称，村落名字由此而来。以现有的资料，南宋时已有塔头村名，那么那座塔此前应已建成，是不是早在林氏先人从晋江迁来之前就有此塔和塔头之名？我不得而知。可惜这座塔现已不存，只留塔影雁阵于村名中让后人怀想。

曾经伴着一座雁塔社是不是还有什么可称道之处？在社区里听主人一席谈，参观了街区中的“雁塔敬贤堂”，才知道真是大有内容。原来近千年前从晋江迁到塔头的先人叫林励，是九牧二房的后人。林氏开基塔头后枝繁叶茂，后世以“雁塔科第”为堂号。今日塔头社里，雁塔敬贤堂主厅上方正中一面牌匾，写的就是“雁塔科第”四个字。四字里雁塔批的是地名，科第指什么，从何而来？主人介绍说，是因为“世多科第荣名”。查一下资料，果然有依据。周凯《厦门志》有“塔头，厦华族，其村傍水而居，世多科第”之说，塔头林氏被周称为“华族”，门庭显耀之族，原因当就是“世多科第”。在雁塔敬贤堂主厅里，挂着十数牌匾，记有南宋绍熙元年（1190 年）进士，龙溪知县林大章；明隆庆四年（1570 年）解元林奇石；明万历三十八年（1610 年）进士，湖广御史林一柱；明万历四十四年（1616 年）进士，太常寺卿林宗载；明崇祯十六年（1643 年）进士，工部主事林志远；清乾隆十年（1745 年）进士，湖北来凤县令林翼池；清乾隆二十一年（1756 年）解元林发春；清乾隆六十年（1795 年）武解元林培荣等。确实是科甲联芳。

雁塔科第历代名人里，有哪些最为人所知？以我有限的了解，感觉林奇石最有故事。

林奇石是解元，明隆庆四年（1570 年）乡试第一。解元用现今语言，相当于本省高考状元。也许因为是古同安县少有的解元，故事传说便多。

我听到了两则故事，都与他的乡试相关。一则说林奇石苦于囊中羞涩，无法赴省城科考。一天半夜独步海边，忽见一条船亮着渔火由天边浮来，泊于水畔。林凑前与船主攀谈。船主说当夜风顺，到达省城只需瞬间。林奇石报称自己是赶考秀才，求其相帮。船主答应了。登船后，林奇石闭目而卧，只听风水有声。黎明停船，已是福州南台桥下，登岸回视，来船踪迹已失，而后便一考成名。还有一则故事涉及厦门东北虎仔山西麓龙湫亭，该亭又名龙湫寺，“祀观音大士，灵应异常”。传说当年林奇石乡试路过此处，梦中与观音大士吟咏唱和，是科高中解元，遂修庙宇供奉。林奇石成为解元后有何发展？我没找到相关资料。我注意到雁塔敬贤堂那面解元牌匾，落款只有“林奇石立”四字，不似其他牌匾标出人物官职身份，不知是否年代久远资料缺失。

（文：杨少衡，摘自《漫步思明》）

## 科举之乡——田洋

田洋位于厦门市同安区城郊，今属同安区祥平街道。明正统间金门浯阳礼房十六世陈廷魁携弟廷祚迁入开基，嘉靖间金门浯阳信房十九世陈沧江迁入。清顺治八年（1651年），沧江玄孙信房二十四世陈观泰再迁入繁衍。明清两代田洋礼信两房向周边播衍了上坊、田中央、下寮、东洋、郊边、双宽、五峰埔、胡厝宅、浮莲、石门、社坛及五显崎路、后烧、后溪等十多个村社，今宗族人口近二万人。是金门陈姓播衍于古同安的主要基地。

田洋浯阳陈氏有重视读书、教育的传统。明代建礼房祖祠时，后进即为书房。陈沧江建同安北关诰命堂宗祠时，即规定“尊贤不尊老”，子孙无功名者不得居住。清初陈观泰建田洋世大夫第时，特辟二进为宗族学塾，并置学田助学。受此影响，明清两代的田洋子弟保持了金门老家的传统，吟诵成风，在科举场上大放异彩，成为古同安科举第一村。陈沧江宗族，明清出了2名进士，20名举人，41名贡生（明23名，清18名），庠生、秀才数以百计，同安的双溪书院曾由田洋的举人出掌。

据田洋的宗谱及《同安县志》科举录记载：

明嘉靖五年（1526）年，陈沧江中丙戌榜进士，历任刑部郎中，南安、廉州、南宁知府，封赠正四品中宪大夫。

清康熙六年（1667年），沧江裔孙陈睿思中丁未榜进士，任户部主事、内阁中书，为同安“复界”，清丈田亩，减免赋税做出贡献。

举人：

陈荣祖，沧江孙，明嘉靖甲子（1564年）科中，任德庆知州。

陈荣选，荣祖弟，明万历丙子（1576年）科中，任广州通判兼署香山。

陈士铨，荣俊子，明万历庚子（1600年）科中，兰山县令。

陈士聘，士铨弟，明万历癸卯（1603年）科中副榜。

陈煌，荣祖曾孙，明崇祯三年（1630年）中武举。

陈观泰，沧江玄孙，明崇祯癸酉（1633年）科中，清顺治中州仪封县令，子陈睿思中康熙朝进士。

陈世膏，荣俊孙，明崇祯朝中副榜。

陈士节，荣选裔孙，清康熙壬子（1672年）科中。

陈骝先，荣选曾孙，清康熙庚午（1690年）科中。

陈肇俊，睿思子，清康熙乙酉（1705年）科中。

陈烺，荣祖裔孙，清康熙壬午（1702年）武科中。

陈元章，观泰曾孙，清乾隆戊午（1738年）科中。

陈吉梦，荣选裔孙，清乾隆戊子（1768年）科中。

陈拱斗，沧江裔孙，清道光辛巳（1821年）恩科中。

陈腾鲲，沧江裔孙，清咸丰壬子（1852年）科中，署漳州府学。

陈瑞林，沧江裔孙，清咸丰己未（1859年）补戊午（1858年）科中，掌双溪书院。

陈绍基，瑞林弟，与兄瑞林同科中。

陈柏芬，腾鲲子，清同治壬戌（1862年）科中副榜，清流训导。

陈金英，清同治甲子（1864年）科中经魁。

陈振坤，清光绪丙子（1876年）科中。

贡生：

明代有陈养美、陈道南（长泰训导）、陈甫佐、甫吉（皆沧江子），陈荣俊、荣相、世怀（皆沧江孙），癸卯（闽县训导），士凤、士烴（光禄寺丞）、士康、士龙、士鸾、士鼋（皆荣祖、荣选子）陈鉒、陈埕、陈锡、陈壁（均士烴子），世忠、世宰、世膏（荣俊、荣选孙）。清代有陈丰缮、继鼎、继晖（观泰子），震辅、祚颎、祚均、祚翾、肇俊、肇伟（福安司训）、肇佐（均为观泰孙），尚勖（宁洋训导），陈象祖、陈射策、陈藻、陈障川、陈绍崧、陈梦魁、陈士珪（以上七人载于县志）。

秀才：

宗谱记载的田洋礼信两房的庠生、秀才数以百计，活跃于古同安的私塾教学界，其中清同治秀才陈青（字君赠，号小山）于田洋建竹泉别墅，著有《竹泉诗草》，为县志“文苑”记载。

以上整理的仅是田洋浯阳礼、信两房陈氏宗族的古代科举成果，如果再加上智房的阳翟社浯阳陈氏，那成果还要丰硕得多。

同安田洋是金门移民的后代，而古代金门弹丸小岛地瘠人多，风旱为虐，生存条件艰苦，自朱子教化之后，文运大兴，“家弦户诵”，把读书科举视为改变命运的要途，明清两代即成为古同安的科举大户。据统计，自明弘治三年（1490 年）至崇祯十三年（1640 年）的 150 年间，金门就中进士 38 名，占明代同安进士总数的三分之一强。整个明代金门还有举人、贡生 188 名。明代金门浯阳陈氏移民同安后，也把此一传统继承下来，故田洋浯阳陈氏宗族成为明清同安科举的第一村。笔者在 20 世纪 90 年代考察田洋时，发现有用进士、举人的旗杆石当水圳踏板，以五六方举人匾钉牛厩，可见古代田洋村科举之盛。

（文：陈金城）

## 武功之乡——古坑村

古坑村位于厦门市同安区汀溪镇南部。明清地籍管理为永丰乡感化里泽芦保。西源溪从村前流过，和褒美村隔溪相望。居民多叶姓，从姓氏源流看属佛岭郡马府二房伍派下。因北靠御史岭，而御史岭受雨水冲刷形成许多沟谷。加上山脉本身的泉眼也汇聚成水涧，方言称为“坑沟”，早时的先民们在坑沟边建屋，故村名为古坑。因现代行政区划的设置，旧义上的古坑和现在的古坑村在自然村分布方面小得多，如现在的石狮、蔡坝、美岐山等自然村就不属于旧义上的古坑，但在姓氏播迁上属同一源流。

早时的古坑村为杂姓地，原居住有吕、许、廖、周、章、罗、杨、翦

（音）等姓氏，如现在若渊祖厝即原翦姓的居住地，后洋村为杨姓居住地，蔡坝为周姓居住地，文物普查中登录的宋代古窑章厝窑就是在章姓居住地旁而命名章厝窑。后因叶姓从褒美播迁古坑后生根发叶，其他姓氏或因自然灾害、朝代更迭等因素逐渐外迁，形成了现在古坑村多叶姓的一种注脚。

正是古坑村的地理位置背山临水，汀溪、西源溪两大水系的拥抱环绕，地灵人杰。虽然旧义上的古坑村在方圆三百米范围内分布几个弹丸小村落，却人才辈出。现据旧县志所载的历史人物和采访耆老所汇集的信息整理如下：

古坑村叶姓的开基祖为两大支系，一为叶若渊，一为叶敦祖，两人系同胞兄弟。因上文所述的御史岭有一条小清涧从村中而过，故俗称上古坑，下古坑。上古坑的开基祖为叶敦祖，下古坑的开基祖为叶若渊，两间祖祠前原都竖立很多旗杆石，显示着后裔中的科举功名，因时代变迁，已无处可寻。

入清以来，历康乾盛世，清王朝开始走向衰弱。国内社会矛盾加剧，国外列强虎视眈眈，特别是鸦片战争的爆发，诱发国外列强对中国的蚕食鲸吞。太平天国的金田起义，极大地动摇了清王朝的统治。在这种历史背景下，迫使清王朝为维持其封建统治，大力扩充武备人才，以应付战时之需。而扩充武备人才的途径一为科考选举，一为荐辟。清朝的武选举为三年一次，会试天下武举。另据需要，增设恩科。现把旧县志所记古坑籍的武进士、武举人摘录如下：

叶向日，道光丙戌（1826年）科武进士，钦点卫守备。

叶舒青，道光戊戌（1838年）科武进士，殿试三甲，任通永镇都司，南征尽节，世袭云骑尉，专祠。都司为正四品武官，仅次于参将。云骑尉为勋衔，即对阵亡人子弟授予世爵的荣誉称号。

叶春晖，道光庚戌（1850年）科武进士。

叶景堂，咸丰壬子（1852年）科武进士。

叶昌时（一作叶时昌），咸丰癸丑（1853年）科武进士。

叶定国，咸丰己未（1859年）科武进士，钦点卫守府，授台中都司，嘉义中军守备，台北、漳化都阃府。据耆老介绍，叶定国的后人在台湾繁衍。

叶超，嘉庆庚午（1810年）科武举人。

叶玉，嘉庆癸酉（1813年）科武举人。同科的还有叶向日，后中道光丙戌（1826年）科武进士。

叶春魁，道光辛卯（1831 年）恩科武举人。

叶廷魁，道光乙未（1835 年）恩科武举人第四名，字升老。同科的还有叶舒青，后中道光戊戌（1838 年）科武进士。

叶殿章，道光己亥（1839 年）科武举人第二名。

叶荣邦，道光甲辰（1844 年）恩科武举人。

叶元晖，道光甲辰（1844 年）恩科武举人。

叶凤翔，道光己酉（1849 年）科武举人。同科的还有后连捷武进士的叶春晖。按：旧志误作乙酉（1825 年）科。

叶光明，咸丰辛亥（1851 年）恩科武举人。同科的还有后中进士的叶景堂。

叶宝书，咸丰戊午（1858 年）科武举人第十名。

叶拔元、叶金魁、叶登云，同治壬戌（1862 年）科武举人。

叶绍三，同治丁卯（1867 年）科武举人。

从上述可知，弹丸之地的小村在短短的 58 年中出了 6 名武进士，18 名武举人。可见武功风气之盛。

历经岁月的烟云，这些武备人才的故居大多已无可觅踪，询问耆老也讲不出个所以然。只剩下一间进士第，即叶春晖故居。叶春晖故居位于古坑村店前自然村 36 号东北侧，为二进式红砖古大厝，坐东北向西南，没有门牌号，在公社化时为全古坑村的公共食堂。该建筑很有特色。后进和一

叶春晖故居（耿瀚摄）

般闽南古建筑同样，燕尾脊向两侧翘起。前进前厅屋顶燕尾脊双翘，两侧的前厅房加筑山墙与厢房（东厅）同为两坡屋面，而燕尾脊形成面向，屋顶上的燕尾脊像老虎的利爪，俗称“虎下山”。此类建筑在同安平原地区极其少见，只在山区如白交祠村等才有这种建筑。山区的居民要建屋都是依山而建，早时的先民们在生产力较为低下缺少机械设备的情况下，要平整地面较不容易，故此类建筑都是后进比前进地平略高两三个台阶。而在古坑村这种近似平原地区的村落中有这种古建实属罕见。

在民国《同安县志》书斋篇记述：励轩，在泽芦保古坑乡，叶可南课子书斋。蓉屏书斋，在泽芦保古坑乡，副贡叶钟瑛别业。据采访耆老，励轩原为叶若渊孙叶嘉会的祖祠，后为了培养子女，辟为书塾，取名励轩。

在民国《同安县志》选举清封赠还记述：叶可南，道光间以子功，赠四品太封君都骑尉。武进士叶舒青，官至都司南征尽节世袭云骑尉。而都骑尉也是勋衔，在云骑尉之上。且品秩封号相符，由此知道叶可南、叶舒青的父子关系。励轩在一百多年前的风云际会中，富有传奇色彩。笔者当年上山下乡西源村时，励轩这座两进式的古屋尚在，旁为一列平屋，据传就是当年学子们学习之余练武之所，俗称武馆，尚有当年练武用的石锁散落在村间，足见当年文武兼修的氛围，也是上述武进士武举人如此之多的一种必然。

而励轩的主人叶嘉会育有九子，前几年笔者探访励轩时曾采访村中耆老，包括时已九十余岁的叶江淮老人，回忆 20 世纪 50 年代初期励轩厅中祖龛的神主牌，只记得长子简齐，二子惠畴，三子永言，五子足斋，余缺。还记得永言的孙子即叶春晖，足斋的孙子叶定国。还说起“九子六进士”，即上述的武进士皆是若渊、嘉会的后裔。叶江淮老人还回忆，叶舒青南征征番时挂先锋印阵亡，身首分家，钦赐“金头壳”合葬。而最近采访八十余岁的叶火烈老人，在他儿时励轩门上的匾额为“九士堂”，现居褒美若渊派后裔叶宝国介绍，褒美上邦自然村的进士第道光己丑（1829 年）科武进士叶绍庚，官至都司。道光丙申（1836 年）科的武进士叶绍飏，还有汀溪库区内窑内村的叶国器中光绪乙未（1895 年）科的武进士，上述三人皆是若渊派下。由此可见“九士堂”绝非空穴来风。而光绪乙未（1895 年）科为清王朝最后一科的武试。叶国器，俗名叶玉老，官章国器，也是在励轩武馆习武，包括泉州府的黄培松，受古坑的一位武进士指点传授，皆武技超群，步法娴熟，为同科的武进士，黄培松殿试钦点武状元。

叶火烈老人还介绍，据祖辈传说，早时嘉会祖祠即励轩因翻修扩建时，需迁葬祖厝边一座坟墓，迁葬时棺木还完好，但迁移时棺木扛不动，后一武进士拿一长柄烟管敲打棺木头部，吩咐四个武举人扛棺，口中念曰：“四举在给你扛，为什么还不起来？”后即顺利迁移。

在文科科举方面，古坑村也可圈可点。县志举人篇记载：道光元年辛巳（1821年）科，叶翼飞，任国子监学录，掌教双溪，轮山书院。其子叶钟瑛中咸丰己未（1859年）科副贡，掌教双溪、轮山、舫山、禾山各书院。叶钟瑛幼承家学，弱冠名噪郡庠，乡试时闱中已定魁选，以五策有伤时语，抑置副榜。自知得失有命，绝意进取。广交名流，纵情山水，专以栽培后进为职志。同治间的县令白冠玉慕其才学，聘主轮山书院，门下士多所造就。在县志中录其诗文数首，入传《文苑》。其子懋祺，邑廪生。

叶翼飞故居现在古坑村后坑自然村，无门牌号。坐西北向东南，现存建筑为两进式，双边护，埕侧一残存的旗杆石。据采访叶翼飞的第七世孙叶节约，原双边护厝还有双边棋盘厝，现仅存北侧半间棋盘厝。在南侧棋盘厝还连接一间书房，即蓉屏书斋，即叶钟瑛别业。因近代子孙繁衍，人口增多，已拆建改为楼房。叶节约还介绍，前进厅中原挂有“文魁匾”，后进厅上挂三块匾。在采访过程中在一废弃的猪栏里找到一块木匾，上首字为“经筵讲官兵部尚书管理国子监事加三级特登额为”，中为“槐市蜚声”，下款为“道光己酉（1849年）加授京职国子监学录叶翼飞立”。而经筵讲官为陪侍君主讲论经史之专官，清代为近侍大臣之荣宠。国子监即国家学府，

叶翼飞故居（耿瀚摄）

“槐市蜚声”匾（耿瀚摄）

或称太学。国子的本义是“公卿大夫之子弟”。国子监祭酒为主官，下设司业、监丞、博士、助教、学正、学录等。府、州、县学官优异者也给予国子监学正、学录之荣典。至于“槐市”，为汉代长安市场名，槐树数列，故名槐市。当时全国各地生员赴长安学习、赴考，朔、望会此市，各持其郡所出货物及经书在此交易，或议论槐下。由此可见，槐市蜚声是形容叶翼飞在生员当中因道德纯正，博古通今的学识而受到生员的高度好评，声名远播。

当我们今天审视古坑村的历史文化时，深感历史不可再生。有清一代的武进士共有 35 位，古坑村占其六分之一强，不能不说是功烈之伟，难怪道光皇帝谕旨“同安为武功最盛之区”。而如何善待这些幸存的、具有一定历史价值兼历史见证的古遗存也是摆在我们面前的课题，毕竟它们承载着中华文明，在今天美丽乡村的创建中，它的底蕴必定会受到社会的注目而重焕光彩。

（文：耿　瀚）

## 武功之乡——石浔

清道光帝曾赞赏同安“武功最盛”，而清代的石浔堪称同安的“武功之乡”。

石浔村系明洪武二十年（1387 年）吴从师由福清石塘迁入同安浔江开基，故名“石浔”。历史上又分衍于城内、溪边、西柯后吴、西山吴、汀溪吴厝及厦门、台湾等地。石浔村民自古尚武，因临江近海地域关系，尤擅水战，有清一代名将迭出，且多由荐辟出身，少数由武举出身。

吴楠，字世乔，康熙十九年（1680 年）应募入水师，随总兵吴英克复金厦两岛。康熙二十二年（1683 年）又随征澎台，以功加左都督，任春江副将，再升南澳总兵。同村入伍的吴世元也升任水师千总。

康熙朝，吴升从征金厦台湾，功升陕西游击、广东副将，率舰巡视中沙、西沙，升定海总兵。雍正三年（1725 年）晋福建陆路提督，卒赠太子少保。吴世元子吴有成（武举人）任台湾千总，其子吴国英荐任铜山千总，升碣石游击参将，赠中宪大夫。武举人吴廷英任守备。

嘉庆初，吴大江荐任金门中营游击。其子吴邦荣中道光癸未（1823 年）榜武进士，其三进双护进士第保存至今。

道光初，吴朝祥荐任南澳总兵。

同治朝，吴鸿源武功最巨。他以咸丰三年（1853 年）募船四只从征厦门小刀会起家，十年征战，升至安平副将。同治初，以征战太平军升海坛总兵。再统兵平台乱，被权贵中伤引病归。中法战争起，法占基隆，清廷起用鸿源潜台，组织抗法，在台湾军民的拥护支持下，竟一举收复基隆。以功授头品顶戴，诰授振威将军。鸿源有子十人，光绪朝长子吴文龙任参将升南澳总兵，吴永宗任水师参将，吴永兆任澎湖游击，吴邦机任厦门前营游击，五子文辉任浙江司刑部主事。满门将校，传为佳话。

光绪朝尚有吴荣辉，在鸿源麾下屡立战功，荐任守备。

据县志记载，有清一代，石浔村中武举者计有：

吴有成，康熙庚午（1690 年）榜。

吴廷英，乾隆辛卯（1771 年）榜。

吴国材，乾隆甲寅（1794 年）榜。

吴国华，嘉庆庚申（1800 年）榜。

吴邦荣，嘉庆己卯（1819 年）榜，道光癸未（1823 年）榜武进士。

吴克忠，光绪丙子（1876 年）榜。

另族谱中记载者，尚有嘉庆吴大江、吴应诏，道光吴兴邦、吴奠邦，光绪吴尧忠等人。

正是有这样的尚武传统，清末民国时石浔吴成为雄踞厦门码头的三大姓之一（另二姓是丙洲陈和后麝纪），并在辛亥厦门光复之役和光复后的保安会中都是民军主力之一。

（文：陈金城）

# 明代科举望族桥东刘

有明一代，旧县志所记中式文进士的有九十二人，而城郊弹丸村落的五甲村却出了三个进士，分别是刘存德、刘梦松、刘梦潮，世称“父子进士”。也是入传《乡贤录》的人物，世称“父子乡贤”。

谈起“桥东刘”，有必要对其祖源做一下梳理。按旧志及《桥东刘氏世谱》所载：“其先为汉楚元王交之裔”，因明代始祖刘雄在沙（县）尤（溪）寇侵扰同安时抗击被难后谱籍契券皆灰烬，“先系莫详”。故后世立刘雄为入同始祖。传三世至刘恭为桥东刘一世祖，此其大略也。在旧县志《忠义录》有记：“刘雄，字逸圃，倜傥尚义，经营致富，居积善里漳泉古道边之后浦，门下食客数百人，多勇敢忠直之士，藉以捍卫乡井，固守封疆。正统十三年（1448 年），沙尤寇发，由漳袭同。雄度邑中仓卒莫备，散家财万贯，鸠义众，率家僮门客击退之，邑赖以安。贼大恨，越日复率众来攻，因战马陷入海泥中，家僮八人奔随之，尽被歼焉。贼复纵火焚其居，阖家俱遇害。惟妾吴氏先携三岁幼子宏渊往邻乡母家，得脱难。后邑令亲临致祭，八僮付葬于右，乡人称曰义坟坡。”宏渊生三子，即朝文、朝武、朝权。朝权子即刘恭。在旧县志《独行录》有记：刘恭（1486—1554），字大受，号铁山。少孤，因族亲谋其业，即奉母侨居于县城东桥头之五甲村以避难。与邻同甘苦，共衣食，至邻愿效死力。且乐善好施，以赈贫穷。在家中延名师课子，使子女成才。子存德进士。次子存业贡生，任应天府经历。其墓葬在五显宫仔边的寨仔山，为明代石亭墓，已入《同安文物大观》。

刘存德（1508—1578），字志仁，号沂东。嘉靖戊戌（1538 年）进士。为宦处世，清廉自律，以廉名选浙江道御史。为国家计，敢于抗疏力诤，至明世宗震怒掷疏，降俸。时大旱，章报下，震雷，大雨如注，京师水二尺，欢声动地，群称“刘御史一言回二天”，故有铁面御史之称。视察两淮时，关注民生，奏疏请赈贫民。按察应天府时，其座师潘少宰的子弟杀人，隐匿十年不出，存德则按律逮捕判决。任松江太守时，时已大旱六年，至应上缴的税赋拖欠二百余万，则请使者宽期以候秋成缴纳，其关注民生，爱民如子的深情溢于言表。后迁浙江按察副使，广东海道，任中处置剧寇海匪多次，为社会安定做出贡献。以功见嫉，被中伤归，善待乡邻，和睦宗族，至家中坐客常满。又善大书，工古文词，今西山岩尚存其明隆庆辛未（1571 年）的摩崖石刻。参与协修明隆庆版县志，入传乡贤。育有五子，四子梦松，五子梦潮皆进士。

刘梦松（1555—1612），字国夏，号璘苍。万历戊子（1588 年）举人，乙未（1595 年）成进士。初仕扬州教授，历国子助教、刑部主事。升员外郎中，迁台州知府，善政宜人。官至江西按察副使，入传乡贤。

刘梦潮（1568—？），字国壮，号海若。万历壬子（1612 年）举人，己未（1619 年）进士。初仕南昌令，改北京武学教授，擢礼部仪制司，转主客司，迁粤西副使，卒于官。入传乡贤。子霖任举人，孙佺龄，举人，孙望龄进士。

刘望龄，字尔三，号百朋。清顺治辛卯（1651 年）举人，戊戌（1658 年）进士。初仕开封府推官，以执法，左迁云龙州州判。历宦三十载，一清如水，丁父艰归。

县志乡贤录还记述，刘瀚，东桥人，字景若，号溪堂。其父刘思睿为康熙甲午（1714 年）武举人。刘瀚为乾隆癸酉（1753 年）科举人，初任建安教谕，调龙溪学，再迁台湾漳化学，选兴安令，调署永兴州。以丁母艰归，掌教轮山书院三年，品望岿然。

在族谱中所列的副举人、贡生、钦赐、太学生、庠生（秀才）不胜枚举。自刘恭开基桥东后，其人文蔚起，科甲簪缨，可谓科举望族。

（文：耿　瀚）

# 第三章　厦门科举轶事

## 苏颂“洗墨池”

同安县城内苏氏芦山堂门口大片地方古名“洗墨池”，民间至今沿用。原是一口大池塘，相传汉许濙驻师营城时曾于此涮马，取名“洗马池”。北宋宰相苏颂（1120—1101）诞生于芦山堂，幼时在堂口池边读书练字，于池中洗笔砚，日久把池塘水都染黑了。苏颂成名后，同安人即把池塘改称“洗墨池”以怀念，池塘周边的大片土地也就叫“洗墨池”了。

历代政府尊崇苏颂，用石砌成长方形的池岸保护，面积约有三十多亩。历代至民国洗墨池是端午节城内赛龙舟之处。20 世纪六七十年代，为增产粮食而填池做农田。20 世纪 80 年代，填田建造银城商厦，古“洗墨池”已无迹可寻，仅遗留一方“洗墨池”的古牌石，但“洗墨池”古地名至今仍在民间沿用。

（文：陈金城）

# 陈沧江为诰命堂立规

陈沧江自南宁知府归田后，于同安城北关内建造诰命堂，三进双护，作为居所和金门浯阳信房轮北堂的私祠，奉祠其父陈祯以下各代轮北宗祖先。陈沧江一反旧俗，亲为诰命堂定规："尊贤不尊老，子孙中只有考中功名者或对地方有大贡献者，神位才能入祠。"

这堂规为沧江后人世代遵守。如沧江第三子甫文及其后代均无科举功名，一直在外居住。至康熙初，其孙世盛、玄孙复莘尚外居于城南朱紫市，生活困顿，最后只好返迁金门故里，传衍了今金门庵前村。

陈沧江的"尊贤不尊老"在古祠规中是独树一帜的，实质上是要后辈子孙自己努力"立新功"，不要吃祖宗的老本，不要以高辈分为尊，这在今日仍有警示意义。

（文：陈金城）

# 林希元轶事

理学名宦林希元，中举前后有许多被人称道的故事，这里叙述两则故事。

## 一、吃木鸡腿

林希元未中举前，在铺前村当塾师。因家贫又要体面，每餐均用一木鸡腿沾酱油下饭。一天，天气晴朗，林希元把两个大书笼搬去晒太阳，傍晚收回。时有一村妇天黑后找不到一只母鸡，想起林先生顿顿吃鸡腿，一定是他偷走了。就直向林希元塾室问讨，林当然否认。争执之下，相约到村中观音庙掷筊定夺。三杯具"胜"，断定林希元室内藏鸡。村妇不容分辩，果然在林希元塾室大书笼中找到了丢失的母鸡（盖因贪吃书虫被盖入笼中，林却未发现）。村妇大叫："先生果然日日偷鸡，故顿顿有鸡腿吃！"林希元又冤又愧，一怒之下，辞塾回乡，发誓出头后要清算妄断害人的菩萨。

林希元返乡后关门苦读，高中正德十二年（1517 年）进士，授职大理寺评事。衣锦还乡之日，即打道铺前观音庙，把观音神像捣毁，并仍入井内，兑现了誓言。后来林希元在家训中明白写下“不妄信僧道”，恐也与此事有关呢。此故事至今还广传于同安民间。

## 二、林希元当纱帽

林希元是位清官，归田之时，两袖清风，生活拮据。他的连襟李某开当铺，低收高赎，还放高利贷盘剥百姓，希元非常鄙视他，并存心要教训他一下。一天适逢家中无钱，灵机一动，拿一顶乌纱帽叫妻子到李某当铺当银百两。李某常思巴结希元，见林夫人来当官帽，哪里敢收？赶快奉送白银百两，并雇来吹鼓队，用轿子抬着乌纱帽，吹吹打打地送还林家，想以此讨好林希元，并抬高自己的身价。谁知希元变脸大怒：“你抬着我的官帽招摇过市，这是侮辱朝廷、败坏我的官声，决不与你干休！”说着就揪李某上衙门见官。李某吓得面无人色，赶紧跪下求情，命人回店再取银百两，赔偿希元的名誉损失，并保证今后不敢再放高利贷了，请希元消怒。希元狠狠地教训了他一顿，才让他滚。对围观的百姓说：“李某为富不仁，聊示惩罚，不义之财，取之无碍。”自留三两，余尽散给贫穷百姓，众皆拍手称快。

（文：陈金城）

# 刘存德怒斥“水鬼应仔”

刘存德（1508—1578），字重仁，号沂东，明同安县东桥五甲社人，嘉靖戊戌（1538年）进士。任浙江道御史时，曾疏抗孝宗追封藩府先人案，久旱京师又降大雨，朝野咸称“刘御史一言回两天”，直声震两都。

刘御史还有一则“怒斥水鬼应仔”的故事在同安民间广泛流传。相传明代有士人应仔于东桥下溺水死亡，冤魂不散而成“水鬼应仔”。水鬼投生须“捉勾替”（即淹死活人替代自己），但水鬼应仔生前为儒士，有怜悯之心，勾替时屡发善心，相继放过了一个老农、一个孕妇、一个读书的幼童而长久不得投生。时桥边五甲社刘存德常渡溪到对面铺前村读书，水鬼应仔知其是有为儒士，每晚均化身持灯，护其回家，相处甚谐。后刘存德中进士，衣锦还乡，感念水鬼应仔之仁义，为其建庙塑像于桥头畔，供五甲村民供奉，应仔由鬼而神。但应仔成神后逐渐变质，要村民的供奉越来越奢，还不时索要桥马女人，一不如意就作祟村里，村民怨声载道。一年刘御史回乡，听闻此事，怒气冲天，即赴神庙，指神骂曰："为神如为官，不正必受制裁。汝贪渎丰供，骄奢淫逸，祸害百姓，岂能由你！"持手中竹扇连敲神头三下，大喝"退神！"此后应仔无了灵光，仍为水鬼了。是庙至 20 世纪 70 年代东桥改造时被拆毁，20 世纪 90 年代铺前社村民复建于桥尾下溪畔。

（文：陈金城）

## 许獬北山圆梦

许獬（1570—1606），字子逊，号钟斗，明代同安浯洲后浦人，曾入梵天文公书院读书。万历二十五年丁酉（1597 年）科中举，万历二十九年辛丑（1601 年）榜会试会元，殿试二甲第一名（传胪），授翰林院编修，以文才著名京师，人称"许同安"。

许獬有一"北山圆梦"的故事广传同安民间。万历辛丑（1601 年），许獬与几名同安举人进京会试，同伴相约先到北辰山仙姑洞圆梦祈吉。许獬年轻，又不甚相信圆梦之事，当晚行至仙姑洞，疲累至极，倒头便睡，一觉至明。晨起，同伴交流仙姑启示，许獬本无梦境，只好谎编说："我梦见仙姑用中指插入我口中，并狠推我一把喊'去'！"众举人大惊，大喊不祥。许獬笑曰："亏你等还是举人，连这简易的梦都不会圆。中指插口为'中'，推一把喝去为中字念去声，此科我必中无疑了。"众皆大笑问："必中状元？"獬答："状元不敢说，会元稳落口袋中。"言罢欣然起程。当年会试，许獬果然高中会元（会试第一名）。

（文：陈金城）

# 洪侍郎吃蕃薯粉粿

洪朝选像（岩立　摄）

洪朝选（1516—1582），明正德十一年（1516 年）农历八月二十九日诞生在同安县翔风里十三都洪王林湖保洪厝村（今属翔安区新店镇）。相传出生时，当地洪厝港中的鲤鱼墩香气数日，因而他的号称芳洲。明嘉靖二十年（1541 年）春闱，洪朝选中式进士并授官南京户部主事。当他接到就职文书时，正逢家乡准备过三月节，母亲叶氏本想留他吃三月节才走，怎奈关山迢递，洪朝选生怕耽误期限，急忙打点行装起程。母亲也不敢多留，只想煮碗好料让他吃。但乡下人家，平日粗茶淡饭，还好临近过节，又是“二月肥蚵肥韭菜”的时令，母亲便从灶头上抓了一把切好的地瓜粉条，配上猪油、葱花、海蛎、文昌鱼、韭菜等佐料，煮了一大碗香喷喷的番薯粉粿。洪朝选远出家门，吃了慈母亲手做的家乡饭，感到特别香甜可口，脑子里也刻下了深深的印记。

洪朝选后来官居刑部左侍郎，所以民间称“洪侍郎”。有一年回家省亲，乡亲备办酒席宴请洪大人。宴席还算丰盛，“海里嘉腊（真鲷鱼）马鲛鲳，山顶加锥（斑鸠）鹧鸪獐”，好菜一碗一碗端了上来，可洪朝选不敢多伸筷子，只是留着肚子等待那道番薯粉粿。三十六碗过去，甜汤出来，意味宴毕，洪大人赶忙低声问道：“不是还有一道番薯粉粿吗？”他这一问，大家都愣了，因为主席上压根儿没有这道菜。大家以为这是农家“吃粗饱”的东西，所以不敢端上来，好在其他副桌有这道菜，厨师赶忙另做一碗番薯粉粿。洪大人边吃边赞：“还是番薯粉粿好吃，还是番薯粉粿味道好！”

打那以后，洪厝这一带人家，喜庆佳节，请客宴席首道菜便是番薯粉粿，相沿成俗，遵祖成例。清朝同治年间，洪厝乡洪思返、洪思艮等十一人开发印度尼西亚的峇眼亚比，至今居住在那里洪厝街的洪氏侨裔，也保持着吃番薯粉粿的家乡习俗。

2010 年 8 月，厦门市人民政府把新店番薯粉粿传统小吃技艺列为非物质文化遗产保护项目。

（文：岩　立）

# 褒美进士芋

叶绍庚故居“进士第”（岩立　摄）

褒美是个村名，原名埔尾，雅化为今名。清代属感化里埔尾保，今属汀溪镇，辖有九房头，路岭、过坑、圳口尾、中甲、大埔内、虎梅坪、斗拱、棋盘、上邦、下书房等23个自然村。褒美以盛产槟榔芋闻名，长期流传一则“褒美进士芋”的故事。

进士芋的主人叶绍庚，清道光九年（1829年）武进士，做过澎湖都司（正四品武官）。

有一回，厦门商行大老板请他赴宴，席间老板为讨好进士，指着满桌山珍海味道：“随便办些小菜，不知进士大人能否合口味？”谁知进士心直口快地回答说：“东西虽高贵，可惜美中不足！”老板感到意外，问：“你说还缺什么？”进士说：“缺少一味槟榔芋炖肉。”老板觉得又好气又好笑，暗骂：真是个土进士，枉费我花钱又不讨好。

进士回家后，把厦门老板宴请的事告诉了老婆，进士娘听后说：“舍败，舍败（出丑），你出土了，这下辱没我们进士第的门风了！”进士亦觉察出丑，就说：“那你看怎么办好？”进士娘说：“你立即发请帖，请厦门的大老板来我家赴槟榔芋宴。”请帖发出，众老板碍于面子，如期赴宴。这一餐是进士娘自己当厨师，宴席上出了香喷喷的芋枣，甜丝丝的芋泥，最有特色的一盘“八宝芋”，即把芋皮去净切盖，把芋心挖出，装进海参、大虾、板栗、香菇、鱿鱼、荸荠赤肉馅拌鸡蛋，然后加盖，用精粉拌蛋清封密蒸熟，既鲜美又香松。老板们吃得赞不绝口，盘盘吃得精光，不断拍手叫好说：“真是名不虚传的褒美槟榔芋，胜过高贵的山珍海味，难怪进士喜欢。”

褒美槟榔芋头（刘良镇提供）

从此以后，大老板每逢宴会，也都学着操办，并把槟榔芋炖肉作为一道名菜，起个别号，雅称“褒美进士”。

（文：刘良镇）

# 第四章　厦门进士名人佳话

## 魏国公苏颂

苏颂（1020—1101），宋同安城内人，字子容。祖仲昌、父绅皆进士。颂自幼聪颖勤学，庆历二年（1042 年）与王安石同榜进士。初授汉阳军判官，旋改宿州推官，又调江宁令，整理户籍地册，丈田清赋，尽除积弊，邻县争相仿效，“取以为法”。任满丁父忧，皇祐三年（1051 年）出任南京推官，留守欧阳修赞曰：“子容处事精审，一经阅览，则修不复省矣。”五年，任内调馆阁校勘，同知太常院，再调集贤院校理，尽览宫室藏书，日记诵二千字，历时九年，学问大增。此间组织审定了《神农本草》、《灵枢》等八部古医典，编写了《本草图经》，图文并茂，开了明李时珍《本草纲目》之先河。

嘉祐七年（1062 年），外知颍州（今阜阳）。上书谏阻仁宗皇陵之摊派，“岂有土不产而可强赋乎”，使“民不知扰”。英宗即位后，苏颂由提点开封府诸县镇事调度支判官、工部郎中。神宗即位（1067 年），任淮南转运使，旋调起居注、太常寺，次年擢知制诰。熙宁二年（1069 年），王安石任相，厉行变法。苏颂基本不持异议，只对青苗法提出某些修正意见。熙宁三年（1070 年），苏颂主贡举，王安石欲破格提拔自己的门生、秀州判官李定任太子中允，苏颂认为不合规定，与宋敏求、吕大临共同拒绝拟诏，皆被免职，是为“熙宁三舍人”。熙宁五年（1072 年），出知婺州（今金华），徙亳州（今亳县）。熙宁七年（1074 年），回京任集贤院学士、通政银台司。次年，苏杭饥疫，出知杭州，“补败救荒，恩意户至”，尽释欠市易款而被囚之百余商民，许其缓纳。熙宁十年（1077 年），召修国史，擢右谏议大夫。曾出使契丹，回国后力谏神宗持睦邻通好政策。并于元丰六年（1083 年）收集宋辽关系文献，编成 299 卷的《华戎鲁卫信录》，对推进并保留宋辽关系史资料做出了贡献。

元丰年间，苏颂擢知开封府事，因被劾纵容僧人，降为秘书监，又因陈世儒妻杀庶母案受牵连而罢官。三年后事白，复起知河阳、沧州，旋调太中大夫判尚书吏部，进通议大夫、吏部侍郎加光禄大夫。元丰八年（1085 年）哲宗即位，太皇太后垂帘听政，司马光执政，尽废新法。七月，擢刑部尚书，后改吏部尚书兼侍读学士。元祐七年（1092 年）六月，拜右仆射兼中书门下侍郎（即宰相）。苏颂执政时，对内“远避权宠，不立党援。进退人才，不专己意。”力息新旧党政争，维持大局稳定。对外力求睦邻息争，深戒边将贪功生衅。年底，因御史贾易直言获罪贬知苏州一事，与左仆射吕大防争议不决而被劾“稽留诏命”，颂三上奏章辞职。元祐八年（1093 年），哲宗亲政，起用章惇等人，复行新法，遂贬颂为观文殿大学士、集禧院使。半年后出知扬州，又调知河南洛阳。力辞不行，以中太一宫使居京口（今镇江）。绍圣四年（1097 年），拜太子太傅致仕。元符三年（1100 年），徽宗即位，进颂太子太傅赵郡公。次年五月逝世，葬丹阳义理乡，赐赠司空、上柱国，晋封魏国公。南宋理宗赐谥“正简”。有《苏魏公文集》七十二卷传世。朱熹称赞苏颂“道德博闻，号称贤相。立朝一节，终始不亏”，“道德渊深，履行纯固”，是封建社会忠君亲民的良吏典范。

芦山堂苏颂神像（陈金城　摄）

苏颂一生最重要的贡献是创制“水运仪象台”，是中世纪世界级的伟大科学家。元丰八年（1085 年）十一月，颂奉诏定夺新旧浑仪。元祐二年（1087 年）八月，奉诏设局研制新浑仪。苏颂召集吏部令使韩公廉等一批天文历算和机械制造专家，费六年之功，终成“水运仪象台”。台高 12 米，宽 7 米，自上而下分为“浑象”、“观象”及“报时”三层，以水力驱动同

苏颂芦山堂（陈金城 摄）

时运转，创造了世界科技史上的三项第一：现代天文台跟踪机械——转仪钟的雏形，其天衡系统是现代钟表擒纵器的先驱，其活动屋顶是现代天文台自由启闭圆顶的原型。苏颂与韩公廉合著的《新仪象法要》三卷，叙述了从汉张衡、唐僧一行、宋张思训等人的研究成果和新制水运仪象台的构造、原理及 150 多种部件，是我国现存最早的精密机械设计图纸。以圆、横结合的新法绘制了当时最精确的星图，绘星 1464 颗（欧洲至 14 世纪文艺复兴前仅观察记录 1022 颗）。结合其在药物学上的贡献，英国科技史权威李约瑟博士称誉苏颂“是中国古代和中世纪最伟大的博物学家和科学家之一”。

宦海五十三年的苏颂，也是廉洁奉公的典范。在馆阁九年，以薪俸养一家及亲戚数十口人，异常清贫，“妻子衣食常不改，而处之晏然”。知杭州时，“人或以事嘱，公不应”。决不以权谋私。任知制诰时，已是朝廷重臣，仍是“家贫，担石不充”。任尚书大员时，“虽贵，奉养如寒士”。任宰相时在京师西冈所置宅第“甚隘陋，二府诸公见过，以为不称相第”。致仕后，“筑第京口，仅蔽风雨。比薨，来吊哭者见其服用俭素，皆叹息而去”。苏颂曾说：“平生荐举不知几何人，惟孟安序朝奉，分宁人，岁以双井一斤为饷，知吾无苞苴之馈也。”一生清廉自守，从不以官敛财，苏颂又是廉吏之典范矣！

（文：陈金城）

# 许巨川修西安桥

许巨川（1175—1251），字东甫，又字扬甫，号钝斋。生于宋淳熙二年（1175 年）十月初一日，宋嘉定七年甲戌（1214 年）科进士，官至广西象州太守，南宋淳祐十一年辛亥（1251 年）卒于官。

许巨川出生于同安理学名宦之家，其高祖父许宜（1021—1100），字日迈，号西安。资产丰盈，魁于郡邑，即泉州府首富。平生乐善好施，捐金立坊衢以壮邑势，见西溪阻隔，行人苦于涉水，骈力为桥，在僧宗定化缘的配合下，造成了一座桥长一千余尺，桥梁九条，桥面宽一丈五尺，通水十八门的西安古桥，护以石栏、镇以石塔（即婆罗门佛塔，现存于梵天寺、梅山寺的石塔为镇桥四塔之二，为省级保护文物），石狮、石将军（均保护于博物馆中）憩于二亭。时称洛阳桥之亚，为闽省大桥之一。邑人为表彰许西安善举的功德无量，故桥、路俱以“西安”名之。其曾祖父许权（1046—1108），字正衡，号巽斋。治平二年（1065 年）进士，官至承信大夫，平生盛德高标，尤有文章，至朱子簿同时在经史阁传道授业时讲了一篇《举梁文》对同安的先贤苏颂、许权给予了“圣朝硕辅苏丞相、鲁无君子定虚言，权是诸生丈人行”的高度评价。伯曾祖父许楫（1043—？），字正纲，号有济，元丰八年（1085 年）进士。其祖父许漠（1098—1169），字子玄，号虚斋。平生敦习诗书，以正自裁，崇尚师儒，教子有方。朱子簿同时慕许权盛德高标，曾到其家中拜访，交谈之中即意识到朱子仍“名世大儒也”。即遣其子许升前往拜师从学，成为朱子的高足。其父亲许升（1141—1184），字顺之，号存斋。年方十三，即从朱子游，励志圣贤之学，朱子称其“恬淡靖退，无物欲之累”。对许升倍加痛爱。绍兴二十七年（1157 年），朱子秩满去任，从之北归于建阳，以卒讲业，其学益进。绍兴二十八年（1158 年），朱子调任监潭州南岳庙，又跟从前往。也就是这一年，朱子作《存斋记》和《顺之字说》授之，也就是说许升的字、号皆朱子命名。尔后许升回同后，继续保持书札往来，探讨学问。也才在《报劝止湖南之行》的书信中留下了千古名句“半亩方塘一鉴开，天光云影共徘徊。问渠那得清如许，为有源头活水来”。为“吾同理学之开先”，配享文公祠。

从上述的家族世系和家学渊源已构成了许巨川成为一个有作为的人的基本条件。虽然许巨川“十岁而孤”，但他“慕辑先志，酷耽程朱理学”，秉承传统文化“格物、致知、诚意、正心、修身、齐家、治国、平天下之程序，达于明明德亲民，止于至善之境”。作为为宦之本。这也就是自登进士后入仕为宦的从政之道。中进士后，官府为表彰他，特为他建“魁坊”于营城巷巷口，也称“许内巷”、“库内巷”，后改为“福星坊”，后在坊址建“福星楼”，地名犹存。他还在家中庭院中建一座“四时佳兴亭”，故其派裔分灯号“亭上”即源于此。

初仕广州建康教授，笃意训诲生员。《广州名宦传》称其“得伊洛紫阳之传”，使学子有所矜式，学风为之一新，邑人感之，为其建生祠于学宫之东。嘉熙二年（1238年）改任东莞县令，见学宫荒庑，即捐款十万钱修葺，使学宫伟观。至时为吏部侍郎的李昂英所撰的《东莞经史阁记》对其作了很高的评价，称其“温陵（泉州别称）许公（即巨川）以海内大儒来为宰（县令），吾邑其幸乎，吾道其泰乎”，邑务虽烦，但总拨出时间亲临县学与生员讲课，讲论《中庸》和程朱理学，启蒙生徒，使学风为之丕变。重视教育，训诲生员立志圣贤之学，以期成才大用，也对当地的风化起了推动作用。邑人也效仿广州，建立生祠于泮宫之东。因政绩显著，迁任广西象州太守，卒于官。

值得一提的是，许巨川虽一生为官在外，但却关注家乡的建设，有乃祖许西安乐善好施的遗风。嘉定十七年（1224年），洪水冲坏其高祖所造的西安桥二道（孔），即捐资给予修复。嘉熙二年（1238），捐资造跨小同溪之石狮港桥，址在即今官浔，县志记为“石狮桥”。20世纪50年代，改建官浔水闸，笔者曾考察探访该遗址，溪床尚见大量石桥的桥面石，桥梁石，当地耆老也曾介绍在后来拆掉水闸时曾把三尊威武雄壮的宋代石将军砌进堤岸当基石，亟待今后重修堤岸时发掘以重见天日。建水闸时两侧尚存并分置四只宋代石狮，20世纪90年代被窃。

许巨川的弟弟许廷炜，也是南宋端平二年（1235年）进士，官至知州，为安溪仙地、龙门许氏开基祖，原国民党中常委许胜发即其后裔。许巨川生有两子，长子日进，开基新店东界，许平等及其子原马来西亚滨州首席部长许子根和原菲律宾总统科拉松·阿基诺夫人就是其派裔。次子日新（1236—1273），字惟学，号习斋，登宋度宗咸淳四年（1268年）进士，官至广州司法参军，景定五年（1264年）捐资造从顺里十五都太平桥。按现场考察，小同溪（即今名官浔溪）从官浔入海口上溯只存一座仙桥，并无其他桥的遗址和传说，而旧县志却记有两座桥，即太平桥与仙桥。现存仙桥具宋代石桥风格，即桥面石，桥梁石呈粗坯毛石状，开山采石的凿孔犹存，在《同安交通志》记载：仙桥即“新桥”，容当考证。

许巨川堪称同安历史名人，故和其曾祖父许权、父亲许顺之俱入近代所编撰的《中国人名大辞典》。

（文：耿　瀚）

# 三府太守陈健

陈健（1491—1561），字时乾，号沧江，明同安浯洲阳翟人，迁居同安田洋、北门内。明嘉靖五年丙戌（1526年）进士，历任南疆三郡，人称“三府太守”。嘉靖二十一年（1542年），省府县于北关内建岳伯坊褒扬他。

陈沧江自幼聪颖。父陈祯，以贡生授职广东长乐司训，沧江随父至文庙学习，出入经史，植根理学，文辞如三峡之水，高出同学一筹，人称“陈氏骏马”。十五岁入泮，二十四岁中举，三十六岁成进士。丁父艰后，首授刑部主事，升员外郎，奉命审查直隶、江南积案。摒除关说，依法核实，既审结执行了许多重犯，也平反释放了很多冤囚，人称公正。升任四川司郎中。时有一太监，因忤逆发下纠治。又有工部主事某，因忤逆宰相遭弹劾纠治。沧江不阿上意，问明“忤逆”之因由，均依法判决无罪释放，人称耿直。当时沧江的上司刑部右侍郎刘节盛赞沧江为“一时之彦”，“尤称持重识礼。奉诏虑狱于江南诸郡，宽仁平恕，服大辟者无淫刑。进职郎中，详审慎。凡大狱讼，宥辟罔中者，人或难之。其从容剖析如鉴照，妍媸罔遁。用法则明濂公断，可谓允矣”。

不久，以刑部之绩功升南安知府（今江西大余）。尊重文士，力振文教，并捐俸纂修《南安志》。却因耿直不奉迎上司，任满谪调贵州思州。朝野皆为他叫屈，才再平调至广东廉州府（今合浦，嘉靖十八至二十年任，即1539—1541年）。任上教峒民耕织，扶植珠贝生产。设团练，筑寨堡，防倭抗倭，又兴学校，培育人才。任未满而丁母艰，州民扳辕不舍。服满，起任广西南宁知府（正四品，嘉靖二十三至二十六年任，即1544—1547年）上任不久，即发生了所谓“土司叛乱事件”。时土司奉令调土兵赴府城，而土兵却在城外抢劫，省府定性为“土司叛乱”，要发兵平叛。沧江经过仔细调查推翻了省府定论，认为土司接到命令就调发土兵赴府，可见其遵守法令，无叛乱之意。而土兵在城外抢劫，是上差旗牌官贪图财物，从中指使、煽动，只要派官逮捕上差旗牌官，治以劫掠伤民之罪，即可平息事件，与土司无干，不能说是土司骄横谋反。沧江的申告为省府接受，避免了一场破坏民族团结的战火。又有一件派船纠纷。旧例，凡军队调动，为节省脚力均要派船。但军队因此而强摊强征民船，甚至乘机抢劫，骚扰市面。行船到站又往往卖放船只，辱打船户。地方官也时常预先扣船备征，既扰民又惊走客商。沧江先是逮捕法办了几名强征民船的军差，然后上书主张革除军队征船之恶例。说南宁至浔州不过六日之程，浔州到浯州不过一日。请求南宁不派船只，改走陆路，每兵多给二日行军粮饷，外加赏银三分犒劳。这样地方的骚扰和百姓的困苦都可以减少很多。沧江的上书得到省府和兵部的批准，老百姓都弹冠相庆。

沧江在南宁不但鼓励商贸，兴办文教，还特别重视约束官军和安抚黎徭土民。亲自点阅官军，虚冒及扰民者必办。安抚尊崇土司，视其为府城屏藩。时刘节已退休归田南宁，赞扬沧江"莅郡以来，平易近民，谦和待士，恭谨尊上，恂恂颙颙，有汉循吏之风。宽如黄次公，惇厚如朱仲卿，儒雅如秦伯平，清行出浴如孟伯周，简除繁苛如刘荣"，甚至把沧江治边之绩比美唐治湟中的赵充国和汉治陇右的马援。

沧江在南宁任内，减免商税、赋役，限制军用和官费支出，不事逢迎又屡屡抗命，得罪了上司不少大员，终被中伤罢官，一任都没做满。归田后沧江除课读子孙外，还投身商业经营，积资千万，为家乡公益尽力。

沧江对家乡屡有贡献。早年曾倡募修筑美埔陈坝，嘉靖二十三年（1544年）又捐资创筑莲花澳内沧江坝，灌田百余顷。买田三百亩佃给无地山民耕种，又筑澳岭至小坪、澳溪至杜地古石道计二十余里，中建息亭，方便山民下山经营。捐资重建金门祖祠五恒堂和永思堂，续修宗谱并写序。创建城内北镇受飨宫，镇住民间的天花病。买地扩建南院陈太傅祠，奠定现在的规模和格局。在北关内建诰命堂三进双扩，作为居所和浯阳轮北堂宗祠，规定"尊贤不尊老，后世子孙中有科第功名者或对地方有大贡献者，神牌才能入祠"。故其子孙奕世书香，科第绵联，成为明清同安的科举望族。

（文：陈金城）

# 刑部左侍郎洪朝选

洪朝选（1516—1582），字舜臣，又字汝尹，号芳洲，别号静庵，明朝同安县翔风里十三都洪厝（今翔安区新店镇洪厝社区）人。明嘉靖二十年辛丑（1541 年）榜进士。洪朝选官至刑部侍郎，为官清廉，为民请命，其事迹令后人敬仰，后人尊称其为“洪侍郎”。

## 为宦清廉，政绩有声

明嘉靖二十年（1541 年），年仅 27 岁的洪朝选由进士初任南京户部山西清吏司主事，到 53 岁升任刑部左侍郎而被权臣张居正陷害罢官，一生历任自主事至司寇等 16 种官职。为宦廉洁忠信，随任政绩有声，不阿谀权贵，不诡随世好，而以国法为依据。宏猷大略，皆出谠论。

洪朝选初任户部主事时，榷税杭州，盈额而止，即予开通津梁，任其往来；督放粮储，其规划为后人所学，惠及士民，被称为“洪佛子”。

任四川按察副使督学西蜀时，端士习，正文体，川人向往其风采。

出任广西右参政时，他厘正弊蠹，不挠权贵，忤逆权相严嵩，调官南都。

任山西左参政时，他赈济灾情，抚缉寇贼，晋人有“唯惠唯威，乃文乃武”之颂。

及至提督操江，更是“画疆界，严窝藏”，留都一带得以安定。

巡抚山东，则整饬吏治，均平徭役，严禁额外科课，查办王府侵夺民田，齐鲁百姓甚为感激。

署刑部尚书篆后，昭雪直臣沈练，儒臣阎朴冤案，依法追究冤案制造者江西巡抚杨顺。神宗皇帝嘉其“抚雄镇而随任有声，握大狱而持法不挠”。

## 不畏权贵，含冤被害

隆庆三年（1564 年），洪朝选奉命赴襄阳勘办辽王（朱宪㸅）案，权臣张居正和辽王素有旧怨，欲借机置之于死地，授意洪以“谋反”罪名定之，遭严词拒绝。洪朝选据实勘察，以“淫虐有实，谋反无据”、“法可正，国不可除”复命，辽王虽受严惩，但未被治死罪。因为朱宪㸅一案，洪朝选忤逆张居正，且拒不在辽王被屈打成招的罪书上签字，张氏便借考核之机将洪朝选罢官归籍。

洪朝选陵园

洪朝选回乡后，因为斥责张居正夺情不守父孝，并在回答中丞耿定向的咨询中，谈及闽南巡抚劳堪等用新铸钱发饷、致失军心，劝诤里中官家子不要为非作歹等言，以致结怨谤，罹奇祸，被张居正、劳堪及同安知县金枝等罗织罪名，诬以通夷大罪。劳堪派兵至家将洪朝选逮捕下狱，断饮食，绝亲属，命狱卒以沙袋压迫胸口等手段加以迫害，致其最终气绝而亡于福州狱中。又以洪朝选有起死回生之药为由，停尸四五日，不许收尸，尸腐虫生。洪朝选被害于万历十年（1582年）春，终年67岁。

洪朝选在故居前手植的铁树

芳洲冤案悲剧至张居正死后于万历二十二年（1594年）始获朝廷平反昭雪，神宗皇帝派遣福建布政使司左参议余懋中到洪朝选墓前祭葬。其墓葬原在翔风里十都东园，后迁至赤柏山。

## 学识渊博，留著世间

洪朝选被罢官归里后，过着“半作田家半做儒，荷锄把卷亦可拘”的田园生活。他身体力行参加农事，写出了悯农诗《庚辰岁于田家获稻作》：“我本农家子，衣食赖田桑。春来固肆耕，秋至亦筑场。数口幸免饥，敢求凿与粱。”

在读书写作之外，洪朝选对国计民生、朝中情弊、地方善否时刻关注。

他目睹农民深受倭寇、旱灾的双重苦难，草拟《代本县上救荒事宜》书，建议朝廷采取“发官粟、招商移民”等措施，解民倒悬之苦。

新店镇洪厝洪氏宗祠

洪朝选学识渊博，治学严谨，善为文，所作类其人，有气岸，诗作情感真挚，疏论条理分明，恳切务实。一生著有《芳洲摘稿》、《归田稿》、《续归田稿》、《摘稿》、《读礼稿》、《续稿》等十余卷留于世间。这些著作大部分是得罪张居正还乡后，家居十余年潜心读书的著作。洪朝选的诗作也很多，仅收入在《归田稿》、《续归田稿》、《摘稿》等文集中的诗歌就有二百多首，其中不少诗作反映了他所处时代的社会现状，流露出忧国忧民、悯农恤本的思想感情。正因为洪朝选有着躬耕田亩的生活经历，又有接近民众的宦海生涯，所以能写出真实感情的著作与诗篇。

洪朝选历官 27 年，一代直臣，高风亮节，执法不阿，心系百姓。如今家乡民间，还流传着许多他为国为民的故事。

（文：洪神扶）

# 湖广御史林一柱

林一柱，生于万历二年甲戌（1574 年）正月十九日，卒于天启五年乙丑（1625 年）十二月十二日，字廷郢，号璞所。万历三十四年丙午（1606 年）中举，万历三十八年庚戌（1610 年）进士及第。

## 拿云少年

林一柱幼时家贫，无法像其他小孩一样入学读书，只好到西山姑母家放牛。在放牛时，林一柱就在地上画一个圆圈，牛就会乖乖地在圆圈内吃草，林一柱就跑到学堂外听课。一柱家虽然贫苦，但也是读书人家，再加上本身的勤奋刻苦，虽然没有进入私塾读书，却能指导室内的学生完成作业。教书先生发现此事后，大为惊讶，破例让其入学，并加以栽培。

关于林一柱，走马人村民流传着一个其少有大志的故事。据传，曾有富贵人家请风水先生到走马人勘探生圹（即墓主在生前建造好的墓地），为了不招致村民反对，决定宴请走马人村民以笼络人心。独独漏掉林一柱一家，这让少年林一柱颇为不快。于是，隔天其就穿着靴子去替该富贵人家干活，富贵人家见了，就问林一柱，你为什么穿靴子来干活？答曰："你别看我穿靴子来干粗活，就认为我没有大志向。"听到这样的回答，这户富贵人家觉得这个少年与众不同，日后当成大器，遂不敢继续在走马人建造生圹。据传，此生圹后毁于"文革"。

林一柱画像（吕瑞哲　摄）

林一柱未及第时，还曾在香山寺（位于今翔安区东南部香山上）读书。据说当时有十位童生在香山寺结为盟兄弟，分别为张及我、陈文瑞、周家椿、张廷拱、许钟斗、蔡复一、蒋芳镛、林一柱、叶成章、李扬虞。十个人当中除了张及我，其余都先后中进士，传为一时佳话。

## 宦海生涯

中进士后，初理扬州为文林郎，核实当地舆论民情，审理案件时常常平反冤假错案，不滥用酷刑，为官期间，都有廉洁的好名声。后来升迁为湖广道御史，"疏奏切直，请临朝正纪纲，有六逆五尽二反一顺之目，海内传之"。

林一柱赴京时，蔡献臣有诗《送林璞所应召赴阙》相赠："雄文壮岁许谁如，明诏征才下玉除。万里骅骝开逸步，九秋雕鹗快凌虚。庙堂未解忧东顾，军国尚祈涣内储。肉食畴堪撑社稷，看君蚤上达贤书。"

熹宗天启元年（1621 年），多次上疏，力陈时弊，"雪幽忠，明功罪"，以至于有"世运当厄，举国若狂"的名句。天启二年（1622 年），林一柱任巡按南京应天府监察御史。留都东宫遭受火灾，一柱上疏请“复建文庙号”。又上疏弹劾织造监李实，压制官员，祸害百姓，认为如此恶劣的行径必将引起天下大乱。因为直言敢谏，受到阉党的排挤，就奏请告老还乡。按照明代的制度，把他转调为广东参政，但林一柱拂袖归家。居家期间，以孝顺父母、友爱兄弟著称于乡里。

天启五年（1625 年），御史李灿然等上疏奏请林一柱复职，朝廷虽准奏，然而林一柱已卒于乡。

## 乌涂得官地

据传，林一柱逝世当天，有一位熟识的卖货郎在路上看到他衣冠整齐，正在赶路，就问他要去什么地方？林一柱回答说：“要到乌涂得官地。”卖货郎来到走马人后，听说林一柱已经逝世，非常疑惑，就将林一柱要到乌涂得官地这件事说出来。后来，卖货郎到乌涂叫卖杂货，听村民说林府王爷来上任了，宫庙地址就选在城仔内，临时搭盖的宫棚里供奉着一尊林府王爷的木雕神像。林一柱的夫人陈氏听到此事，特地到城仔内一看究竟。陈氏一到宫里，看到林府王爷的神像满面汗珠，就拿出手帕为其擦汗，结果神像的脸上掉了一处油漆，无论能工巧匠如何修补，始终无法复原。第二年农历八月二十五日新庙建成，定名福亨宫，寓意王爷庇佑百姓福泰安康。并以新庙建成之日为林府王爷祀日。

福亨宫位于新民镇乌涂城仔内，主祀林府王爷。福亨宫最初位于蜘蛛穴（风水宝地），朝东，地址在今庙西侧六七米处。到清朝时期，宫庙朝向改为坐北朝南，至今不变。乌涂村民于辛巳年（2001 年）重建该宫，造戏台，添楹联，并撰碑志。宫庙前不远处，即乌涂古城南门，门高 2.3 米，宽 1.45 米，厚 0.56 米。南门前为池塘，为原护城河遗迹。

当地还流传着一句俗语：“俭肠敛肚，俭在八月二五。”也就是不管再穷的人家，在每年的农历八月二十五日也要为林府王爷准备供品祭祀。

乌涂福亨宫林府王爷还要出巡视察民情，出巡活动大约五年举行三次。农历二、三月间，由林府王爷通过乩童择定出巡具体日期，然后村民遵照神意在择定的日子把林府王爷送到新民镇禾山社区一空阔场地，此地即作为林府王爷临时巡视点。当年农历十月左右，再由乩童择定回宫具体日期。

后来走马人林一柱的子孙也雕刻一尊林府王爷神像，供奉在村北的福德堂（原为土地宫）。相传村民掷珓请林府察院（因林一柱曾任御史，遂奉其为林府察院）决定祭祀日期，后定于每年农历八月二十四日为祀日。原来的福德堂简陋破旧，村民于 2007 年重建该宫，并增楹联，宫庙遂焕然一新。

新民镇禾山社区上坑里福安宫、后宅社区前埔里开发宫也敬奉林一柱为林府王爷，两间庙宇之间还发生了一段有趣的插曲。据里老口耳相传，在很早之前，禾山上坑福安宫与前埔开发宫都到佛像店雕刻佛像。佛像雕刻好后，不知道什么缘故。开发宫把福安宫的林府王爷佛像抬回本村，而福安宫则抬回开发宫的林府王爷佛像。村民回村后神明出坛降示，村民把神像抬错了，但不必换回来，都愿意留在本境享受村民的香火。近年，开发宫又重新雕刻了一尊林府王爷神像回村奉祀。

林府王爷信仰还遍布海峡两岸，林姓台胞均依自身谱系设分炉奉祀，体现闽台民间信仰的深远渊源。

## 故居现状

林一柱故居内有两座木做神主牌，其中较大的一座神主牌高 0.7 米（不包括底座），宽 0.14 米，镌刻“明文林郎巡按南京应天府监察御史林璞所先生神位”。另一座较小的神主牌，镌刻“显考文林郎湖广道监察御史璞所公府君暨妣陈孺人神主”。神主牌腹内还记录了林一柱的生卒年月及墓葬地。民国《同安县志》卷之八记载：“参政林一柱墓在西塘虎林埔”。然而据里老言，墓地已经毁坏多时，无法寻其踪迹。

适逢“美丽厦门·共同缔造”发展良机，同安区纪委、新民镇党委政府、溪林村党总支、村委会多方协力，挖掘林一柱的历史文化资源，将林氏祖厝打造成林一柱纪念馆，宣传林一柱为官期间务实为民的廉名佳话。馆内悬挂有林氏家训十则：

林一柱故居（吕瑞哲　摄）

崇孝道，睦宗族，重教养，齐家政，正礼节。
务读书，明德性，谨言语，慎交游，处世事。

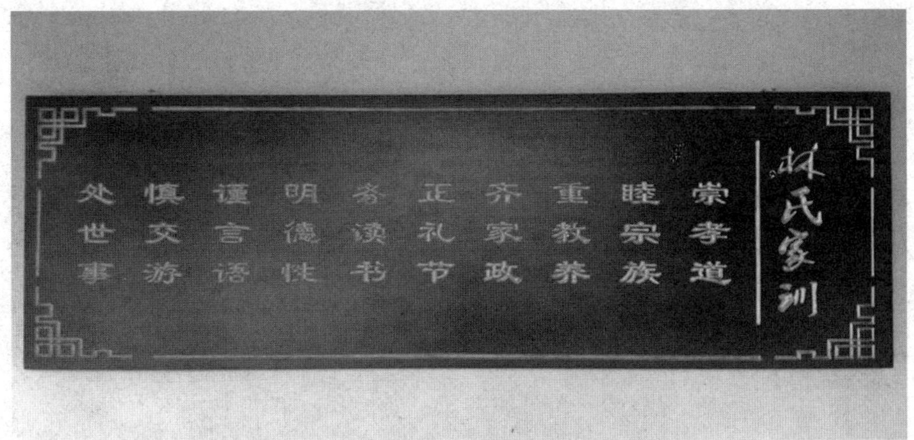


林氏家训匾（吕瑞哲　摄）

这十条林氏家训观点明确，论述精辟，树立清廉正直的标准。要求林氏子孙，兢兢业业做事，明明白白做人，爱国家，爱人民，爱家庭，热心公益，遵纪守法，团结邻里，扬正气，颂清廉，树新风。正是这样的家风孕育出清廉正直的监察御史林一柱。

（文：吕瑞哲）

# 理学名宦林希元

理学名宦林希元（1481—1565），字茂贞，号次崖，同安县翔风里麝圃村（今厦门市翔安区新店镇垵山社区山头村）人。少年聪颖苦读，因家境贫寒，中秀才后到同安城东凤山天兴寺（已废）设塾授徒九年。明正德十一年（1516 年）中举，次年联捷进士，初授南京大理寺评事。

嘉靖皇帝登基，林希元上《新政八要》疏，历数前朝弊端，倡行新政。其中禁派太监到各省镇守等建议被嘉靖帝采纳，驻 13 省的太监都被召回。不久，林希元被提升为南京大理寺正。

嘉靖二年（1523 年），南道御史谭鲁包庇充军罪犯的行为被揭露。谭鲁畏罪，托许多人向林希元求情都被拒绝。谭鲁又去求大理寺卿陈琳。陈琳怕得罪人，竟然答应包容，让林希元不要追究。林希元还是不肯徇情，终因忤逆陈琳遭劾，贬为泗州判官。

林希元到了泗州，适逢当地闹饥荒。林希元悉心赈济，日夜操劳，拯救饥民数万人。并上《荒政丛言疏》，细述赈灾办法，得嘉靖帝嘉许，颁行天下。

嘉靖九年（1530 年），林希元升任南京大理寺丞。次年辽东兵变，凌辱钦差。林希元激于义愤，上疏极言姑息之弊，与权臣夏言之意相左，被谪为钦州知州。莅任后辟荒地，劝农桑，立学社，修营堡，固边防。钦州百姓感其恩德，为他立生祠。其时，安南莫登庸废主自立，侵我边境四峒（"峒"相当于现在的乡，即 4 个乡）。林希元连上九疏，再三请求朝廷发兵，以安边境。然朝中大臣苟且偷安，无意用兵。嘉靖十九年（1540 年），林希元任广东按察司佥事，代行按察司职权，分巡海北，兼管珠池兵备。他再上一疏，力排众议，极力主张讨伐。朝廷这才派兵部尚书毛伯温率军出征。林希元也受命到福建招募骁勇。莫登庸闻讯惊恐，出关投降。在平息南部边境祸乱的过程中，林希元本是有功之臣，但因他屡次上疏，对主抚派大加抨击，并力劝嘉靖帝"勿为近臣所欺"，因而得罪大学士夏言等人。嘉靖二十年（1541 年），夏言私拟圣旨，以"考察不谨"为由，罢了林希元的官。

林希元为人耿直，"凡事只论道理，不问利害"。虽然因此仕途坎坷，但从不动摇。认为活在世上，就要"益于时"，"益于后"。去职居家，逢同安连年旱灾，林希元为民请命，连上三书，请太守发银赈济，还亲自传授方法，参与施赈。嘉靖三十七年（1558 年），倭寇进犯同安。林希元时已 78 岁，仍上书提出抗倭保境的策略。其他如增订重刊《大同集》，倡议重修文公书院等益于当时后世之事，无不尽心尽力。

林希元去职居家后很穷，一栋房子建了 20 多年，犹未竣工。他在《凤山得地记》诉苦说："嗟乎！ 予登第三十一年，居官二十一年，一第之营，至二十三年而未就。东涂西抹，左支右绌，而予之心亦良苦，其力亦劳矣。"

林希元反对闭关锁国，主张对外通商，胸襟开阔，不大强调夷夏之辨，较少腐儒气。这大约是闽南海洋文化赋予他的一种远见。他在罢官后主持金沙书院（址在今海沧区后井村，已废）期间，重刻了明朝进士喻时编制的《古今形胜之图》。这是最早传入欧洲的中国全图，是厦门作为丝绸之路重要枢纽、东西方交流的最好物证。

林希元一生精研理学。其学说"远宗程朱，近取《蒙引》"，非议王阳明心学。他认为要获得真知，首先必须去接触外事外物，“古圣贤言学之得失咸以躬行实践为先，识见言论次之”，由此他要求“精学致用，言行一致”。

林希元做学问善于独立思考，绝不盲从，敢于创新持异议。他在奏疏中提出，即使是朱熹所定之书，也不是不能更改，向皇帝提出改正《大学》经传编次意见。他对《易经》有深入研究，给予极高评价，认为《诗》《书》《礼》《乐》犹如河流，而《易》却是海洋，大胆地反对古人将《易》列入五经，而主张将它作为哲学认识门类独立提出。林希元一贯反对科举取士“忽义理而尚辞华”，反对脱离实用的“训诂学”，提倡“文无古今，适用为贵”。

林希元主要理学著作有《易经存疑》《四书存疑》，当时即由礼部刊行，后风行全国，流传海外。《新政八要》《王政附言》《荒政丛言》被视为救世之作；《程文绳尺》《太极图解》《读史疑断》《古文类抄》《考古异闻》等书都有独到见解。世称一代宗师、理学名宦。后人又为他编印《林次崖先生文集》，并在文庙右边建专祠奉祀他。《易经存疑》《四书存疑》《林次崖先生文集》为同安区图书馆镇馆之宝。有关同安历史名人的民间故事，也以林希元为最，如《林希元啃木鸡腿》《林希元智擒乌鸦精》《林希元种烂心树》等。

林希元编撰志书、家谱，并亲自作序。如《南京大理寺志》，共七卷，浙江宁波天一阁藏有嘉靖年刻本；《嘉靖·钦州志》，共九卷二十八目，浙江宁波天一阁有藏本；《嘉靖·永春县志》，计九卷，上海图书馆存有嘉靖五年（1526 年）刻本三、四卷，台北“中央图书馆”藏有朱格钞本四册；《金嶝田墘郑氏族谱》等。现存《林希元家谱》，前面诸章为林希元亲撰，后面诸章为清代十一世裔孙林道坦续修，弥足珍贵。《家谱》中有林希元初仕时手订家训 20 条，主要内容是戒踵习敝俗，戒兄弟不睦，戒好勇斗忿，戒不务正业，戒法外为非，戒败坏家业，劝防闲齐家，劝遇事稳忍，劝耕读为业，劝儒术起家，劝祭祀节俭，劝贫穷自立。从林希元家训看，其受朱熹“逃禅归儒”的影响至深，其中不乏闪烁着反对迷信鬼神、提倡孝敬祖先和传统道德的思想光芒。林希元在晚年又另订家训 12 条，主要内容是训饬子孙发愤读书，勤学取士，择善交友。

同安区现存的有关林希元的文物有林公祠、林希元墓。林公祠位于同安区大同街道文庙西侧，明万历四十二年（1614 年）始建，清嘉庆十八年（1816 年）和民国十五年（1926 年）重修，此后多次修缮。林希元墓位于同安区潘涂社区坑内村北约 600 米豪岭坑内山东坡。建于明嘉靖四十四年

新店镇山头理学贤祠林希元祖庙（彭炳华　摄）

（1565 年），为夫妻合葬墓。清康熙五十一年壬辰（1712 年），同安县令朱奇珍“为特设坟茔之禁，以崇理学之儒事”，颁布《林次崖墓茔禁约》。2000 年，于原址依明制重建林希元墓。

新店镇山头理学贤祠林希元祖庙（彭炳华　摄）

翔安区现存的有关林希元的文物有理学贤祠、林氏家庙、艮斋、希元林。理学贤祠曾名进士第，位于林希元故里（今厦门市翔安区新店镇垵山社区山头村）西北部大埔，建于明嘉靖年间。清代修葺，抗战期间被日机炸毁，1996 年由金门烈屿双口村等地宗亲捐资重建，2016 年屋面翻新。林氏家庙位于同一村的南部，规模比理学贤祠略小。艮斋位于山头村狮子山普陀岩后，为林希元读书处。希元林位于大嶝街道田墘社区西北隅，嘉靖年间，林希元虑及大嶝百姓为风沙所苦，亲自营造了七墩林，俗称“沙岸林”、“长寿林”。为纪念林希元，2014 年改名为“希元林”。除艮斋外，有关林希元的文物，省、市、区政府分别将其定为文物保护单位。

（文：彭炳华）

# 石敢当御史柯挺

海沧东屿村旧称长江，又名长屿，地处东南沿海，九龙江口海湾，三面环水，历史可追溯到唐代以前。

在东屿村上社有座柯氏家庙，称为享德堂，又称瑞鹊堂，明万历年间建，清乾隆十四年（1749 年）及 1930 年、1993 年重修。

东屿村柯氏家庙享德堂全景

它为一座前后两进夹一天井的廊院落式闽南传统建筑。该庙明清时期原物仅存地基、石柱、石础、部分墙体和大部分红板瓦，部分墙体为民国时期修筑。庙前广场右侧有一对旗杆石，庭前广场前台阶用石旗杆石铺筑。左侧有一方口水井，井旁有一石水槽。

东屿村柯氏家庙享德堂内景

享德堂内悬有两方关于柯挺的匾，一是“尚义可芳”匾，二是“吴楚激扬藻鉴”匾。“尚义可芳”匾悬于享德堂正堂，左右题款为“南京礼部左侍郎朱之蕃为明万历进士及第太师相柯立台所题”；进士及第南京礼部左侍郎朱之蕃为太师相老夫子柯挺立“吴楚激扬藻鉴”匾。

南京礼部左侍郎朱之藩是明代大臣、著名书画家，万历二十三年（1595 年）科举状元。这是他为纪念柯挺所写的牌匾。

柯挺（1537—1610），字以拔，号立台，福建海澄县三都长江（今属厦门海沧区东屿村）人，生于嘉靖十六年丁酉（1537 年）。隆庆元年丁卯（1567 年）恩贡，万历元年癸酉（1573 年）举顺天府第一，万历八年庚辰（1580 年）成进士。

享德堂另有悬挂后裔宗亲会赠送的“桑梓荣光”、“长江辈种三槐”、“祖得荣昌”匾，楹联有：“源溯莆阳显祚永浥绵百世，古分东屿系归长江蔚林苗”、“长屿聿修新俎豆，兴安仍衍旧簪袍”、“巡抚七省德齐青天垂简史，列名三公才高北斗理朝纲”、“木本水源承世泽，春露秋霜忆先灵”、“一品当朝殿阁谋略无双士，三元及第翰苑文章第一家”。

据史书记载，柯挺万历八年（1580 年）授南乐县令，“减徭役，锄豪强，剔衙蠹，庭无留狱，盗不窥境”。擢陕西道御史，上疏辨贤奸，请除奸魁。后巡按楚地，平定兵变，施粥赈民。楚地百姓感激其德。旋督南京学政，所鉴拔者多为馆谏起家或名臣之后等名士。

柯挺先后巡按陕西道和楚地，督南京学政，故民间称其为“七省巡按”。

## 一、云塔求学，进士及第

云塔书院遗址

明万历《漳州府志》有云：大岩山，“在一二三都，上有岩”，这是海沧大岩山（蔡尖尾山）最早出现在史书上的记载。

大岩山高耸，常见祥云徜徉其间，云塔书院就端居山腰绿荫中，坊传得蜈蚣灵穴，书院人才辈出。海沧东屿村柯挺就求学于此，并于明万历元年（1573 年）高中解元，万历八年庚辰年（1580 年）进士。

云塔书院出了柯挺和周起元两位乡试解元，因而云塔书院附近有“师弟解元”的石刻。

“师弟解元”石刻云：“柯挺，万历癸酉顺天解元，登庚辰进士，授业于此。周起元，万历庚子福建解元，登辛丑进士，授业于此。”

在蔡尖尾山南麓上山的古道旁的一块巨石上，有一处“云门”摩崖石刻，共有四幅题刻，刻于明代。其中一幅石刻宽 1.74 米，高 1.38 米，记录了柯挺于明代隆庆二年（1568 年）应贡在此读书，万历元年（1573 年）中顺天乡试第一,万历四年（1576 年）赴会试未及第，因而留在这里读书。

“云门”摩崖石刻云：“长江柯挺充漳州府学生，以大明隆庆二年（1568 年）推东宫恩，应贡读书于此。越万历元年（1573 年），中顺天乡试第一，未第归。四年（1576 年），赴会试，复未第，遂留读书于都下。八年（1580 年），赐同进士出身。初试为大名南乐令，擢监察侍御史，先巡光禄，次巡楚。将及瓜，叨命督学吴中，取道回。登临立石，将来宦游，嗣当别纪。时万历十七年（1589 年）端午书。”

而民间传说也流传柯挺在云塔书院遇到白马将军的故事，也进一步印证了柯挺在云塔书院求学的经历。

传说柯挺的父亲早逝，母亲李氏很好强，坚持将柯挺送往云塔书院读书。柯挺十分刻苦，过年期间也留守在云塔书院学习。深夜，白马将军从天而降，他问柯挺：“可否帮我把书院山墙上的一朵花摘下来？”

柯挺回答：“山墙那么高我要怎么摘下来呢？”白马将军说：“你只要在花的周围画一个圈，花就会掉下来了。”

“师弟解元”石刻

“云门”摩崖石刻

“云门”摩崖石刻

柯挺按照白马将军说的做，那朵花果然掉了下来。原来，白马将军生前不幸战死沙场，骨灰被做成了这朵书院山墙上的花，灵魂终日无法安宁，回不了家乡。白马将军临走时跟柯挺说："午门外见！"多年以后白马将军果然在京城午门外见到了柯挺，并救了他。

## 二、清正廉洁，威武可敬

崇祯《海澄县志》记载："长屿，三面临海，居民数百家，柯侍御宅焉，嘉靖间筑堡自守，郡人观察谢彬为之记。"

长屿（今海沧区东屿村）地处东南沿海，三面环水，海岸线长，嘉靖年间经常遭受倭寇的袭击，长屿数百家居民筑堡自守。

柯挺出生在嘉靖十六年（1537 年），距离明朝初年郑和下西洋已经过去了一百多年，大明王朝朝政日趋腐败，军事由强盛退为衰弱，海防废弛，御僻力量遭到严重破坏，海防设施失去应有的功能。卫所形同虚设，不堪一击，便利了倭寇的侵略活动。

万历十年（1582 年），改革刚刚开始之时，首辅张居正抱恨终天；万历十五年（1587 年），诤臣海瑞与世长辞；万历十六年（1588 年），将星戚继光陨落，明朝终于失去了重整军备的最好机会。

柯挺，这位与张居正、戚继光和海瑞同时代的人，看着自己的家园和乡民被外寇侵犯和杀戮，或许让他一生选择上疏辨贤奸，请除奸魁，鉴拔名士，刚正不阿。

柯挺于万历八年（1580 年）成进士，授南乐县令，"减徭役，锄豪强，剔衙蠹，庭无留狱，盗不窥境。入觐署事者，遂以盗告，逮治七人，皆诬服。挺再至，察其冤，密踪迹盗，于清丰县境得之七八人，皆得白"。擢陕西道御史，上疏辨贤奸，请除奸魁。从祭献陵时，经营费用近二百万帑金。有请他移者，曰："是吉壤也。"所不如法。皇上诏对，条答如响。

万历十二年（1584 年）卜选定陵时，原用徐学谟之议，定于北京大峪山。有形家称其非吉地，御史江东之等人引通政参议梁子琦等"穴下有岩"之言，反对徐学谟之议。柯挺上疏言："夫大峪之山，万马奔腾，四势完美，殆天秘真龙以待陛下。"又坚称"若大峪穴下有岩，臣敢以身当之"，力保大峪山之吉，被称为"石敢当御史"。

万历十五年丁亥（1587 年），陕西大灾，疏请发临德二仓谷二十万石赈济。巡按楚地，时值郧阳兵乱，"驰入境，诛三卒以殉变"，平定兵变。其时饥荒，施粥赈民，“议处宗藩禄米”，并平定刘汝国起事。楚地百姓感激其德。旋督南京学政，所鉴拔者多为馆谏起家或名臣之后等名士。被民间百姓尊称为“七省巡按”。

据东屿村的老人回忆，20 世纪 50 年代之前，在现存的东屿柯氏家庙享德堂后面有座柯挺祖屋就供奉着柯挺的塑坐像。柯挺塑像高近 2 米，塑像身穿明朝官服，头戴官帽，手握笏板，威武可敬。

如今，东屿柯挺祖屋古迹已经不存在，无实地可考，但是柯挺手握笏板，威武可敬，清正廉洁的形象深入后人心中。

## 三、熟知风水，保卫家国

柯挺不仅是清正廉洁的监察御史，也是有名的风水大师。在海沧钟山村龟山的山石上，柯挺楷书“执笏石”石刻，至今保存完好，每字幅高、宽各约 0.60 米、0.5 米。笏，即古代大臣上朝所执的奏板。民间说法“执笏石”是风水石，是柯挺所立，意在造就一方好风水。

在海沧石塘村刘山社有座风水塔叫刘山塔，现位于海沧石塘村刘山社东部。传说，每天早上太阳出来时，刘山塔塔影会映在连通东屿和刘山社的石桥上，像利剑将石桥砍截。刘山塔落成后，柯挺回到东屿村，突见石桥出现裂痕。随后，他在刘山塔附近设了一个八卦阵，庇护古桥。从此，两村和睦相处数百年。

万历十二年（1584 年）卜选定陵时，柯挺上疏言：“夫大峪之山，万马奔腾，四势完美，殆天秘真龙以待陛下。”柯挺以他颇知风水地理的眼光，力保了大峪山之吉。

在享德堂后侧的柯挺祖屋，柯氏后人为了纪念他，曾制作了一尊柯挺塑像放在祖屋中供奉。据村里老人回忆，柯挺塑像的肩后有一道五掌印。

这道五掌印是怎么来的呢？ 民间传说柯挺曾经替皇上看风水。

传说万年年间，皇上要为皇太后选一块风水宝地作为陵墓。柯挺因对风水地理颇知，在海沧同乡颜尚书的举荐下，接下了该重任。柯挺寻找了很久，始终没有找到能挖出五色土的风水宝地。到了规定期限的最后一天了，颜尚书也非常着急，也跟着柯挺一起去寻找能挖出五色土的宝地，然而事与愿违。柯挺心生绝望，如果再挖不出五色土，自己终究是死路一条，于是他就跳下了挖得很深的土坑。旁边看守的将军眼疾手快，用力一把将柯挺抓了上来，柯挺没有死成，衣服被撕破，肩背上留下了将军用力过猛抓出的青色五掌印。颜尚书灵机一动，兴奋地说道，这就是五色土。将军将此奏报皇上，皇上对该风水宝地也很满意。柯挺因此逃过一劫，进一步得到了皇上的信任。

柯挺以熟知风水的才能，为家乡造就一方好风水，让乡民和睦相处，也为国家做出贡献。

## 四、饮水思源，造福桑梓

明顾起元的《懒真草堂集》书中录有《文林郎陕西道监察御史立台柯公墓志铭》，文中的柯立台就是柯挺，墓志铭曰："先世为莆人，至正间，祐立公始徙于漳之龙兴屿。"

柯挺的先祖柯祐立开基龙兴屿（今海沧区东屿村）后，以养鸭为生。其裔孙结庐造地，垦作埭田和海堰无数，传至八世为柯挺之父柯乔清。柯乔清经商于饶州，早逝，母李氏"自持门户，课挺力学"，以子贵，封孺人。柯乔清有三子，长子柯安甫，万历二年甲戌（1574 年）武进士；次子即为柯挺；三子为柯完甫，万历十年（1582 年）举人。

传说，柯挺之母是海沧东屿下社李氏之女，临产前正值下社拜神做醮，母亲便回娘家拜神观醮。当夜母亲腹痛难忍，便不得不在娘家将孩子生出。正当分娩之际，李氏家庙里面亮着的十二盏斗灯全部熄灭。这是一个不祥之兆，预示着这个孩子将独得全村的财富。村里老老少少急忙出门寻查何家产子，要除掉这个长大后会独得全村财富的婴儿。正在这危急的关头，柯挺大舅父急中生智，把襁褓中的婴儿抱起，连夜沿海滩跑至东屿埭仔岸，逃过这场灾祸。

长大后，柯挺因为家贫，课余就去石塘村排头当私塾教师。柯挺的母亲李氏每天日落山后即在村口等儿子归来。一天，李氏见儿子回来即大哭，柯挺不解其故，李氏问柯挺今日做何事了。柯挺不知所之。李氏一再追问，才说今日代人书写离婚书一事，问母亲为什么会有此兆。

李氏说，儿子每晚回来，从远处看两肩上有两盏灯，到近时才不见。今晚却只剩一盏，知定有蹊跷。

柯挺急返去，对托其写离婚书之人推说上面有错误须更改，其人拿出那张书后，柯挺即撕碎，含于口中嚼烂吞下，回来时两肩上又再现两盏灯。

母亲李氏的教育让柯挺明辨是非，做一个正直的人，并且要知饮水思源。

海沧石塘村排头与殿前经常因为海域线而起冲突，柯挺为官后，奏报皇帝。皇帝赐给了柯挺三担土糠，在涨潮时将土糠倒入海中，退潮时，土糠退到的地方就是排头与殿前的海域分界线。从此，排头与殿前不再因为海域分界线争议而起冲突。

海沧东屿村与石塘村刘山社一水相隔，明万历年间柯挺为了方便村民出行，自费在两村之间建了座石桥，称为刘山埭桥。该桥长约 600 米，仅一块石头就长 5 至 6 米，重达 8 吨。如今古桥已经消失，但是柯挺体恤百姓，热爱家乡的精神永远不会消失。

万历二十一年癸巳（1593 年），柯挺因卜选定陵事得罪御史，以考功法谪补外，遂“坚卧不出，乐建安山水，徜徉其间，因家焉”。

万历三十八年庚戌（1610 年），柯挺“卒于建宁之里第”，“葬于某山之新阡”，年七十四。

柯挺有四子，长子名柯伯延，明监生；次子名柯仲炯；三子名柯叔豫；四子名柯贞彦。曾孙有七，伯延所出有柯幹臣、柯幹翰、柯幹筌，仲炯所出有柯幹辅、柯幹佐、柯幹枢、柯幹机。其中有一人曾任将乐训导。

今日的大岩山依旧树木苍翠，当年鼎盛一时的云塔书院，现在也只剩被藤蔓遮盖的残垣断壁。四百多年前，有个叫柯挺的人来过，在云塔书院勤学苦读，授业解惑。

海沧东屿村柯氏家庙享德堂附近，有两棵百年榕树。夕阳西下，古榕参天，留下了无数斑驳的身影。它们应该也是听过一代又一代东屿人不停地传颂柯挺的精神事迹。

柯挺，他修桥铺路，造福乡梓；减徭役，锄豪强，剔衙蠹；平定兵变，施粥赈民；上疏辨贤奸，请除奸魁，鉴拔名士。

他指引了一代又一代海沧人热爱家乡，勤学向上，正直勇敢，清正廉洁。

他是七省巡抚，更是刚正不阿的“石敢当御史”。

（文：柯恒禹）

**参考资料：**

1. 乾隆《海澄县志》。

2. 崇祯《海澄县志》。

3. 顾起元：《懒真草堂集》。

4. 廖艺聪：《海沧姓氏源流》。

5. 陈文、黄达绥：《海沧文物要览》。

# 忠谏名臣李献可

李献可（1541—1602），字尧俞，别号见齐，后改号松汀。翔风里十四都浦园（今翔安区新店镇浦园社区）人。明穆宗隆庆丁卯（1567年）举人，神宗万历癸未（1583年）进士，授任湖广武昌府推官。李献可任职后出巡山东赈务，主持山西乡试，历任户科给事，转礼科右、刑科左，升礼科都给事中，主要经手朝廷奏章。他累赠光禄太寺正卿，嘉义大夫，谥文忠，钦赐谕祭，祀名宦乡贤，建坊记碑。

## 明史记载，一代直臣

据《明史》记载，明万历二十年（1592年）正月，时任礼科都给事中，主要经手朝廷奏章的李献可，联合六科诸臣上疏请言："元子年十有一矣，豫教之典当及首春举行。倘谓内庭足可诵读，近侍亦堪辅导，则禁闼幽闲，岂若外朝之清肃；内臣忠敬，何如师保之尊严。"疏入，帝大怒，摘疏中误书弘治年号，责以违旨侮君，贬一秩调外，余夺俸半岁。

李献可由于奏本《上皇太子出阁讲学疏》，被皇帝视为忤旨，削职回乡，万历三十年（1602年）逝世，终年六十一岁。其同榜进士王道显为之撰写《赐故文林郎礼科都给事中松汀李公墓志铭》。墓志铭出土后，保留在浦园村。

崇祯皇帝登基后，李献可虽已辞世，但得到朝廷平反，并赠嘉义大夫光禄寺卿（正三品衔），谥文忠，钦赐"忠谏流芳"匾额。浦园族人在浦园村李献可的府宅建一座"文忠祠"，供后人祭祀。明福建巡按监察御史陆祖梦题赠"忠谏名臣"匾额，灯号为"忠谏流芳"。

明福建巡按监察御史陆祖梦题赠"忠谏名臣"匾额

## 民间传说，闻鸡出世

李献可是明万历年间的名宦，一生有不少感人的故事流芳于乡里间。

新店镇浦园社区李氏宗祠

据传李献可诞生之前，有一名风水先生告诉其父李霖慰："该孩儿在鸡啼头遍时降生最佳，出生后应居城市，将来必成国家栋梁之材。"

李献可出生时正值午夜，其父母在房中议论风水先生的预言时，恰巧被邻村林前社的一群要到欧厝讨小海的王姓村民经过屋后听见，他们当即假装鸡啼，顿时全村的公鸡齐鸣，献可即时诞生。他出生后，啼哭不休，其父母只好连夜背着他徒步到泉州桥头时才停止啼哭，一家从此在泉州生息繁衍。献可自幼聪颖，看过的书籍过目不忘。

## 忠厚持家，教子有方

李献可因任过礼科都给事中，浦园李氏族人称其"给事祖"。

李献可对父母十分有孝心，对子女严格要求，是尊老爱幼的楷模。他生育四子七女，为了让子女长大后做正直、老实、有道德的人，以"正直忠厚"为四个儿子命名，长子为秉正、二子为秉直、三子为秉忠、四子为秉厚，此举一时传为佳话。在四个儿子成长过程中，他始终严于教子，培育道德情操。其长子秉正成人后，勤奋读书，成为太学士，深受朝廷重用，其他三个儿子也很出色。

李献可倡导家庭和睦，邻里团结互助，每遇乡里族人因琐事吵架闹纠纷时，他便挺身而出给予规劝，直到言和为止。他被革职回乡后，得知迁居金门古宁头的李氏宗亲不会养牡蛎，亲自渡海，手把手地向宗亲传授竖蚵石养牡蛎技术。在他的帮助下，古宁头的宗亲大力发展海水养殖业，促进了经济发展，提高了生活水平。

（文：李增为）

# 光禄少卿蔡献臣

蔡献臣（1565—1644），字体国，号虚台，翔风里金门琼林（今金门县琼林）人。明万历十七年（1589 年）与金门同乡蔡懋贤、蒋孟育、陈基虞、黄华秀为同榜进士，人称“五桂联芳”。

明熹宗御赐里名“琼林”。金门琼林村旧称平林，明代出了三位进士，以蔡贵易、蔡献臣父子及曾任云南左布政的蔡守愚最具代表性。

蔡献臣故居

蔡献臣师承杨贞，通晓性命之学，重视伦理实践，著有《四书合单讲义》一书，先阐释四书，再用大义贯而通之，将自己对四书的领会渗透在古解之中。

明万历十七年（1589 年），蔡献臣考中进士后，初授刑部主事，为官清介亮直，忠爱恳切，处理案件，一扫平允，公正廉明，被司寇王元美称为“用世才”。后迁礼部主客郎中，又迁湖广按察使。在其任上被礼部尚书右宗伯以辽王朱宪㸅案为由参劾罢归，后逢父逝丁忧，在家逗留一段时间。张居正罢相后，蔡献臣被起用，授浙江巡海道，改领提学道，为国家精选人才，浙人为之立生祠。天启年间召为南京光禄寺少卿（正五品），但又遭遇宦官构陷，归乡赋闲。

明熹宗天启年间，因蔡献臣具博学多才，见识深远和德行廉洁的高风亮节，福建巡抚邹维琏以“学问纯正”奏请表章，获明熹宗恩宠殊荣，颁“御赐里名琼林”匾额，平林改称为琼林。

## 归籍捐资倡筑海丰埭

归籍居家期间，蔡献臣以仁心和睦邻里，乡里间百姓有受欺压委屈，即向有司陈述，人受其庇。此外，他非常重视家乡的水利建设，关心公益事业。

邑之仁德里海丰（今集美后溪）庄田上有朱埭，埭岸迭决，屡修屡坏，造成遗患。蔡献臣深入调查后，悯然告众曰：“筑之所以屡坏，由人资不如约，用不充，故无法彻底加固堤岸。维兹海丰之田，受产二百八十余亩，收不薄也。海丰之上曰朱埭（今集美后溪埔边社），坏则患下贻于海丰，不筑朱埭，海丰非田也。”乃召有田之农家语之，第田为三等，按亩按等提取修埭基金，众皆如约。同时献臣也捐献资金筑岸于朱埭，修筑加固堤岸计一千九百八十余丈，改名海丰埭。建好以后，岁以有收，农人业户颂功，请《闽书》作者何乔远为文勒碑纪焉，今埭犹存。

蔡献臣为其父亲蔡贵易墓葬所建的“望洋阡”墓道坊

蔡献臣对先贤林希元在传承朱子理学方面的贡献极其推崇，故向福建提学冯烶上书进言，使林希元配享文公祠。

## 受命编撰《同安县志》

蔡献臣与翔安渊源深厚，蔡氏一家四代在翔安留存了大量文化遗迹。

在翔安区新店镇董水村狮山，这里有蔡献臣为其父亲蔡贵易墓葬所建的“望洋阡”。在这座端庄古朴的墓道坊，可以看到“望洋阡”匾额中镌“狮山佳气”，顶端石雕坐狮。这样的石坊有何含义呢？原来明代时，“望洋阡”的位置就是当时来往厦金两地的古码头所在地，舟楫往来十分便利。

在翔安的对面，金门有座戴洋山，上面埋葬着蔡献臣的祖父蔡宗德，蔡献臣修筑“望洋阡”石坊是为了让葬于董水狮山南麓的蔡贵易能望到金门戴洋山的父亲墓地。落日下的“望洋阡”石坊朝向金门，遥望大海，仿佛默默表达着思乡的愁绪，同时也表达了翔安与金门蔡氏后裔世代思亲念祖的情愫。

万历三十七年（1609 年），同安县令李开春聘请蔡献臣纂修《同安县志》。作为博学饱识之士，蔡献臣受命修志，进度神速，三个月脱稿共十册，并为其中的水利志作序。李开春高度评价：“今日以前，定不能增减一字。”

明万历版《同安县志》每卷卷首的“小引”部分，皆出自其手笔（后收入他的《清白堂稿》），提纲挈领，言简意赅，为后世了解古同安提供了珍贵的历史资料。

## 《清白堂稿》一书压万卷

蔡献臣八十岁去世，朝廷赐祭葬，追谥右侍郎并赠予少司寇之衔，配享文公祠。其妻弟、诗人池显方赋诗对姐夫的文心道韵、练才洁守有此描述："三世冰官辅六朝，劝君劲节更凌霄。贮书何止万千卷，封奏犹存数十条。团气接人春满面，裹粮来学雪齐腰。自从得遂归田请，种尽黄精已长苗。"

蔡献臣一生勤于笔耕，以其父"清白堂"名其巨著《清白堂稿》，共十七卷，收录文七百零一篇、诗五百九十五首。其中收录了明代有关厦门、金门、澎湖、台湾的风土人情、军事要隘等重要史料，至今仍有极高的地方文献价值。

蔡献臣巨著《清白堂稿》

蔡献臣从政的年代正是明万历、天启年间，这一时期东南沿海正值多事之秋，倭寇、红夷（荷兰殖民者）骚扰东南沿海甚至窥伺台湾，海防安全成为朝廷极为棘手的大难题。《清白堂稿》卷三《论澎湖戍兵不可撤》奏折，备受瞩目。当时朝廷有人认为澎湖驻军消耗军饷，建议撤走驻防军队，而蔡献臣认识到澎湖的重要战略地位，坚决反对从澎湖撤兵。"浯洲之去澎湖也，七更船。其去台湾也，十更船"。在这份奏折中，蔡献臣对东南沿海局势深刻剖析，澎湖与厦门、台湾唇齿相依，澎湖乃是护卫内地的折冲和前哨。

（文：蔡江沈）

蔡献臣墓园

# 一代廉吏温如璋

温如璋（1562—1608），字孚德，漳州府海澄县三都龙塘（今海沧区温厝村）人，明万历十七年（1589 年）进士，历任江西贵溪县令、安徽霍丘县令、广西道御史、两浙盐按、山东巡按等。

温如璋与长江（今海沧区东屿村）柯挺、金沙（今海沧区后井村）周起元、卢渐尾（今海沧区渐美村卢坑社）和谢宗泽并称明万历海澄“三都四大进士”。

明末至今四百多年，民间保存下来的有关温如璋的史料及资料较少，我们只能凭借温厝村里流传的老传说和温氏宗祠里的对联、牌匾文字内容、《海澄县志》及《明神宗皇帝实录》等获得温如璋的点滴记述。

温如璋的故乡——海沧区温厝村，现约有温姓人口 1100 人，主要分布在温厝社和赤石社。据调查了解，该村的温氏一脉发源于山西太原堂，其先祖约于明成化年间迁入此地，并于第三世析出三房（长房居赤石社，二房居温厝社河顶，三房居温厝社河尾），温如璋为温氏二房第四世裔孙。

据海沧姓氏文化研究会温姓分会温斌荣会长介绍，他父亲温清山生前经常跟他提起过，在他父亲那一代的小时候就听说过一个传说，这个传说与温如璋有关。

传说在明朝中晚期，村里来了一个道长对族长说，根据他的考证，村里现有的男童中其中一人今后必中进士。族长听完很开心安排族人找来村里男童让道长相辨，道长看后，摇头表示这群男童里，没有他要找的这个人。当大家还纳闷时，忽然有人想起族里还有一男童在山上放牛没回来，当族人把该男童带到道长身边时，该道长眼睛一亮，即说正是此人，以后必中进士。此事在村里温氏族人中广为传播，族人知道他家境艰辛，无法供他进私塾，于是捐资捐物帮助他读书，此男童就是温如璋。经过他几年寒窗苦读，于明万历十七年（1589 年）27 岁中了进士。事后，有人说此道长像八仙中的吕洞宾，温氏族人为感念他点化温如璋，为家族增光，因此为他建庵，主祀吕洞宾，庵名永渊堂，现仍留存在温厝社的河顶角。

另外，温厝社温氏总宗祠垂裕堂大门左侧门框上镌刻“按治越邦政绩彰”的下联和温氏二房宗祠“善述堂”悬挂“父子侍御”匾额，是对温如璋宦海生涯的最后总结和最高评价，但如果仅仅依靠这些文字很难解读出温如璋的为官轨迹和故事情节。

温厝村垂裕堂

温厝村温氏总宗祠垂裕堂大门对联

据《海澄县志》载，温如璋初任江西贵溪县令，任内表现突出，有治声。后温如璋遇丁忧，补安徽霍丘县令，刚到任不久就下令将作恶多端、贻害一方的盗匪悉数缉拿并诛杀，还当地百姓安宁。当霍丘县发生重大疫情时，温如璋捐赠俸禄，施舍药物，拯救百姓，又想方设法招回逃疫的六百多户人家，帮助他们重建家园、重兴家业。之后，温如璋调任广西道御史，在任期内他刚正不阿，清正廉明，针砭时弊，多所匡济。紧接着温如璋改任两浙盐按，肃清当地吏治，使积久弊政顿时清明，如浙江海宁的陈某，倚仗其父亲势力，势夺豪抢，残暴乡里，温如璋命人将陈某逮捕惩办，不论对方多方求情也无济于事。后来温如璋改任山东巡按，秉公行事，惠威双驰，当得知税监马堂蛮横对待下属时，他不留余力，大力疏纠，打击宦官马堂的嚣张气势。

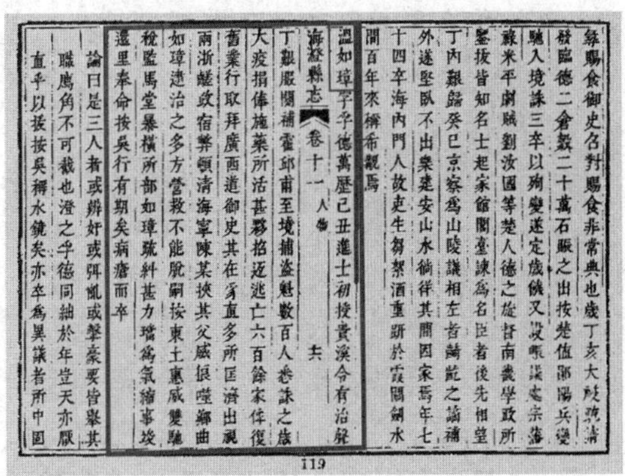

錄賜食御史名對賜食非常典也歲丁亥大祲請
截臨德二倉數二十萬石賑之出按楚值鄖陽兵變
馳入境誅三卒以殉變遂定歲饑又設賑濟忠宗藩
饑米平糶賊劉汝國等楚人德之旋督南畿學政所
鑒拔皆知名士起家館閣臺諫為名臣者後先相望
丁內艱歸癸巳京察為山陵議相左者齮齕之論補
外遂堅臥不出泉建安山水徜徉其間因家焉年七
十四卒海內門人故吏生芻絮酒重趼於霞關劍水
間百年來稀希觀焉
溫如璋字孚德萬歷己丑進士初授貴溪令有治聲
海澄縣志　卷十一　人物
丁艱服闋補霍邱甫至境捕盜魁數百人悉誅之歲
大疫捐俸施藥所活甚夥招逐逃亡六百餘家俾復
舊業行取拜廣西道御史其在豸直多所匡濟出視
兩浙鹾政宿弊頓清海寧陳某挾其父威恨噬鄉曲
如璋逮治之多方營救不能脫嗣按東土惠威雙馳
稅監馬堂暴橫所部如璋疏糾甚力璫為氣縮事竣
還里奉命按吳行有期矣病瘧而卒
論曰是三人者或辨奸或弭亂或擊豪要皆舉其
職鷹角不可栽也澄之孚德同紬於年豈天亦厭
直乎以按按吳稱水鏡矣亦卒為異議者所中圖
119

乾隆《海澄县志》有关温如璋的记载

《海澄县志》对温如璋做了150字的简要描述和评价，《明神宗皇帝实录》却为我们提供了更翔实、更全面的史料。

翻阅《明神宗皇帝实录》，有关温如璋记载多达十一处，从万历三十年（1602年）起到万历三十七年（1609年）止，实录记录了温如璋任职广西道御史、山东巡按、两浙盐按期间，向朝廷提出各种建设性意见和弹劾官员等史实。

万历三十年（1602年），此时温如璋已在县令的位置上深耕了十三年，在官场上取得不俗的政绩，获得明王朝的认可。据《明神宗皇帝实录》载，当年二月温如璋与沈时来、方大镇、孔贞一等二十人擢升各道御史。当年五月，广西道御史温如璋上奏，近期虎贲卫指挥鲁登科代奏内两淮运司盐商余元俊等人，自愿捐出五十万两盐利，协助治理河道，防范水患工程。温如璋指出鲁登科与余元俊并非熟识，忽为代奏，情属欺诈，恐怕将会造成害民祸端，请朝廷收回成命，并追究鲁登科的责任。当年七月，当得知即将举行大规模的皇家祖庙祭祀典礼，万历皇帝有意遣百官代为祭祀，此举势必兴师动众，劳民伤财，温如璋与金忠士、史学迁、汤兆京、朱吾弼等上书，力谏万历皇帝撤销该决定，避免酿祸害民。谏言虽被留中，但或多或少触动了万历皇帝。

万历三十一年（1603 年）十一月，温如璋调任两淮巡盐御史，次年调任山东巡按御史，三年后调任浙江巡盐御史，在浙江巡盐御史任上奏请朝廷减少两浙盐税事务。温如璋启奏，以前两浙每年课收的盐税十四万两，上缴朝廷供应边储。但早年因沿海倭寇横行，致使很多盐农逃移，又遭遇灾荒、风潮等祸患，导致大部分的盐税难以课收。当时朝廷为解决盐税缺额，不得已挪商价盐税凑解，这样的处理方式已持续多年，原本应退还的商价盐税也拖延了好几年。两浙尽管采取了各种措施，但是盐务仍未全部复业。万历二十八年（1600 年），奸臣高时多妄奏搜刮，每年增加二万六千两盐税，当时各诸臣想着这只是权宜之计，料想皇帝出于明察奸欺、悯爱黎民百姓考虑要是知道此事也肯定不会同意，所以就瞒着不报朝议，如此运作已进行了很多年。二万六千两盐税来源并不是来自于正常课收，仍然重复课税于商灶，在课税商灶不足的情况下，甚至对各行各业飞派盐税。这样既困扰商灶又累及百姓，乞请皇帝大扩仁恩，将加征的二万六千两盐税免除。

万历三十四年（1606 年）十一月，浙江巡盐御史温如璋，向朝廷提出巡盐五点建议。一是均激扬：将江西省广信府的巡盐，改同两浙及两直五府巡盐方式，当地巡盐事务由巡盐御史进行举劾。二是重司权：州县两级的巡盐职责由运司正职统管，这样对巡盐有裨益。因为原来将巡盐职责交由州县运司辅佐官员负责，但一旦运司辅佐官员发生渎职行为，运司正职承担同等责任，运司正职又没有实权负责巡盐职责，又要承担责任，这样就不合理。三是禁侵荡业：商灶与民灶不可混淆，应区分界定清晰，在实地观察，丈量田亩后，对存在混淆的（如被势豪侵夺的）一一清理还灶，而其他的不属于民灶的也应视为侵界。四是遵序掣，两浙巡盐之法检举揭发按季上单按季处置。最近奸商提出并要求采纳的“一时并掣”意见，导致众多商灶怀疑，宜督促行运司设置立号单自一号至百号，每季送盐务官员计算路程远近，约定限期转发分司，会同州县正职，按季照单处置，不得违反规定，要以各商灶的检举揭发多的列为重点事项，并催督落实处理。五禁私盐：私盐兴盛则官盐受阻，这种情况在浙西尤为严重，浙西私盐贩者大都是当地势豪，兵员不敢追究过问。宜严厉禁止一切犯科枉法，对于这些罪行都要用法令来规范、杜绝。

万历三十五年（1607 年）二月，山东巡按温如璋向朝廷建言，建议裁旅顺游击改设守备官一员，裁汰兵员六百二十名，军饷三千七百六十两事项。具体建言为：当今谈海防事务类以守旅顺为要地，不知倭寇处于东海之中，四面都是水，凭借舟船而行，倭寇顺风向而漂泊无常，不如陆路可以控制。如南风多时，倭寇则侵犯朝鲜、辽东一带；北风多时，倭寇则侵犯福建、广东一带；东南风多时，倭寇则侵犯登莱一带；正东风多时，倭寇则侵犯淮扬、苏松一带。浙江因无一山一屿倚为屏障，倭寇来犯无任何阻挡，甚至来了后都无法及时获得情报，所以浙江在海上设舟船防范谋略得当。然而北海其实为内海，北有辽阳，南有登莱、青齐，自登州径渡至旅顺口九百里中，岛屿棋布，海道迂折，风向不一，导致舟船不是飘到南岸，就是飘到北岸，一不小心就撞碎于礁石。旅顺、天津之间无法顺利径往，这里海上无数日不变之风，也无三千里不迂曲之地，说可以扬帆直达两地肯定不这样的，臣认为旅顺设防并不是当务之急。若要为辽东考虑，必将设防守护，则兵船宜常设在辽左，不宜设在山东，理由是每年春秋二汛，要渡九百里海程前往，一旦遇到风不顺，兵就会遭淹没，这是第一种不便。若戍守兵员渡海领军饷，如突遇阻风就难以到达，就得忍饥待毙，这是第二种不便。此地远隔绝域，容易发生戍守兵员虚名冒领军饷的事件，这是第三种不便。戍守兵员隶属山东，但设防在辽地，一旦戍守兵员不守纪律，难以钤束，这是第四种不便。忽遇有倭警，不光发出预警相当困难，且接到预警也无法及时响应支援，这得第五种不便。综上所述，建议将旅顺驻地兵员一分为二，选择精良兵员五百人，配备沙唬等船十八只，裁去游击以守备统领，仍旧驻守旅顺，但专属辽东抚按道臣节制，拨付直隶半饷一万三千四百两，裁去三千七百六十两，其余的专解辽东，以饷旅顺。剩下六百余名兵员撤回山东，淘汰个别素质差的兵员，而选择优良的兵员分配到各水营防汛，军饷也随兵逐渐减少。因为山东此时兵船常巡逻至皇城岛，离登州五百里处的北海之中，旅顺的兵员距此地只有四百里也可时常巡逻到，南北各有分地，不相推诿，防守之计无善于此章。

万历三十五年（1607 年）十一月，山东巡按温如璋考察举人时，弹劾骆无倦、龚至道、张鲤、傅国清、丘志充等举人，而骆无倦独以秽浊正法，快于非议。当年十二月，温如璋弹劾高唐知州黄应台贪酷，金乡知县穆景星，淄川知县曾曰唯，日照知县江汇海等人。朝廷准奏，对这批官员拟降职使用。弹劾天津参将顾邦镇，建议朝廷免除顾邦镇的职务。

《海澄县志》载，温如璋在巡按山东后，返回故里，后在奉命巡按吴越的路上染病疮而逝。在故里时，应妹夫颜应蔡的请求，为青礁颜氏族谱写了序言。现序言仍保存在颜氏的族谱中，写序言的时间为万历三十六年（1608 年），由此判定温如璋去世的时间大约在万历三十六年（1608 年）或之后的两三年间，据说温如璋去世时不到五十岁。

因为温如璋为官期间取得不少政绩，《海澄县志》将温如璋与沈原、柯挺一同评价："是三人者，或辨奸，或弭乱，或击豪要，皆举其职鹰角不可截也。澄之孚德，同绌于年，岂天亦厌直乎？"

温如璋是一代廉吏，他刚正不阿、清正廉明、除暴安良、匡扶救助、造福百姓、政绩显著的事迹，深深影响着故乡的官员及百姓。在他去世后，明代漳州府长泰的祖孙进士戴燝（方伯）为其挽诗一首："直指草将宿，同心兰已摧。山阳千古意，无茁才成衰。如璋在都，每惠念桑梓。漳人事无大小，咸倚重公。人无贵贱，咸德之！"明代漳州府玄云社七才子之一、兄弟进士王志远也为其挽诗一首："蒿里谁家地，岂堪驱马过。夜台还着绣，揽辔意如何？"这些挽诗都较为中肯，高度概括了廉吏温如璋的一生。

（文：温志攀）

# 德智双馨蒋芳镛

蒋芳镛（1573—1627），字任坦，号鲸台，翔风里十四都澳头村（今翔安区新店镇澳头社区）人。明万历三十四年（1606 年）举人，万历三十五年（1607 年）进士，先后任职户部主事、工部主事。蒋芳镛还出守广东琼州府，湖广、江苏按察使，代理江宁布政司，湖南、湖北巡按等职。一生政绩有声，深受朝廷重用。

蒋芳镛为官一任，造福一方，不畏权势，勇斗贪官污吏。他任虞衢监时，因为公平断案，不按上司的意图办事，被降迁去衢州。其时，当地有贪官污吏横征暴敛，盘剥百姓，征兵、征粮饷、征运输税等征召文书接连不断下达。由于衢州百姓贫困不堪，交不起各种名目的钱财，全郡被治罪的有五千多人，人们惶惶不可终日。

蒋芳镛"进士及第"牌匾

蒋芳镛到任后，看到衢州百姓被征运输税，加上荒灾困扰，已无余

蒋芳镛故乡澳头一角

力，就重新登记，均摊粮饷、赈灾救济，免去欠交的大米，还为百姓兴修水利、兴办学堂。衢州百姓感念他的功德，为他建立生祠纪念。蒋芳镛调任广东琼州府时，那里正闹饥荒，他捐出自己的俸禄赈济，救活众多灾民。任期满后调入京都，在开通运河时立了大功，被任命为湖广按察使。万历四十四年（1616 年），蒋芳镛调任江苏按察使，爱民如子，致力赈济灾民，发动百姓开通河道，便利交通，各业发达。任江宁布政使时，适值黄河泛滥，扬、淮、徐等州皆受灾，他赈灾不遗余力，政绩显著。天启元年（1621 年），因松江水患，他疏通河道，既通水路又便通航。天启七年（1627 年），官至湖南、湖北按察使的蒋芳镛，遭遇了人生最大的考验。是时，陕西发生暴动，匪情殃及湖北。蒋芳镛退守汉阳，苦苦支撑。在最后的紧急关头，忠于职守的他遣散家丁，与夫人赴火而亡，以身殉职，时天启七年（1627 年）十二月初十日，年五十五岁。

蒋芳镛墓地

蒋芳镛死后，归葬澳头苏坪。如今，在澳头妈祖宫右侧，还留有蒋公均饷功德碑。石碑经多年风化，字迹已模糊。在当地，迄今还流传着“蒋会魁一夜到南台”的民间传说。

（文：桨　声）

# 闽南士子周起元

周起元（1572—1626），字仲先，号绵贞，福建海澄县三都金沙（今海沧区后井村）衙里人。周起元先后求学于海沧金沙书院、云塔书院，万历二十九年（1601年）进士，历任江西浮梁（今景德镇市）知县、湖广道御史、陕西巡抚、广西参议、太仆寺少卿、右佥都御史，并屡上书反腐，为民请命，终为魏忠贤陷害。其故后，崇祯帝为其平反赐葬，明大学士黄道周亲撰墓志铭。为"东林后七君子"之一。他不畏强权，刚正不阿，终因打击贪官而尽节。

周起元认为明王朝不应闭关锁国，理应扩大东西洋贸易，倡导对外开放，月港可以发展成为东南沿海的外贸中心，提出开发海洋最重要的意义——经国阜财、固圉强边的经济意义和战略意义。明万历年间，周起元发起募捐，在家乡要地、九龙江入海口处的圭屿建造了圭屿塔、圭屿城，为月港外防，以抗海匪。里人张燮编著的《东西洋考》为研究海洋文明的史学名著，周起元为之作序；组织伭云诗社，主张开放海禁，促进海上贸易，利国惠民，是闽南海洋文化的先驱。

## 一、史迹留芳

现存相关周起元的史迹主要有家庙牌匾、石刻碑记、家谱县志等文献，此外，圭屿岛上的城、阁等遗迹也是缅怀周起元功绩的丰碑。

三旌堂，又名忠义堂，后井周氏家庙，坐落在海沧区后井村衙里社。家庙由前殿、后殿、天井和左右廊庑组成，抬梁式构架，硬山顶，前殿为假叠顶双燕尾脊，后殿为单条燕尾脊。始建于明代，清宣统元年（1909年）、1991年等有过多次重修。祀有"万历庚子解元应天巡抚兵部侍郎加赠兵部尚书绵贞"等先祖牌位。家庙悬有牌匾十余方，其中"解元"、"进士"、"御史"、"忠愍"、"昭代忠臣"等匾，就是记录表彰周起元的。

后井周姓忠义堂

“侍御绵贞周公颂德碑记”碑，后井周氏家庙三旌堂内存放有“侍御绵贞周公颂德碑记”一通，花岗岩石质，圆首，高3.34米，宽1.4米，厚0.23米，碑体之大，闽南罕见，是周起元的铭功纪念碑。碑额隶书“侍御绵贞周公颂德碑记”，碑文字迹已磨损莫辨。1991年，从海边榕树下移至家庙内安放。

忠义堂绵贞周公颂德碑

“师弟解元”碑在大岩山云塔书院右侧，碑额楷书：“师弟解元”，碑文四列楷书“柯挺万历癸酉顺天解元，登庚辰进士授业于此。周起元万历庚子福建解元，登辛丑进士受业于此。”老师与弟子，先后登解元榜，是为闽南科举佳话。

周起元率众重建圭屿塔、天妃宫、文昌祠、大士阁等，使圭屿成为明代月港的重要兵防重地。《海澄县志》有诸多相关圭屿词条：“圭屿，屹立海中，为全漳门户，俗名鸡屿。或云状如龟浮波面，故亦名龟屿。隆庆间，郡丞罗公拱宸置城，城凡八面，以象八卦，名曰神龟负图。后为势豪所毁，远近恨之。万历间，邑侍御周公起元因众议，献金建塔，于阖郡形势为宜。”“圭屿塔，屹立波心，控镇霄汉……此塔不仅关阖邑形胜，实赖补全郡东北之虚”。圭屿塔既是海丝古海图的一个显著标志，也是海澄县的地标。自明而清，“圭塔凌霄”成为澄郡八景之一。

《周忠惠公文集》共计12卷，收集了周起元为民请命，直谏反腐的诸多疏文。

## 二、周起元简谱

隆庆六年（1572年）四月，周起元出生于海澄县三都金沙（今海沧区后井村）衙里社。

万历元年（1573年），受业于大岩山云塔书院，师从柯挺。柯挺，东屿村人，万历元年（1573年）中式顺天解元，后登进士，官御史，提学南京。师徒两人乡试均中式解元，海澄县立有“师弟解元”坊。

万历二十八年（1600年），乡试解元（第一）。

万历二十九年（1601年），登辛丑（1601年）科进士（第94名），授江西浮梁（今景德镇市）知县。初到任，有当地豪强谋占宋范仲淹所建双溪书院，周起元公正执法，坚决抵制，终于保住书院，获得公论赞扬。擢任南昌知府，搜捕流窜罪犯，维护地方安宁，百姓得以安宁。以廉惠著称。

万历三十八年（1610年），受荐晋京，拟任湖广道御史，适值京察（京官考绩），因受党争牵连，滞留两年，才得任命。周起元素崇程朱理学，在京待命期间，曾与邹元标、魏大中等讲学，与东林党相呼应。随后周起元考选为巡漕御史，奉敕分巡湖广道漕运，沿江巡视、踏勘，组织民工疏浚河道，维修漕运设施，使航路畅通，官民两便。

万历四十年（1612年），任湖广道监察御史，刘世学上疏诋毁东林书院讲学之风，诬陷东林领袖顾宪成，周起元两次上疏反驳。此后又弹劾权贵多人。皇帝亲信、税监高寀以进贡为名，强索珍宝、烧杀百姓引发民愤，周起元上奏《参税珰高寀疏》，为民请命，使高寀受到惩办。

万历四十一年（1613年），周起元上疏反对方从哲起官，认为其为人"性柔懦，不能任大事"，得罪了连成一气支持方从哲的齐、楚、浙诸党。同年七月，吏部尚书赵焕按年例调御史孙振基、王时熙、魏云中为外官，均未经都察院协议。周起元又参与上疏反对。结果获扣除薪俸之处分，因而愈为奸党所嫉恨。

万历四十二年（1614年），税监高寀在福建横征暴敛，胡作非为，周起元上《参税珰高寀疏》，为民请命，结果高寀被召回京。

万历四十五年（1617年），周起元与张燮开始筹建圭屿塔。为《东西洋考》作序，力陈开放海禁，以利民生国富。

万历四十六年（1618年），周起元撰《圭屿建塔募缘疏》，追溯漳州历史，分析地理形态，为圭屿塔的兴建筹建经费。得到积极响应后，又在圭屿建成天妃宫、文昌祠和大士阁等，大大加强了家乡御寇能力。撰《封君曾槐江公与建水利祠碑》。

泰昌元年（1620年），周起元由陕西巡抚调任广西参议，分守右江道（今广西壮族自治区西部）。周起元治粤西，以"尊重德性"为上，采取安抚、赈灾的办法，平息了百姓因饥荒的暴乱。因治粤西政绩，升迁为四川观察副使，后又以参政职赴通州备兵。周起元赴任后，严明军纪，驻军及过境军队皆严守纪律，不敢骚扰。

漳州一批士大夫组织伭云诗社，主张开放海禁，促进海上贸易。该社主要人物张燮撰《东西洋考》，周起元为之作序，主张开禁。明初，因倭寇及海盗猖獗，朝廷以海禁为国策。

周起元为南康王郡主朱氏（同郡漳浦鹿溪胡廷宰夫人）题像赞："雍雍而和，肃肃而敬。不矫己贵，不逞己性。克执妇道，以顺为正。"

天启二年（1622年），红毛夷据澎湖，犯中左所，逼圭屿，以及浯屿、鼓浪屿等处，发生厦门军民"攻剿红夷"之役。周起元倡建的圭屿城兵防，并撰《邑侯刘公砌筑学城记略》，使"寇不为害"。

天启三年（1623年），周起元入朝为太仆寺少卿。时兵科给事中朱童蒙上疏请求禁止首善书院，并诋毁。周起元上疏为书院辩解，结果朱童蒙失败，被贬为苏松分守参政。

天启四年（1624年），周起元任右佥都御史，巡抚苏松十府，上《去蠹七事疏》，指控吴中税监李实罪状，引起李实靠山魏忠贤的嫉恨。又上疏弹劾苏松参政朱童蒙击毙漕卒等暴行，终招来魏忠贤的打击报复。周起元被削职为民，时人谓周起元已惹杀身之祸，当周起元打点行装归里时，"吴人老少皆随送，涕哭声塞市"。

天启六年（1626年）二月，魏忠贤令兵科给事中李鲁生弹劾周起元，又取李实空印疏至京，令其党羽诬告周起元任巡抚时阻拦上缴赋税，私吞公帑十余万金，并矫旨逮捕周起元法办。缇骑至漳，士民大骇，传闻退赃可赎，父老在四城门设木柜，号召投钱，不数日皆满。群拥缇骑，哭诉周中丞"冤而贫"，望能给予方便。周起元起解，百姓哭送，缇使为之动容。周起元被押到京下狱时，周顺昌等人已刑死狱中。

天启六年（1626年）九月，周起元被押解至京，落于酷吏、都指挥佥事许显纯之手。许"略晓文墨，性残酷"，杨涟等十余人皆死其手。周起元被施于酷刑，肌肉糜烂至死。苏、松士民闻讯，无不垂泪。

崇祯元年（1628年），崇祯帝惩办魏忠贤及其阉党，平反受魏忠贤迫害的冤案，追赠周起元为兵部侍郎，谥忠愍，赐祭葬，运棺回乡，葬于漳州西门外西渡头（今南靖县廊前村正峰寺旁）。建祠特祀于漳州府学之西，并建"昭代忠臣"坊于漳州龙亭街，即上坂街（今修文西路芗城区卫生防疫站大门前）。抗日战争时因敌机轰炸而受损坏，20世纪60年代拆毁。

黄道周为周起元撰墓志铭《中宪大夫、巡抚应天、都察院右佥都御史、赠兵部右侍郎绵贞周先生墓志铭》，刘宗周撰《祭周中丞文》，《海澄县志》艺文有录。

崇祯二年（1629年），崇祯帝允准御史袁鲸的奏请，为周起元等建祠于京师奉祀，后人合称为东林后七君子（周起元、高攀龙、周顺昌、周宗建、李应昇、黄尊素、缪昌期）。

## 三、忠悫事迹

**廉俭送衣** 周起元虽官至巡抚，生活却非常俭约，不向官方多取一物。是年夏天，他的妻子要到苏州团聚。时任光禄寺丞的同乡漳浦人涂一榛回家省亲，路过苏州，至官衙相访。临别时，起元交代说，路上若遇见其家眷，交待她在杭州制夏衣带来。他刚上任，万万不可向所属部门购买，以免下属将衣服作为送礼。不然，就要再忍热一年。涂一榛对周起元的廉洁自持无比感慨。

**义惩高寀** 明神宗派太监高寀管征福建工商各税，高寀看中海澄是一个对外贸易港口，于每冬商船回航时，带着他的卫队来到海澄，对商船进行检查，以进贡皇帝为名，强索进口的珍宝和贵重物品。市民相率向地方官控告，高寀派爪牙杀死检举者二十多人，放火烧毁三十多家，民众群起斗争，包围高寀设在月港的官衙。地方官怕事态扩大，加以制止，群众只得含冤解散。而高寀还埋怨地方官镇压不力，于翌日率领他的卫队驰回省城，威胁巡抚袁一骥必须惩办府、县官。省里官员都不屈服，调动武力对抗，并由巡抚、巡按、按察使联名，上疏报告朝廷。时任湖广道监察御史的周起元上奏《参税珰高寀疏》，为民请命，要求皇帝惩办高寀。万历皇帝只得下旨，令福建地方官派妥员将高寀护送回京。从这事开始，周起元被权倾朝廷的秉笔太监魏忠贤所痛恨。

**参劾李实** 后来，周起元历任广西参政、通州兵备道，天启三年任太仆寺少卿，升佥都御史，巡抚南直隶十府。魏忠贤的亲信太监李实管理南直隶织造业，以进贡为名，加征税银十多万两，并将勒索不遂的富户报为匠户，强征服工役。周起元屡次上疏参劾，魏忠贤对他更加痛恨。有人提醒他："不虑祸不测耶？"他说："祸福之来，天也。君子不计，所计者是非耳！"

**忠廉尽节** 兵科都给事中朱童蒙攀附魏忠贤，外放为苏松兵备道，骄横跋扈，任意打死漕运工人，激起民众聚集抗议。周起元得到吴民控诉，勃然大怒，说："天子命我抚民察吏，可坐视此等虐吾民耶？"周起元上疏参劾，结果朱童蒙反而升官为太常寺卿，周起元被削职归里。苏州老少随送，涕哭之声塞市。朱童蒙怀恨周起元，指使给事中李鲁生疏劾周起元，诬告周起元阻抑上供，贪污十万两银。魏忠贤矫旨，将周起元、高攀龙、周顺昌、周宗建、李应昇、黄尊素、缪昌期等七人逮捕入狱。

当负责逮解的禁卫军到达漳州，周起元没有钱应付他们的需索，绅士

“忠愍”匾额

和民众在四城门设木柜，贴告示请过路人捐助，不几天，钱投满柜，送给禁卫军，周起元得以受到禁卫军宽待，护送到北京。他被投进监狱时，死于酷刑之下。

**祠祀忠愍**　崇祯帝即位后，惩办魏忠贤及其阉党，对受魏忠贤迫害的冤案一一平反。追赠周起元为兵部侍郎，谥忠愍，赐祭葬，运棺回乡，葬于漳州西门外西渡头。建祠特祀于漳州府学之西。崇祯帝并允准御史袁鲸的奏请，将“后七君子”与“前七君子”，即天启五年因疏劾魏忠贤擅权乱政而被刑毙于狱中的杨涟、左光斗、魏大中、周朝瑞、袁化中、顾大章，同建祠于京师奉祀。

周起元其身虽死，但魂不灭，其跌宕起伏的一生，犹如一部波澜壮阔的历史画卷，体现了他廉政勤政、好学善思和为官一任、造福一方的为民情怀，也体现了海沧人民敢闯敢拼、开发包容的精神气概，激励着我们在“一带一路”的伟大倡议下行稳致远。

（文：廖艺聪）

## 军门一品张廷拱

张廷拱（1573—1637），字尚宰，号辅吾，翔风里大嶝阳塘（今翔安区大嶝街道阳塘社区）人，万历二十五年（1597 年）举人，万历二十九年

（1601年）进士，官至都察院右副都御史，顶戴官大中丞，册封山西大同巡抚。崇祯帝赐“军门一品”，故后人皆称其“张军门”。

## 随任有声　造福黎民

明万历二十九年（1601年），张廷拱与弟张廷极（恩贡生）变卖了田地家产，携手上京城考取功名。科考放榜后，张廷拱金榜题名，高中进士。张廷极则因旅途劳累，身患重病，误过考期，后皇帝赐其为“荣禄大夫”。

张廷拱所任皆有政声，志书多载。万历三十年（1602年）春，张廷拱被授予安徽怀宁县令，任内清内使挟带私船，宽省运民夫。据安徽《怀宁县志》记载：“修干清标，民间疾痛、公家利病无不动悉。事务沓至，如庖丁之解。精举子业，所鉴拔多名流。”

万历三十五年（1607年），张廷拱调任江西封城县令，历时两年，修建了丰城仙坛石堤，彻底治理了洪患。江西《丰城县志》记载，丰城百姓称颂“拯民之仁，治水之智，任事之勇，具见之矣”。

河北《迁安县志》为其立传，赞其政简刑清，爱民礼士，有良司牧风。他在位时清查杂赋，汰其沉滥，照亩均赋，裁为一条鞭法，立石垂后，积弊以除。去任后，民立生祠于南关祀之。

## 戍边平寇　以身殉职

张廷拱文能安邦泽黎民，武则定国平寇患，亮节忠贞，风骨棱棱。

明天启年间，魏忠贤霸占朝纲，满朝文武多见风使舵，依附奸臣，而张廷拱我行我素，正言谠论，不与魏氏交往，被削籍回到了大嶝。

崇祯帝即位（1628年）后，铲除阉党，求旧赐环，以边才擢佥都察院右副都御史，赐封张廷拱山西大同巡抚，让他率师荡平寇患。

是时，清兵大举进犯，杀掠边民，朝野震动。张廷拱临危受命，总督兵马，运筹帷幄，指挥若定，很快就打败入侵之敌。捷报传到京师，朝廷上下欢欣鼓舞，崇祯帝龙颜大悦，赞曰：“廷拱真福将也！”并加封其“一品军门令”。从此，

崇祯帝赐“军门一品”

后人皆尊其为“军门祖”。

张廷拱戍边时，修土堡，制火器，废寝忘食，勤政不息，终因积劳成疾，以身殉职，卒年六十有五。崇祯帝感其忠心，赐祭葬，谥“襄靖”。据《浯洲见闻录》载：“有明一代，同安得谥者，惟蔡公复一，忠贞亮节，翕雅干济，略展布于黔楚间，得谥清宪。蒋侍郎孟育谥文介，张大中丞廷拱谥襄靖，林阁学谥文穆。”

## 军门祖庙　流芳百世

大嶝阳塘村的“军门祖庙”，为明天启五年（1625年）由张廷拱倡建而成。祖庙久已毁塌，仅存残垣。近年依旧制修复的庙宇，规模宏大，工艺精湛，深22.82米，阔11.89米，总建筑面积272平方米。主体十五架出步，二进式双向门，堂廓砖木石结构，外墙用刨光条石、红砖砌体。祠门镜面镶嵌青石浮雕、影雕及幸存的一对“雌雄麒麟”石雕等装饰。明天启五年（1625年）进士陈文瑞（集美人、江苏吴县县令）的题词“金嶝形胜无双地，银邑清廉第一家”，镌刻于祖庙门前八角柱。这是张廷拱一生“忠贞不贰，勤政为民”的真实写照。

大嶝阳塘张氏宗祠

走进庙内，大殿上高悬着“四代一品”匾额，落款为“金门青屿张敏立”。张敏，金门青屿人，自幼入宫为太监，跟随明宪宗三十年，密养孝宗长大，延续明祚，功勋盖世，封“义父太上皇”。

张廷拱墓地

据清乾隆《泉州府志》卷十七《古迹》载：“巡抚张廷拱墓，在感化大岭山。”即今同安区汀溪镇隘头村。修于明崇祯年间的墓葬，坐西北朝东南，占地两百多平方米。墓前有半月形墓埕，半径约15米。

墓碑有一人多高，碑文曰：“皇明张府军门佳城”，碑眉为“王涝山”三字。墓后青山含碧凝翠，墓前明堂开阔，视野辽远，果然有侯爷气派。

（文：大嶝郎）

# 兵部尚书蔡复一

蔡复一（1577—1625），字敬夫，号元履，同安县翔风里十七都金门刘浦保蔡厝（今金门县蔡厝）人。一生为官清廉，受后人敬仰。

## 联捷登榜　书生报国

蔡复一出生于书香世家，他的高祖蔡彝舒当过掾吏，曾祖蔡环碧为主管学务的官员，祖父蔡秀钟任过永春县塾师，其父曾任大田、长泰教谕、四川乐至知县。

儿时的蔡复一聪颖过人，然其父母并未加以特别的培养。十一岁那年，天赋异禀的他即著作《范蠡传》一万多字。其父蔡用明细览过后，不禁拍案叫绝，惊喜之余，暗自庆幸，“险误了吾儿前程，险把吾儿才华给埋没了”。自此，延聘地方名流学士，对蔡复一善加点拨，悉心教诲，琢璞玉成大器，聚流沙成高塔。

蔡复一登明万历二十二年甲午（1594 年）举人榜，万历二十三年乙未（1595 年）进士二甲七名登科，是古同安科举最年轻的进士。其仕途自刑部主事起步，在京城郎署任职第七年期间，“公卒，公配陈安人亦卒，相去二十四日”。一月之间父母双亡，蔡复一告假返乡守制六年之久。

居郎署十七年之后，他才始迁湖广参政、按察使、右布政使、山西左布政使等职，累官至总督贵州、云南、湖广军务兼贵州巡抚，民间传其“五省经略、七省节制”，号称“十三省巡抚”。

## 西南平叛　屡建奇功

明天启元年 (1621 年 ) 九月至崇祯三年（1630 年）春，发生了四川奢崇明、贵州安邦彦的叛军之乱。蔡复一为平定西南两大地方割据势力，立下了汗马功劳。

天启四年（1624 年），朝廷擢升蔡复一为兵部右侍郎，总督贵州、云南、湖广军务，兼巡抚贵州，并赐尚方宝剑，可便宜从事，先斩后奏。

蔡复一乃召集将吏，申明要严守纪律，前后督师斩首不计其数，扼制了贼势。班师回朝后，他上奏朝廷，分析没能将安邦彦叛军悉数剿灭的主要原因，是邻境不协助杀敌，因此请旨兵分两路讨伐，一路从四川出兵遵义，抵水西；另一路从云南出兵沾益，抵乌撒，互为犄角，夹击贼寇。天启皇帝准旨，命毗邻贵州的广西、云南、四川等省，听从蔡复一节制，统一指挥。

天启四年（1624 年）三月，叛军安效良助安邦彦攻陷沾益。云南巡抚沉儆炌派兵征讨未果，降职为兵部侍郎。新任兵部尚书闵洪学采用招安办法，也无功而返。朝廷令蔡复一前去平定，安效良知道后，非常害怕，闻风而逃。

蔡复一以"一息尚存，岂可以贼贻君父忧"为念，派遣刘超等平定另一股越苗叛军阿秩等，击破 170 寨，杀敌 2300 多人。至此，明朝"奢崇明、安邦彦之乱"基本平定。

## 一身正气　夫廉妻贤

蔡复一一生坦荡做人，清白做事。他为人正直，公正不阿。初任刑部主事时，不顾官小职微，上疏弹劾石星冒杀平民，邀功朝廷，使得石星在御审中被处极刑，震动朝野。蔡复一生长于"居家耕且读，食贫自苦"的家庭，所以能保持清廉家风。他平生公而忘私，"无心不在于国与民，而自家之念，不一毫芥胸中，即饥穷以死，誓捐不顾"（明·何乔远《蔡清宪公文集序》）。万历三十九年（1611 年），他出差顺路回同安探亲时，"犹称贷佐朝夕也"；东山草堂也非常简陋，"仅容榻"而已。在请辞河南布政之职返乡时，竟"囊中如洗，抵里犹未有居"。他在同安县署后面（即北镇宫旁）构筑一间草屋叫"贞素堂"，也是向别人借钱草创（见池显方《蔡敬夫先生传》）。值得世人钦赞的是，蔡复一夫妇共同拒贿堪作古今官员镜子。有道是，清官背后有位贤内助，赃官背后有位贪媳妇，"坏钟连累鼓，坏尫（老公）连累某（老婆）"是常见之事。天启二年（1622 年），蔡复一以右副都御史抚治湖北郧阳（今十堰地域）时，夫人李氏随任。一日宾馆宴客，

明太祖朱元璋孙朱悦耀九世孙华阳王朱崇一派人送来一坛美酒，封口十分严密，夫人发觉事有蹊跷，不但没有私下收礼，还入室把此事告诉丈夫。蔡复一不顾平时与华阳王的交情，让人在厅堂当众打开酒坛，原来里面装的尽是金银贿器。蔡复一看了十分生气，呵斥来人将原物带回，到内署后直称夫人“能与我共励清操”，真是古今难见的“廉洁夫妻”（事见《明累封夫人清宪蔡先生元配李氏墓志》）。

## 学博才高　著述颇丰

蔡复一雄才伟略，文武兼备，运筹帷幄。《明史》说他“好古博学，善属文，耿介负大节”；明代地方史学家何乔远称之“学博才高，下笔千言，兼工四六”。

蔡复一毕生尊崇孔孟儒家思想，接受程朱理学教育，潜心易学研究，提倡“经学致用”，主张“经世济民”，一生著作颇丰，有《遁庵文集》18卷、《诗集》10卷、《督黔诗草》8卷、《雪诗篇》、《骈语》5卷、《楚愆录》10卷、《毛诗评》1卷、《续骈语》2卷等传世。他的著作内容丰富，有关国家大事的奏疏，有关明末藩王地方体制的剖析，既有湖广地区丰富的史料，也有家乡沿海戍防以及兴学育才的资料。蔡献臣说“其诸著作，皆崇论宏议，涵古茹今。至书牍奏议之文，慷慨谈天下事，

蔡复一著作

蔡复一墓园

蔡复一墓文物保护碑记

切劘豪贵，披吐胆肝”（民国《同安县志》卷二十八），足见其文非“钝刀子割肉”之作。蔡复一的诗歌随物赋形，缘情叙事，针砭时弊，关注民生。他在湖北、湖南一带供职，前后有十三年时间（1611—1623），与竟陵派的领袖钟惺、谭友夏（均是湖北竟陵人）过从甚密，因而成了“竟陵派最为重要的同志”（陈广宏《竟陵派研究》），对竟陵派文学的理论和实践也有重要的贡献。蔡复一很多诗作，反映楚地的地理风光，民风习俗，人际交往，成了研究当地历史的“文史资料”；而他主持修复的“南方长城”，更是今天凤凰城的旅游热点。蔡复一后半生在家乡逗留的时间不多，但对家乡的人和事仍是一往情深。他对东山草堂、西山岩、大轮山、梵天寺、海印寺（在金门）都有吟咏的诗篇，还为梵天寺选佛堂题写了“隋代久辟天竺国，轮岗重仰法王宫”的联对。

蔡复一墓园的石牌坊

天启五年（1625年）十月，蔡复一去世后，赐祭葬（陵园位于今翔安区内厝镇沙溪小盈岭大房山南），当朝相国、晋江人张瑞图为其撰写墓志铭。同安名儒池显方至墓前凭吊，赞曰：“高天留肃气，危石护孤贞。肺腑真男子，光明一斗精。众人怜尔后，圣主易其名。下拜松风切，如闻謦欬声。”

（文：颜立水　张再勇）

## 翰林编修许钟斗

许獬（1570—1606），原名行周，字子逊，号钟斗，同安县翔风里十九都后浦（今金门县金宁乡后湖村）人，万历辛丑（1601年）科会元传胪，官至翰林院编修。

## 少有奇才梦占魁

许獬出生时，家境比较清贫。父亲对儿子寄予厚望，给他起名行周，意在效仿唐代著名文学家欧阳行周。

许獬少有奇才，常口出佳辞，语惊四座，很早就以神童闻名乡里。他九岁能文，常有令人赞叹的佳句丽言；十三岁熟读经史，时人视为“天下奇才”，预言将来能“魁天下”。及至稍长，先拜阳明学派之三传弟子李材为师，深得修诚之旨，奠定理学功底；又慕李光缙文章，曾低回其门下十余年，后得悟而弁南宫。

“獬”是古代神话中的异兽，有分辨是非曲直的特殊能力，见到有人争斗，会用犄角触碰无理的一方，以示公正。传说许獬曾梦见自己金榜题名，成就一番大事业，但他觉得真正的事业在于“正道直行”，“取天下第一等名位，不若干天下第一等事业，更不若做天下第一等人品”，因此改名为獬。

明万历二十五年（1597 年），许獬中乡试，四年后赴京参加礼部会试，高中会元，殿试二甲传胪（第一名），授翰林院庶吉士，旋改翰林院编修。许獬以僻地之士，登天下殿堂，一时文声大动，海内咸称“许同安”。其文章一出，“士子争诵其文，大诧其人，谓震泽而后不一二见”。

许獬曾经在香山徽国文公祠就读

在许钟斗之前的一百多年里，同安县以科举起家的人并不在少数，但夺魁于南宫，名列于翰林的，许獬却是第一人。

## 时人传颂“许同安”

许獬在京为官，厌倦官场尔虞我诈的风气，加之京城居久思亲成疾，遂告假归养。万历三十四年（1606 年）卒于家中，年仅三十七岁。

由于许獬为官清廉，在生病请假回家时，囊中仅十数金。虽然挂冠还乡，但许獬不改敢于直言的本色。那时，明朝国库空虚，派太监前往各地征税，有大臣建议“分刮山海之利”，即加重沿海居民的税负。许獬深知其弊，积极上书，最终制止了这一弊政。

在生活上，许獬恪守道德准则。早年定聘颜氏为妻，后来妻子因病双目失明，岳父让其休妻另娶，但许獬始终不离不弃。这在当时官场中，是极为罕见的。

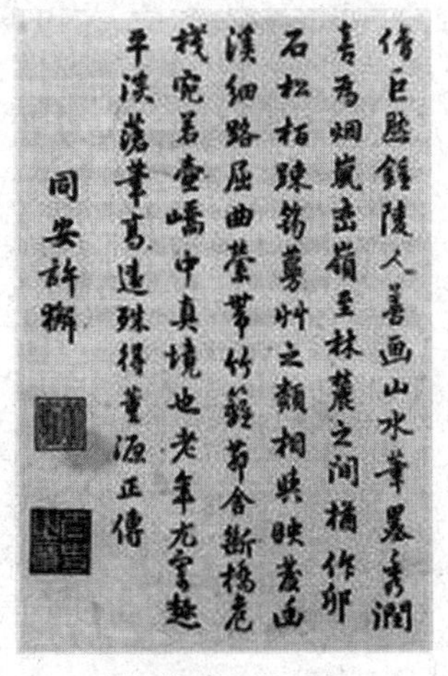

许獬书法

许獬是一位高产学者，作品涉及儒学经典阐释考据、政论时评、诗歌散文等多个门类，作品集有《许钟斗集》、《八经类集》、《丛青轩集》、《四书阐旨合喙鸣》、《四书崇熹注解》等。他长于思辨，构思严谨，在散文创作上达到精微入细的境界，给人以强烈共鸣。

清代诗人林豪赞咏：“斗宿钟人文，元灯照海上。著书富等身，业青轩可诵。惜早赴玉楼，尚未竟其用。流风遗后人，科名可斗量。”他的诗作被时人誉为“元品”、“超乘”，在当时就广为传颂，被称为“许同安”。

## 香山凤山留佳话

翔安香山，位于翔安区东南部，与金门咫尺相望。香山原名荒山，宋代紫阳过化，“朱子簿同时来游斯地，诸山之草木皆香，乃改荒山为香山”。

到了明代，香山因为许獬的游踪和诗句而增色添彩。那时，许獬与蔡复一、张廷拱、陈文瑞、蒋芳镛等十位才子经常在此高谈阔论，吟诗作画，成为一道文化风景。许獬荡舟来到香山，写下了游香山一诗：“层峦游

许獬荡舟来到香山，写下了《登香山》一诗

不尽，拍手上香山。举白浮天色，来青识圣颜，披云亭渺渺，漱石水潺潺。日暮烟岚合，相看意未还。”这首诗的画面感非常强，让人想起当年他沿着蜿蜒小径，或坐憩路亭，或静听山泉，“心随山花放”的情景。虽然旖旎的风光让他流连忘返，只是路不太好走，他有点累了。现在，每年都有许多金门游客，吟着许獬的诗登香山，体会诗中的意境。

著名古迹凤山石塔，也因为许獬的成功而增添了一道亮点。

凤山石塔，又名文笔塔、魁星塔、岭头崎塔，在今同安区城东的九跃山顶峰。九跃山因“自卧龙山行而西，九顿九伏如龙之跃”而名；又另名凤山，为“县之左臂”。据《同安县志》载：县令洪世俊“以学宫之前文峰不卓，建塔城东南隅凤山之巅，于是弦诵益广，文学斌斌，明年许獬遂魁”。说的是同安从宋代苏颂任丞相至明代的四五百年间，科举不昌，时任县令洪世俊心中着急，决定捐献俸禄，在孔庙正向的凤山顶上营建石塔，

许獬故乡金门

象征文笔。

万历二十八年（1600年）造塔当年，同安就有洪纤若等八人参加乡试中举人。越年，金门后浦人许獬夺取会试会元及殿试二甲头名。故世传文运振兴，缘塔而起。

（文：张再勇）

## 东阁大学士林钎

林钎（1578—1636），历任南京国子监司业，左春坊中允喻德国子监祭酒，詹事府詹事，教习庶吉士，实录副总裁、礼部右侍郎，后拜为东阁大学士，赐谥“文穆”。

明天启年间（1621—1627），大太监“九千岁”魏忠贤勾结熹宗乳母客氏擅权乱政，派人在全国各地到处搜括铜器，重新熔化，私铸钱币，中饱私囊。其势焰熏天，朝中大小群臣，无不畏惧。

时，林钎担任国子司业，掌管祭酒监，监内有诸多铜鼎、铜缸之类的祭祀用器，制作相当精美考究。魏忠贤知晓后，一门心思，窃占为己有，多次派人前来搬运。林钎大义凛然，再三申明铜鼎、铜缸之属乃皇帝亲临视察学馆时装盛食物，以及平时贮存清水以备防火之用，若被搬走，是对天子的不敬，也对酒监的安全不利。由于林钎据理力争，魏忠贤无奈，只得作罢。

当时，朝野上下，许多阿谀奉承的人为了巴结魏忠贤，争相替他盖祠堂，供奉生人像，歌功颂德，以谋私利。一时间，魏忠贤的生祠几乎遍布九州大地。忽一日，国子监一位叫陆万龄的监生，纠集一群人上书林钎，表明欲于太学内给魏忠贤建一座生祠，请林钎裁决支持。林钎一听，心生不悦，问陆万龄建生祠所为何来？陆万龄道：“魏千岁功崇德高，各地皆为之塑像，太学里也不应例外，以供众人早参晚拜。”林钎摇了摇头，正颜道：“孔子是位大圣人，因此在太学里塑像；而魏忠贤身为人臣，假如与孔子一样塑像并列而坐，皇上亲临太学拜谒至圣先师时，作为臣子的魏忠贤却坐在上头，让皇帝参拜，不就有欺君之嫌吗？”陆万龄等皆哑口无言。为了避免陆万龄等人的纠缠，第二天，林钎便称病，在家休息。陆万龄等没有办法，暂时作罢。

后来，陆万龄等逢迎拍马之徒，尚不死心，又生别念。他们拿着捐资簿，到处筹钱募款，并且到处胡说是林钎倡导，吩咐他们这样做的，准备为魏忠贤盖生祠。林钎知道后，勃然大怒，拿起笔把捐资本全都涂抹干净。当晚，林钎将官帽、官印等悬挂在棂星门上，辞官归隐。

据《金门县志》记载，由于担心魏阉党派人追赶，遭受迫害，林钎一路微服疾行，路过黄州时，正遇上官府夜禁，不巧被官兵抓住了。林钎急中生智，假说自己乃南方学子，无意犯了规，并写诗一首呈给守将。诗云：舟到齐安日已西，故人邀我醉琼扈。因看赤壁两篇赋，不觉黄州半夜时。塞北将军原有禁，江南士子本无知。贤侯若问真消息，姓字于今达凤池。短短几句诗，将犯禁的前因后果说得清清楚楚，态度不卑不亢，有理有节。守将看后，为其才气所感，为其礼节所动，遂放其南行。

魏忠贤获悉此事后，大怒，便假传圣旨称林钎玩忽职守，无所作为，免掉他的官籍。崇祯帝朱由检即位，铲除了阉党，魏忠贤等被处以极刑。在得知林钎所行所事后，感慨赞曰："危行言逊，君子也！"下旨，林钎官复原职，后晋升礼部侍郎兼翰林院侍读学士。

崇祯九年（1636 年）正月，林钎向皇帝陈奏"用人、理财、靖寇、宁边"等四项策略，皇帝大为赞赏，称其为不可多得之人才。即日拜为"东阁大学士"，入阁办事，有"谨愿诚恪"之称，时人称"林阁老"。

林钎为人谦和，乐心公益。在漳州龙文岐山与鹤鸣山交错处，有座万松关，古称"入漳第一关"，与分水关、蒲葵关，并称漳州三大古军事隘口。乃崇祯二年郡守施邦曜以条石创筑，关城门额嵌一青石横匾，镌"天宝维垣"四字，与《施公新修万松关碑记》均为林钎所书。始建于唐咸通七年（866 年）的三平寺，至今香火犹盛，就有林钎的功劳。据清乾隆二十八年（1763 年）《重兴三平寺碑记》记载，明万历年间，林钎与蒋孟育等"三平十三贤"就曾倡议捐银，重修三平寺。又有与温州江心屿、厦门鼓浪屿、台湾兰屿并称中国四大名屿的漳州塔屿，鹰石洞内也有林钎题诗："洞门六六锁烟霞，碧水丹山第一家。夜半寒泉流幽月，晓天清露滴松花。"

（文：张再勇）

# 太常寺卿林宗载

林宗载，字允坤，号亨万，禾山塔头人（今思明区塔头社）。明万历四十四年（1616年）进士，嘉议大夫、太常侍卿（九卿之一，司祭祀礼乐，正三品）。天启年间，曾任江西浮梁知县，为官清正。逝后祀乡贤。

林宗载在江西浮梁知县任上，曾发生农村土地兼并情事。据《惬火集》记载："嘉靖间，括天下广寺田，尽鬻民间，士大夫往往籍是占业"，"近来朝例变鬻寺田，而豪右之家，争据为已业"。天启年间，"有无赖缘珰棍献民间田产，假为上用，一邑惶骇。宗载察其奸状，置之法"。这说明江南豪强夺寺庙田产为已有，林宗载不畏豪强，绳之以法。后归隐塔头老家。

豪强夺寺庙田产在当年的厦门也发生过，而且还发生在林宗载自已的家里。南普陀寺的《田租入寺志》碑记载：自宋代断臂禅师（文翠）重兴普照寺（南普陀寺旧名），寺中广有田租，但后来大多丧失，以致寺僧供给无着。其中有一部分寺租就在他的次子宜杓手里。宜杓已是当年的豪强，但他没有儿子继嗣，就将他手中的寺租交给南普陀寺僧收取，换取祈求能生儿子以继嗣。至崇祯十三年（1640年），宜杓去世，归隐在家的林宗载，毅然将次子宜杓的寺租，开列田亩数量、坐落所在、佃户姓名、租谷数额，交由寺僧收用，立《田租入寺志》碑证明，以防日后生变。此碑现完好，立于南普陀寺内。

**附：《田租入寺志》**

吾禾山普照寺，五老开芙蓉于后，太武插云霄于前。骊龙探珠，吞吐日月。左右钟鼓，对峙两肩。每风雨晦明，若有击撞之状。蜿蜒之下，飞泉历落，可以濯缨；石洞玲珑，可以逃禅。岛屿参差，渔火四照；山光水光，上下一色。凡来游鹭门者，皆延清挹爽于此，真吾禾胜地也。

寺中有租，递兴递废，不可殚述。至断臂禅师而租乃大旺。古碣残碑，观者戚然，今不可复得矣。腴田水租，多入豪右，钱粮不足于供国课，岁入不足于供香灯。至僧了蕴才有云游异国之思也。吾次儿宜杓得寺租于曾家，因少艰子，乃祷于佛曰："佛若有灵，使我举一男嗣，我愿以所得寺租入寺。"果谐所愿，水田付了蕴岁收。今吾儿殁矣，其寺租克在僧家，以供薰修；其寺契则在吾家，以防变异。尤恐其久而谩蔑也，将田种一石八斗，年租四十（石）入寺薰修，勒之于石，使达官贵人观者同有是心，肯日用羡余充入寺中而无食诸缘以为福利。又推而广之，无砍树，无伐石，使四山濯濯，以为山灵羞。则斯石之勒，所关于寺岂有量哉！

赐进士、嘉议大夫、太常侍卿林宗载书

计开田段：共十一条田段（略）

崇祯十三年庚辰（1640 年）三月　日勒石

（文：龚　洁）

## 福建水师提督吴必达

吴必达（1705—？），字通卿，号碧涯，同安县溪边人。清雍正七年（1729 年）武举人，越岁连捷武进士，分发广东候补。乾隆七年（1742 年）授广东广海寨守备，乾隆十一年（1746 年）升琼州协镇，乾隆十五年（1750 年）升广东寨游击，乾隆二十三年（1758 年）升海门营参将，乾隆二十四年（1759 年）授温州水陆总兵。乾隆二十五年（1759 年）入京陛见，赏戴孔雀翎，调补广东左翼总兵，升授广东全省水陆提督军门，调补福建水师提督军门（驻厦门），兼管澎台水陆官兵。乾隆三十一年（1766 年）再次入京，随侍乾隆皇帝祭拜雍正陵墓，适其母九十一寿诞，蒙赐“萱寿延祺”寿匾（楠木圣匾保存在溪边提督衙）。

“萱寿延祺”匾（吴稳水　摄）

民国《同安县志》卷三十记载，吴必达“居官三十余年，革除陋规，整治营伍，所至有廉声，军民悦服”。吴必达的军旅生涯，可知的文字资料很少，他著有《水师要略》一书，应该是记述海军建设的一部重要著作。他在广东任职大约有二十年的时间，对我国南海的防务工作非常熟悉。“数年阅风波，经险阻，几于席不暇暖”（《夫人汪氏墓志铭》）。据说他带兵巡视东沙、西沙、南沙群岛，记录这些岛礁水道情况，为我国西沙群岛主权留下宝贵的资料。

吴必达为官勤政廉洁，致仕后，热心家乡的公益事业，对教育非常重视，倾囊助教，为家乡培养许多优秀人才。《同安县志》说他“晚岁归田，捐资购溪船（即同安溪舶，一种内河航运的平底木船——笔者注），以其息钱，充双溪书院课士膏伙”。双溪书院是同安县城主要的官办学校，清乾隆二年（1737 年），同安知县唐孝本于明五省经略蔡复一（今金门县蔡厝人）故宅贞素堂基址上改建，中为讲堂（三间），后造层楼（三间），东西两房各建书舍十间。乾隆十八年（1753 年），知县明新又于楼后旷地续建书舍五间。同治四年（1865 年），知县白冠玉复修书院，增筑考棚一千三百号（县试考场自孔庙县学移此）。这种“轩豁宏敞，规模壮观，视他学为盛”的书院规模，需要名人绅士参与兴办，提供经费。吴必达把溪舶的利息钱用来资助双溪书院，让古同安（包括今天的金门县、厦门市各区及龙海市角美镇）的学子能在这里读书、会文、考试，乃至步上青云。

吴必达还捐资增建龙虎宫山门。龙虎宫原名碧溪殿，明永乐年间郑碧溪创建，位于同安双溪口与金门对渡的码头，是一座三教（佛、道、儒）合祀的庙宇，已列为同安区文物保护单位和厦门市涉台文物古迹。吴必达故居（已列为文保单位）毗邻龙虎宫，他斥资增建山门后，为主祀保生大帝的主殿题写一副木刻楹联：“怀保众生喜民物恬熙大哉德洋恩溥，默持多士瞻风云际会光矣虎奋龙骧。”因联中有“虎奋龙骧”吉语，故碧溪殿亦称龙虎宫。

吴必达是位武将，也是位诗人。世称吴必达“善作诗，有雅歌投壶之风”，他著有《碧涯诗集》，还为安溪湖头康熙朝宰相李光地侄女李倩（适同安马巷林芳德之子林中桂）所著《栖云诗咏》诗集题序。在普查文物时，发现吴必达的一首《梧江秋思》回文诗，抄录如下：

飞鸿只影照江寒，落尽空林枫叶丹。
巍枕半斜灯寂寞，薄衾孤冷露瀼瀼。
衣添病起惊风厉，扣减秋来束带宽。
违愿故园家梦远，归思万丈数深湍。

吴必达官居水师提督，两次进见皇帝，蒙赐圣匾，连宰相蔡新（漳浦人）也为其赠送寿联（联句“钟阁风清横海月，锦堂日映老莱衣”）。他为人低调，处世以和为贵，家乡一则“吴提督劝和”的传说，对今天构建和谐社会仍有一定的借鉴意义。

吴必达的住家溪边村与潭仔尾村毗邻。潭仔尾村居民姓叶，人数超过吴姓，平常因为一些鸡毛蒜皮的事，潭仔尾叶姓凭着大姓人多欺负溪边吴姓的人。自从溪边出了吴提督，溪边的人就感到很有底气，就去请吴提督帮忙宗亲出出这口气。吴提督对他们说："出口气是一时之举，但凡事要从长计议。"宗亲见他不想帮忙的意思，便用激将法对他说："提督爷呀，枉你官这么大，原来也是怕潭仔尾叶？"吴提督说："不是我怕他们，从小我在溪边村长大，在双溪划过船，摸过虾。咱和潭仔尾叶经常冤家（吵架），甚至斗殴，吵来打去，伤了和气，有什么好结果呢？"看到提督爷无动于衷，那几位找他告状的吴姓村民又加大火力，对吴提督说："我们几代人才出了你这么个大人物，现在你有权有势，不替我们解恨，还等到啥时候？"吴提督还是摇摇头，耐心向他们解释："我的想法和你们不一样，有千年潭仔尾叶，无百岁的吴提督。我今天在这个位置上，调些士兵，找个借口，把他们教训一番，那是轻而易举之事。可是你们想想，我百年（逝世）后，风水轮流转，人家也出了个大人物，也像你们现在所想那样，仗势来报复我们。这样冤冤相报何时了，吃亏的还不是咱们的子孙？"众人见提督爷说的在理，也就不再强求，还向他请求解决矛盾的办法。吴提督说："古人说'冤家宜解不宜结'，泉州还有六尺巷的故事。邻里以和为贵，人心都是肉长的。你们肚量放大些，派人去和他们讲和，只要心平气和，晓之以理，

吴必达故居（吴稳水　摄）

没有解不开的疙瘩。”

这话传到潭仔尾叶村民的耳朵里，大家深受感动。潭仔尾叶老大立即叫人开祖厝门，劝告子孙：“人家吴提督会当官也会察理，有权不滥用，自愿忍让。咱们如果不和他们和好，老是用大姓吃小姓的思想对付人家，那真是良心被狗咬了！”第二天，潭仔尾叶老大带领各房长者，来到溪边提督衙向吴提督赔不是，吴提督也请溪边村的老大热情款待，双方坐在一起，各自承认自己的不是，互相谅解。从此两姓村民亲如一家，互相帮助。而“有千年潭仔尾叶，无百岁的吴提督”也成了一句劝人和好的俚语流传至今。

（文：颜立水）

## 水师提督李长庚

李长庚（1750—1807），字超人，号西岩，同安县翔风里十二都后莲保侯滨村（今翔安区马巷镇后滨社区）人。李长庚自幼习武，精于骑射。乾隆三十六年（1771 年），二十一岁的李长庚高中辛卯科殿试第三甲第十三名武进士，他是清代江南著名的水师将领，历任福建水师提督和浙江水师提督。

### 一语成谶　海匪克星

李长庚是清代著名的水师将领，据《马巷厅志》载，李长庚少时曾与后来名噪一时的反清海上武装集团首领蔡牵一同习武艺。蔡牵说：“他日得志，当踞某邑，屠某城，杀某官。”李长庚闻言斥之曰：“是贼也，子得志，吾必灭之。”谁也没想到，两小伙伴童言戏闹，竟一语成谶，日后两人果真成为死敌。

李长庚故居

中武进士后，初授蓝翎侍卫。

乾隆四十一年（1776年），二十六岁的李长庚补浙江衢州都司，累迁提标游击、太平参将、乐清副将。乾隆五十一年（1786年），天地会首领林爽文在台湾率众起义时，李长庚升调福建任海坛镇总兵。他上任不久，抓获盘踞南日岛、湄洲岛之海贼数十人，其余海贼惊慌如鸟兽四散。后因邻海有渔民船舶被盗，误认为是海坛的盗贼所为，李长庚被参剿贼不力，予以革职。

马巷后滨社区一角

革职后的李长庚没有丧志沉沦，而是散尽家财，招募乡勇，率领子弟兵驾船出海追捕盗贼。先是抓住海盗首领林权等数十人，又在大岞狠击陈营为首的海盗。

## 督造霆船 追击海匪

乾隆五十三年（1788年），陕甘总督、大学士福康安平定台湾林爽文起义归来后，对李长庚赞赏有加，上表奏朝廷功劳，重新启用李长庚为游击。

乾隆五十五年（1790年），四十岁的李长庚升铜山参将。乾隆五十九年（1794年），李长庚为父守丧服满后，补用海坛游击，仍留铜山。嘉庆二年（1797年），升授澎湖副将、定海镇总兵，嘉庆帝召见嘉勉。

此后，李长庚率领水师在福建三沙，浙江定海、温州等处与安南夷艇交战，屡获战功，朝廷赏戴花翎，嘉庆帝颁旨赞曰“杰出之员”。

嘉庆五年（1800年），李长庚升任福建水师提督（从一品）。六月，李长庚调任浙江水师提督，指挥剿灭以蔡牵为首的海上武装集团的军事行动。嘉庆六年（1801年），李长庚奏请朝廷制造配有大炮的霆船（即同安梭船）三十艘，李长庚亲自督造。此后，李长庚统率浙江水师常年过着“长洋夜静鸣刁斗，战舰风和听鼓笳”的海上战斗生活，追击蔡牵于闽、浙、台海域。数十战下来，打得蔡牵十分狼狈，哀叹：“不畏千万兵，但畏李长庚。”李长庚及其水师成为东南沿海的保障。

## 身先士卒　中炮殉难

嘉庆九年（1804年）夏，蔡牵联合粤海首领朱渍，率领八十余艘战船扰入闽海，在浮鹰洋一战中打死温州镇总兵胡振声。清廷闻讯，即下诏指令李长庚全力剿灭蔡牵。

次年十一月，蔡牵吞并朱渍的人马，率领一百多艘战船、一万多人到台湾，在州仔尾自立为“镇海王”。消息传到京城，清廷震怒，急令李长庚率领水师到台湾会剿蔡牵。嘉庆十二年（1807年）十二月二十五日，李长庚联合福建水师提督张见升同率闽浙水师追击蔡牵座舰直至粤海，在黑水洋激烈交战，李长庚不幸被蔡牵大炮打中颈额殉难。清廷感其忠勇，诏封李长庚三等壮烈伯，谥号“忠毅”，钦赐祭葬，在同安县城建专祠奉祀。

马巷后滨李氏宗祠

嘉庆十三年（1808年）九月十八日，李长庚归葬于马巷坪边，福建巡抚迎丧，杀所擒蔡牵义子蔡二来陪祭，祭礼隆重。李长庚墓恢宏气派，“文革”时被损毁，有“钦赐祭葬”等石构件存于李长庚故居。

李长庚故居至今犹存于马巷镇后滨村。规模不大，装饰简约，俗称“大人衙”，又称“伯府”。门前左右各有一旗杆石底座，砖木建筑，二进双护厝，左右侧护厝均因倒塌再重建。现存主体和双护厝建筑总面宽约19.6米，总进深约20米。大门上悬挂“伯府”牌匾，祖厅案桌有李长庚塑像。

李长庚故居一角

李长庚终年五十八岁，却战功累累。著有《水经战略》、《诗文遗稿》传世。

（文：陈黑牛）

# 四川总督苏廷玉

苏廷玉（1783—1852），字蕴山，号鳌石，同安县翔风里十四都澳头村（今翔安区新店镇澳头社区）人。苏廷玉进士及第后被选为庶吉士，任刑部主事，官至大理寺少卿。一生为官公正，忠于职守，声誉卓著。

## 依法断案　为民昭雪

苏廷玉自幼天资聪颖，好学求进，十五岁参加童子试，屡取第一，二十一岁中秀才。嘉庆十九年（1814年）登进士，钦点翰林庶吉士，授刑部主事。

道光九年（1829年），苏廷玉调任江苏省松江府，未到任即改为江宁知府。当时，江宁府发生建德县典史秦学健三次上京控告案，株连百余人，拖延了五年还不能结案。总督陶文毅调廷玉接办此案，他连续百日阅卷分析案情，澄清事实，终于依据依法判决这桩久达五年的复杂悬案，原告秦氏口服心服。

苏廷玉画像

道光十二年（1832年），苏廷玉升任山东按察使时，高密发生李孟山奸杀一案，府县均以杀人罪判绞刑。廷玉审阅后改判说："现场捉奸而杀之，于律勿论"，当庭释放。

当时，山东府县一些官吏私设监狱称"老虎洞"，百姓诉讼稍有牵涉就被囚禁，并勒索受害。苏廷玉获悉，亲往查办，见"老虎洞"内关押数百无辜百姓，个个脸无人色，乱发垂肩，立即释放，并废除私监，获释百姓感恩不尽。

## 平抑粮价　废寝忘食

道光十八年（1838年），苏廷玉升任四川总督不久，成都城内米价暴涨，每斗米自五六百文涨至千三四文，百姓叫苦连天。苏廷玉知情后，立刻命令各州、县派员"排日巡察乡场"，对"囤户责令出粜"。

为保证政令实施，他采取许多具体措施，一方面严惩抢劫粮食团伙活动，另一方面调运粮食“开仓平粜”。他还带头“捐廉四千两”，并发动同人筹资，派人速到外地“买米入城”，然后以“假为商贩减价发售”的价格出售给民众。同时，为解决民众购粮拥挤状况，增设供应点，让购粮者“鱼贯出入”。

经过两个月实施平价、议价双管齐下的供应措施后，粮价渐跌，但“市价尚比常年为昂”。为此，他逮捕城乡大米店老板汪复兴等奸商，并贴告示，于是“米价大降”。随即又令小米贩“用竹箕盛米”，明码标价，在大街小巷零星出售，对大米店实行限价，“不得居奇”。至此，米价大减，先后“九十余日乃得安贴”。

苏廷玉处理成都地区米价暴涨事件，废寝忘食，费尽心机，救活无数穷苦民众，而自己却“须发全白”。成都城内民众纷纷“送匾额”表示感恩和颂扬，而他认为是为官职责，予以禁止。

## 结交英雄　惺惺相惜

根据《同安文史资料》记载，苏廷玉为官期间，清正廉洁，体恤百姓，因此也结交了不少英雄豪杰，其中就有民族英雄林则徐、陈化成。

在鸦片战争中，苏廷玉与林则徐一道力主禁烟。鸦片战争失败后，林则徐遭到投降派的诬告，被遣到新疆伊犁。当时，林则徐便在写给他的好朋友苏廷玉的一封信中谈到“自顾之行，愤时激辄思，追静中细思，即出亦无所益”。表达了对时势的无奈。林则徐在生前最后一年（1850 年），与苏廷玉通信较为频繁，他们“语长情重，不啻促膝倾谈”。

苏廷玉与林则徐之间的情谊是志同道合，而苏廷玉与陈化成的情谊就更多了一份同乡之谊。道光二十年（1840 年）一月，英军进犯中国沿海，陈化成受命调任江南提督。他在给同乡挚友苏廷玉的信中写道：“英夷到处猖獗，已破虎门、厦门、定海，势必窥伺吴淞。某海上攻战四十余年，风涛素习，严兵戒备，如夷来，必能破之，以张军威。设事机不测，亦必以死继之！”当陈化成为国捐躯后，苏廷玉撰诗文哀悼：“公死不死，公如生时。热血满腔，英灵千古。国事孔殷，忠魂来补。”这一悼文可见苏廷玉痛失挚友的悲切心情之沉重。

## 珍宝留世　德泽乡里

道光二十年（1840 年）六月，苏廷玉授大理寺少卿，不久即告老回籍。卒于咸丰二年（1852 年），享年七十岁。他在世时著有《亦佳室诗文钞》和《从政杂录》，并且留下了许多珍宝。

如今的澳头海边，还保留着他于道光二十三年（1843 年）书写的“鳌石”和“超苏廷玉于道光癸卯年（1843 年）书写的“鳌石”摩崖旷”二处摩崖石刻。字大约 48 厘米，苍劲有力。

村里现还保存一块苏廷玉捐资石碑，第一行镌刻着“道光癸卯年敦谟公二房十三世孙四川总督廷玉洋银壹仟元”。澳头上苏村边榕树下，并列立着四块石碑，群众称为“四支牌”，“文革”时被毁，现尚存五块残段，其中一块镌刻着“察院右副都御史四川总督”十一个字。还有他的故居“进士第”及墓葬。

苏廷玉墓前的石马、石虎、石羊及文武石翁仲石雕群

20 世纪六七十年代，因修建水利农改田，苏廷玉墓葬及碑石被毁，墓前的石马、石虎、石羊及文武石翁仲石雕群，于 1987 年由同安县文物管理委员会移至县博物馆内陈列和保护。

（文：蒋才培）

# 第五章　厦门科举文化遗迹

## 南院陈太傅祠

同安南院陈太傅祠位于大同街道后炉社区常青路15–17号，葫芦山南侧，隔马路斜对苏颂芦山堂后院，1995年重建。宗祠坐北朝南，为门厅、正厅、后殿三进加东护楼的宫殿式土木建筑。总面宽19米，进深60米，占地面积1140平方米。前进祠门面阔三间，深一间，三段燕脊牌楼式，门上嵌“南院陈太傅祠”正书石匾，为明嘉靖陈沧江买地扩建后所题。门前一对清代石鼓。二进正殿为门厅、天井、两廊连祖厅的四合院，面阔10.5米，进深21.2米。门厅阔三间开三门。正厅敞口，阔三间深五柱，中置祖龛，悬匾“德星堂”，祀春秋陈胡公、汉颍州陈实、唐太傅陈邕、明进士陈福山、陈沧江五尊神像。龛上悬匾“忠顺王”（陈邕）、“提督忠臣”（陈化成）、“华侨旗帜　民族光辉”（陈嘉庚）。柱镌国民党元老陈立夫手书长联“至孝至忠至正至中以天下之大仁行天下之大公天下第一，笃亲笃敬笃诚笃信以人间之伟德成人间之伟业人间无双。”侧壁悬国内、南洋、台湾宗亲贺匾14方。三进为“敬德堂”专祠，面阔三间进深四柱，专祀陈姓远祖舜帝、汉陈普静、唐陈元光神像。东护为二层六间的护楼，楼上辟陈化成、陈嘉庚展览室。陈太傅祠历史悠久，且保留大量精美的明清石质建筑构件，2007年被列为厦门市涉台文物古迹，立碑保护。现参加太傅祠每年二次祭祖仪典（二月十六日祭陈元光，七月十四日祭陈邕）的陈姓各支宗祠62所

陈太傅祠（陈金城　摄）

（包括同安、翔安、集美、灌口和金门的宗祠），联系的宗族人口 4 万多人，是古同安陈姓各支派的总宗祠。

南院陈太傅祠因科举而创建。古例凡古同安（包括金门）太傅派下的子孙中举成进士者或入仕任官者都要到漳州南山寺陈太傅祠拜告始祖陈邕。明初同安官山人陈福山中洪武二十七年（1397 年）甲戍榜进士，分派零陵知县，舟车劳顿到漳州南山寺拜祖，深感不便。于是在葫芦山下买地草创一太傅分祠，以便同安和金门的宗亲就近祭拜。至明嘉靖金门陈健中进士并任三府太守，遂买地扩建陈太傅祠，并为题匾，奠定了现在的规模和格局。陈沧江中进士和五次调官，都遵例到太傅祠拜告。清道光十八年（1838 年），陈化成升任厦门水师提督时，到太傅祠拜告，并捐奉倡修宗祠。1938 年，胡鼎三、陈延香修葺。1948 年，陈嘉庚捐资，并倡导组织修葺。新中国成立后，太傅祠被粮食部门征用，建豆腐厂，毁损

陈太傅祠中堂（陈金城　摄）

严重。1995年，经多方协调，收回产权，落架重建，成为现在的格局。

古例，同安（包括金门）太傅派人士中举人、中进士及入仕当官、升官均要到太傅祠拜告（厦门陈另到殿前陈宗祠拜告）。查《同安县志·选举》明代即有陈福山、陈健、陈道基、陈基虞、陈文瑞、陈昌文、陈瑞、陈玉龙、陈弼心等九名进士，清代有陈睿思、陈梦球、陈大宾、陈还、陈杜勋等五名进士均要到太傅祠多次拜告，明清的文武举人拜告则达二百多人次（仅田洋一社浯阳陈即有40多人次）。清代，中秀才也得去拜告，加上平时因喜庆事、岁时节事去拜祖的群众，太傅祠简直是“门庭若市”了。

（文：陈金城）

# 古同安最早的书院

存斋书院，南宋绍兴三十一年（1161年）由许升创办于城内许督宗祠内，是开古同安书院教育之风的第一所书院，也是古同安最早的私立书院。

许升，宋代创建同安西桥的巨商许西安之孙，生于绍兴十一年（1141年）。朱熹簿同时，十二岁的许升成为朱子最早的学生。朱熹任满（1157年）又带许升回建阳“以卒讲业”。业成后，许升表示要回同安开设书院，继续研究并传授朱子的学问。朱子便亲为许升取字“顺之”，并为其书院取名“存斋”，还写了《存斋记》曰：“因念与升相从，于今六七年，视其学专业用心于内，而世之所屑，一毫不以介于期间。窃尝以谓升之学，盖有意于孟子所谓存其心者，于是以存名其斋。”顺之回同安后，即于许宗祠内开设存斋书院，设帐授徒，并与徐元聘、柯国材、王近思等朱子学生时相切磋讲论，还时有应聘到县学授课，首开同安书院教育之风。许升著有《孟子说》、《礼记文解》、《易解》等传世，明清时代配祀朱子祠。其子许巨川中了嘉定七年（1214年）进士，知东莞县，力兴文教，官府在书院巷口建“魁坊”（也称“福星坊”）以表彰。元代，存斋书院改为佛寺乾元宫。嘉靖丙午（1546年），官府在存斋书院故址创设福星社学，成为城区重要的文教机构。入清之后，长期创办私塾。新中国成立后，前院设为三秀幼稚园。2012年，前院被拆迁，保留后院作为许氏宗祠。

（文：陈金城）

存斋书院原址许宗祠（陈金城　摄）

# 古同安的科举牌坊

古同安自朱熹过化后，文风猛进。明清时代科举大兴，被誉为海滨邹鲁。据《同安县志·选举》记载，古同安，宋代有进士 48 名（北宋 25 名，南宋 23 名），元代 1 名。明代，有文进士 98 名，武进士 14 名，文举人 288 名，武举人 50 名。清代，有文进士 26 名，武进士 35 名，文举人 289 名，武举人 329 名。

县志记载的古同安科举坊，计 22 座：

丞相坊，为苏颂立，在东门城墙下，现余残段。

名卿坊，为宋林枈立，在前街，已废。

两科太守坊，为宋王南一立。今存，易地重建。

进士坊，为明李贤祐立，在西门外，已废。

解元坊，为明成化解元林曁立，在东市，已废。

进士坊，为明张定立，在东门内，已废。

奕世科第坊，为弘治进士张定、张凤征、张继桂，举人张宜、张文录、张日益立。在旧按察院右，已废。

鹏起南溟坊，为弘治举人陈华玖立，在东桥，已废。

攀龙坊，为弘治举人吴用立。已废。

攀桂坊，为弘治举人叶荡立，在铺后。已废。

从龙坊，为正德举人王纲立，在溪边。已废。

登云坊，为正德举人吴溫立，在东市。已废。

伯仲联芳坊，为明进士谢昆、举人谢复春立，在小西门内。已废。

解元坊，为嘉靖戊子（1528 年）解元刘汝南立，在南街。已废。

三吴持斧两越扬旌坊，为进士刘存德立，在东桥头，已废。

以下在 1928 年前尚存好：

魁坊（又称福星坊），为宋许巨川立，后改建为“福星楼”。址在许宗祠临街巷口。

岳伯坊，为明嘉靖进士陈健立。在北门内。今存。

御史中丞坊，为都御史洪朝选立，在东门内。

凤山钟秀坊，为成化举人洪敏立，在岭后，今存。

太卿坊，为明通政使张苗立，在铜鱼桥头。

进士坊、登庸坊、清风可师坊，为在县前街，为明进士周源立，仅清风坊存。

文宗廷尉坊（即“理学名臣坊”），为进士林希元立，在岭后。

改革开放后，随着大规模的旧城改造和道路建设，1928 年前尚存的科举坊大部已废，现存的仅如下四座：

丞相坊，即苏颂坊，在今同安第一实小教学楼对面城墙下，仍保留明成化知县张逊重建的残段，为四柱三间式石坊，明间宽 3.06 米。

苏颂丞相坊（明成化重建残段）（陈金城 摄）

两科太守坊，宋绍定二年（1229 年）为进士王南一建，福建巡阅使洪天锡题匾。址在今太守巷周祖厝前方（王南一的故居也在坊北百余米处，即今弹棉厂）。原为木坊，明代重建为单檐牌楼式石坊。20 世纪 80 年代，后炉街居民再鸠资重修。2010 年，盘金房地产公司开发此地段，坊被拆迁。王南一，号桂轩，宋绍定间中明经、诗赋两科进士第，首仕掌教常州府，后以国学博士知漳州，故坊曰“两科太守”。后炉街太守巷即以其坊而得名。

岳伯坊，在北门内，明嘉靖二十一年（1542 年）巡抚及府县为嘉靖丙戌进士陈健所建。坊双层重檐仿木结构，四柱三间，通高 8 米，明间宽高 28 米。南北分立“秋官”、“岳伯”两匾。说明陈健任职刑部和主治南疆三府，至今保存完好（仅圣旨匾和葫芦遗失）。陈健，号沧江，同安县浯洲阳翟人，嘉靖丙戌（1526 年）进士，迁居同安田洋及北关内。首仕刑部主事、郎中，外调江西南安（今大余）、广东廉州（今合浦）、广西南宁（今南宁）知府，皆有政绩。在同安造坝，修山道，扩建太傅祠，建诰命堂（今同安岳伯坊，诰命堂中间的一大片土地仍名“陈沧江”），遗迹保留甚多。其创立的浯阳轮北堂子孙科第连绵，为明清时代同安的科举望族。

凤山钟秀坊，明嘉靖三年（1524 年），为成化十九年癸卯（1483 年）科举人洪敏立，址在大同街道碧岳社区岳口村古驿道边。坊为立柱支撑檐楼的仿木结构，四柱三间，明间宽 3.4 米，保存完好。该坊是官方在古同安树立的第一座举人坊。洪敏是同安浯洲凤山人，以举人资格任南京国子监助教，名不显位不尊，却获立首座举人坊。

两科太守坊（陈金城　摄）

岳伯坊（陈金城　摄）

凤山钟秀坊（陈金城　摄）

魁坊（即福星坊），为宋嘉定七年（1214 年）的进士许巨川建，址在许宗祠临街巷口。原为木坊，明代改建为石坊，清末改造为福星楼（跨巷单间楼），楼房内祀包公，成为地片名。1958 年，建银城影剧院时被拆毁。许巨川，宋嘉定七年（1214 年）进士，知东莞，捐资修学宫，力振文教，升象州府。

（文：陈金城）

## 同安大轮山文公书院

同安县城之东里许大轮山梵天寺后的文公书院，原称大同书院，后来又称紫阳书院或轮山书院。因书院主祀朱熹，故也称朱文公祠。朱熹卒后，被宋宁宗赐谥“文”，故世称朱文公。这是泉州府属最早的官办书院，其先在县城学宫之东。

朱熹于南宋绍兴二十三年（1153 年）莅任泉州府同安县主簿，并在同安开创讲学之风。同安为朱熹首仕之地、过化之区，“三年之绩、有百年之思”，虽有南宋嘉定年间知县毛当时于学宫之左创建的朱文公祠，但没有正式挂牌的书院。元时，“今国家表彰理学，凡文公旧所讲习之地，悉为立学设师弟子员，闽中最盛，同安独缺焉”（林泉生记）。于是至正十年（1350 年），同安县尹、孔子的五十三世孙孔公俊便在学宫之东创建文公书院，前奉先圣，后祀文公，制如邑学，海宪使许覃怀为之请额，赐名“大同”，故名大同书院。越四年（1354 年），闽地动乱，书院毁于寇。明成化十二年（1476 年）知县张逊择地东门内重建文公书院。当年朱熹莅同秩满，代者未至，便假陈良杰之馆居住，并借老聃门人庚桑楚居畏垒之典故，称其名为“畏垒庵”。张知县重建书院，“前为讲堂，刻公神像于退轩，匾曰‘畏垒庵’。盖用文公在时，假寓民居之号，以致思慕之意”（明林希元记）。后来书院鞠为府馆，致使其名存而实亡。

明嘉靖年间，理学名宦林希元向督学邵锐提出将文公书院迁于大轮山梵天寺后之建议。邵公欣然同意，并请邑侯刘裳成之。刘裳命工治石，建了瞻亭后便改官离去，其事遂寝。嘉靖二十二年（1543 年），推官叶遇春视篆同安，林希元又告往事，叶公毅然为己任，当梵天寺后依原制另建书院，并“移文公刻像于畏垒庵，供奉加严”。工既出水，叶令他调，其工又辍，后县官数易，未能竣事。嘉靖三十一年（1552 年），学宪朱衡来同安，刑部侍郎洪朝选移书告公，公责成知县彭士卓续建，“由是前堂后寝，焕如奕如”。隆庆二年（1568 年），洪朝选又向知县王京提出增修书舍建议，“使得有学者十余人诵读其间，于兴起学者为切”（明洪朝选记）。王侯甚以为是，便市材募工，增修学舍十四间，并于书院之上构筑仰止亭，以为学者游息之地。至此，大轮山文公书院历经二十五年，方初具规模，足见封建时代兴办教育之艰难与曲折。

文公书院由于天灾、战乱频仍，屡有圮毁，但都由地方官员或士绅修葺，说明官绅对这所公办书院的重视，也是朱子早年“兴贤育才”思维的延续。明万历三十七年（1609 年），知县李春开“捐数月之俸，新六十年未葺之规”（明李光缙记）。清康熙二十七年（1688 年），知县徐名觐、邑人陈睿思（金门阳翟人）重修。康熙五十二年（1713 年），知县朱奇珍、乡宾颜孔辅（今五显后塘人）复修葺之。乾隆十七年（1752 年），因“风雨大作，院宇飘颓殆尽”（清何兰记），恩贡洪敬璜（柏埔人）等募修，同时环以石栏数十丈，观者拾级而登，“近而金（门）厦（门）二岛，远而台（湾）澎（湖）大洋，靡不历历在目”。乾隆五十九年（1794 年），风雨交作，书院倾圮，邑绅高以彰捐五百余金，独资修治。因前中堂脊太高，佥议裁减数尺。道光间，由于日久颓坏，解元黄维岳（新圩辜宅人）依堪舆家言而改建于圭石下，仍名轮山书院。民国五年（1916 年），毁于兵。民国十年（1921 年），士绅洪鸿儒（马巷窗东人）、吴锡璜、侨商杨克聿、厦商吴蕴甫等捐款二千余元恢复旧观。“文革”期间，幸存朱熹石刻画像及基址残垣。1987 年，集美华侨陈文峰先生捐资，梵天寺住持厚学法师董役，依原址重建。1988 年，列为同安县文物保护单位。

大轮山文公书院为明清时期宣扬程朱理学的活动场所，也是辅助县学培育科举人才的补充学校，它具有崇祀先贤，修身养性，讲学藏书的教学职能。自古名山与书院结伴，大轮山风光旖旎，轮山八景景色宜人，因而文人墨客，多会于斯。或登游，或朝圣，或凭吊，或读书，各得其乐。“许多佳景都收拾，奇绝兹游冠一生”，清代高有器《轮山书院远眺》的诗句，抒发“到此一游”的惬意心迹。“紫阳过化今犹在，与我同人式典型”，高宏音《仰止亭怀古》是对朱子遗风流韵的缅怀。“案头书带茶烟湿，帘外花飘酒气寒”，高以彰《秋夜宿轮山书院》的诗咏则是书院夜读情趣的写照。清末民初，主编民国《同安县志》的吴瑞甫之弟吴荪甫曾以“轮山八

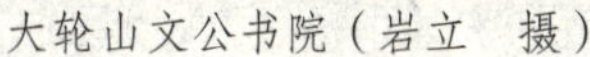

大轮山文公书院（岩立　摄）

大轮山文公书院朱熹石刻像（岩立　摄）

景”为题，于书院护厝楼墙壁上题诗一首：“寒竹风松一径幽，圣泉煮茗话山头。层峰积翠瞻亭出，浔海归帆远棹浮。塔影溪明莲沼馥，岩头月朗寺钟悠。紫阳庙貌今犹在，千古兴衰或有由。”当年书院庙貌犹存。新中国成立后，书院已经荒芜，今人杨水源先生 1965 年所作《游大轮山过朱子祠有感》诗曰：“落叶萧萧小径斜，危楼颓壁锁烟霞。风松寒竹已无迹，唯有留题在断崖。”时逢盛世，百废俱兴，梵天古刹重建，文公祠宇轩然。书院坐西北朝东南，硬山布瓦顶砖、木石结构，面阔 17.3 米，进深 17.4 米，前后进落差 2 米，深井有形如母猪横卧给小猪喂奶的“猪母石”，两侧置石台阶前后连通。已故的厦门名书法家虞愚书题“紫阳书院”匾额，作古的名中医朱清禄以朱熹墨宝“寒竹风松”，冠头书题“寒竹凌云筛月影，风松绕院送潮音”一联。文公书院最珍贵的文物是明代成化年间镌刻的朱熹石刻像。石刻像碑高 2 米，宽 0.89 米，周边镌刻缠枝 S 型连续花纹。像为半身，据传是朱熹生前对镜自画，身穿儒服，头戴纶巾，拱手正襟，神态自如。明刑部左侍郎洪朝选撰写的《文公书院增修书舍建亭记》石刻（碑高 2.73 米，宽 1.04 米），由已故的台北市同安县同乡会名誉理事长洪福增先生捐资修复。文公书院今天成了国际朱子学学者研究朱熹学术思想的遗址。美国华裔学者陈荣捷（1901—1994）教授、日本京都大学人文科学研究所竹内弘行教授、韩国西江大学研究所金秀勇所长、韩国朱子学会会长崔英辰等都慕名接踵到此参观考察。

（文：颜立水）

# 朱熹燕处高士轩（朱子书院）

南宋建炎四年（1130 年）农历九月十五日，朱熹（1130—1200）诞生于南剑州（今南平）尤溪县城青印溪南郑氏馆舍中。相传出生时，馆舍前后山同时起火，其父朱松认为是“喜火”，遂以此二字组成上下结构的“熹”字为名。

绍兴十八年（1148 年）春正月，19 岁的朱熹与他的老师刘勉之长女刘清四（1133—1176）完婚，二月参加临安省试中举，四月参加殿试中式王佐榜第五甲第九十名进士。绍兴二十一年（1151 年）春，授左迪功郎（文散官最低一级，即第 37 阶，俸禄 12 贯）泉州府同安县主簿（协助县令陈元雱管理簿书赋税、教育等事务，相当于现在的县府办公室主任），但他直到绍兴二十三年（1153 年）七月才到同安就任。

朱熹乍到同安，县城“银城”已经创筑五年，他就住在县署之右的主簿廨（主簿办公室）。同安县署草创于五代天成四年（929 年），原为大同场场部，宋大中祥符五年（1012 年）邑令宋若水重建，形成规模，主簿廨应是宋时拓建的配套设施。时过 140 年，朱熹莅同簿事，见主簿廨“皆老屋支柱，殆不可居”，还好西北隅有一轩“亢爽可喜”，于是朱熹“取无入不自得之义”命名为高士轩。从此朱熹在此燕居。绍兴二十三年（1153 年）七月，长子朱塾（1153—1191）出生于五夫（崇安）。翌年七月，次子朱埜（1154—1210）则“出生于同安主簿馆舍”。按以出生地为籍贯的俗例，朱埜（育四子：钜、铨、锋、铚）也可以说是同安人。朱熹在同安供职，其家眷（夫人刘氏及长子、次子等）就住在高士轩。高士轩，“其埕以砖围界作砚形，开砚边之井名水碛井。其轩前后两进，中旷大，宅内凿一池，桥跨其上，梧桐杨柳，疏密相间”（民国《同安县志》卷四十一）。这是当年高士轩大略的轮廓。

朱熹在同安三年，至绍兴二十六年（1156 年）秋任满，但代者未至（莆田人方士端接其任，朱熹为之卜居马巷万家春），同年冬“奉檄走旁郡”（奉泉州府令到府属各地调查先贤事迹），朱熹“因得并载其老幼，身送之东归（崇安）”。翌年春，又返回同安，因不视簿事，便搬出高士轩，暂住县治之北名医陈良杰馆舍号曰“畏垒庵”，过着“端居托穷巷，廪食守微官”的闲居生活。但“代予者卒不至，法当自免归”，故于绍兴二十七年（1157 年）十月离开同安。窘于生计，越年十二月获准到潭州（长沙）南岳庙当祠官（管理祠庙，俸禄 17 贯）。朱熹在同安有四年又四个月的时间（即 1153 年 7 月至 1157 年 10 月），志称“在同五载”。同安不仅是朱熹首仕之区，也是一生从政时间最长的地方（他一生从政七年又六个月）。更重要的是，同安是他“逃禅归儒”之地。明代理学名宦林希元增订《大同集》卷一记载，朱熹赋有《之德化宿剧头铺夜闻杜宇》一诗：

王事贤劳只自嗤，一定今年五年期。
如何独宿荒山夜，更拥寒衾听子规。

漳州学者高寄认为“杜鹃夜悟”是促成他思想裂变的机缘，也由此告别儒释徘徊阶段，正式由佛归儒。《朱子文化大典》记叙，“绍兴二十八年（1158 年）春正月，朱熹回到五夫。同月，徒步至延平拜见李侗，‘尽弃所学而师事焉’，正式拜李侗为师。”同安的施政实践，让他“乃知向日从事于释氏之说皆非”，因此离开同安才三个月便急急忙忙去拜李侗为师。所以说，同安是朱子学发祥地，而高士轩也正是培育朱子学的摇篮。

宋代的高士轩，依据朱熹《高士轩诗》中“官署夜方寂，幽林生月初。闲居秋意远，花香寒露濡”的描述，环境十分幽雅。朱熹自作并镌之壁上的《高士轩记》，着重阐释“高士”的含义，“主县簿者虽甚卑，果不足以害其高；而此轩虽陋，高士亦或有时而来也”，寓有自励自谦之意。高士轩历经兴废，“栋宇重新者不可胜纪”。明天顺五年（1461 年），同安县丞刘珣器（永新人）“又因其废而兴之”，其规模是“列屋数楹，以间计者二十有二，刻记于壁，窗户疏爽，草木嘉卉，有光旧观”（永丰罗伦《重修高士轩记》）。明末清初，同安为“三日归清，三日归明”的拉锯战战场。清顺治间，“署廨毁于寇”。康熙五十一年（1712 年），县令朱奇珍（长沙人）见高士轩“岁久颓废”，制度无存，便“按以图牒遗址在焉，爰捐俸庀材复轩之旧观”。重建的高士轩，“作轩三楹，颜以高士，塑像而释奠焉”，朱氏自撰《重建高士轩记》，泉州知府刘侃、进士叶心朝（莲花后埔村人，榆社知县）、庠生陈孟功、刘兰（东桥人）分别作记，颂扬这位父母官“使同之高士轩与韩江（唐代文学家韩愈）之名并垂不朽”，“后人入是轩而如见夫子”的德政。雍正九年（1731 年）知县蒋廷重（贵筑举人）重修，撰记镌碑称“开闽学之源者，为文公朱夫子”。乾隆八年（1743 年）知县李芬将逼近犴狴（监狱）的高士轩“移于西北隅之故地，葺而新之，加以庙门，周以城垣”。李芬撰《重修高士轩碑记》，并将朱熹《高士轩记》全文敬录碑中。现在康熙、雍正、乾隆三朝的记事碑刻仍存，成为研究清代官方“志朱子之志，学朱子之学，睹斯轩而心向往者乎”（刘兰《高士轩记》）的实物资料。自乾隆后，就没有见到修葺高士轩的资料，民国十七年（1928 年）林向荣测绘的同安县公署平面全图中高士轩的方位和建筑物，应该是清代原有的规制。20 世纪 70 年代，同安县人民政府于高士轩原址建成食堂，留下砌在墙壁下方三碣清代石碑及一支刻有“士饶真乐每随风月婆娑”联语的方形石柱供人凭吊。2015 年 10 月，同安区人民政府启动同安县衙旧址改造工程，原建于高士轩基址上的政府食堂转身为朱子书院，朱熹在古同安（含金门县、厦门市各区及龙海市角美镇）的遗迹将在这里得到浓缩和展示，延续了朱子在同安的文脉。

高士轩是朱熹在同安孕育朱子学的温床。朱熹燕居是轩，走遍同安的山区海岛。他登上鸿渐山，发现浯洲（金门）的风水由鸿渐发轫。他登眺香山并留下“真隐处”墨宝。率同僚奠祭北辰山（今为国家 4A 级旅游景区），上莲花山“筑精舍其上，大书‘太华岩’三字镌于石”（叶心朝《重建高士轩记》），游文圃山过鹤浦（高浦）时为石氏修改祠堂，渡海到嘉禾屿（今厦门市区）为唐代文士陈黯编校《裨正书》，还到浯洲“采风岛上，以礼导民”。这位勤政爱民的小官，在宋代同安那种“民俗强悍，民风不淳”，甚至连苏家族人也不知道宰相苏颂何许人的环境中，朱熹“抓铁有痕”，一步一个脚印，以儒家伦理改造社风民俗，形成了“格物致知”的思维方式，在同安完成了朱子学的奠基工程。

2016 年 5 月 21 日，举办厦门（同安）首届国际朱子文化节暨全球首座实质性运行的朱子书院开院典礼，该院也成了国际朱子学研究的文化窗口。同安朱子书院先后与厦门大学国学研究院、集美大学诚毅学院、华侨大学闽学文化研究中心、山东航空公司空中孔子学堂等单位建立了教学研究、社会实践（培训）基地。厦门大学原校长朱崇实（朱熹第二十八代孙）、台湾知名学者朱高正（朱熹第二十六代孙）、清华大学国学院院长陈来、海峡两岸朱

朱子书院（岩立　摄）

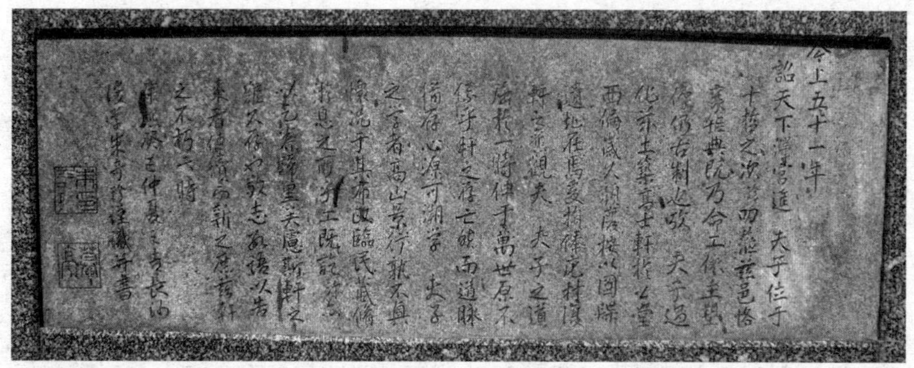

清康熙五十二年（1713年）同安县令朱奇珍撰书《重修高士轩碑记》（岩立　摄）

子文化促进会理事长朱茂男、韩国成钧馆大学教授崔英辰、日本墨澍社会长吉泽大淳、德国特里尔大学教授苏费·翔、北京大学道教研究中心主任陈鼓应、中国孔子基金会理事长王大千以及参加鼓浪屿诗歌节诗人等一大批中外名流高士，都来这里追寻这位被誉为“北孔南朱”文化巨人的足迹，古同安、今厦门借此提高了打造朱子文化品牌的效应。

（文：颜立水）

## 海沧书院史话

唐代后期，在几任福建观察使的努力下，福建各地开始大兴学校。海沧所在的同安县设立了县学；在官学系统之外，断断续续还兴起了不少私学。一些私人读书之处演化成书院，如古三都地的龙池岩，为唐谢脩兄弟、后唐洪文用的读书处，是为三贤书室，为华圃书院的前身。它可以说是古三都地早期学校的雏形。

宋代时，教育进入繁荣阶段。海沧所在的两个府均设立了府学和县学。学校开始实行学田制，经费得以保障。南宋时期，作为私学的书院得到迅速发展。私学除了书院以外，还有义斋、家塾、族塾、书社等形式。位于东宫文庙后殿的宋颜教授书室、文圃山龙池岩的“三贤书室”便是当时海沧的私学。

元代，至正十六年（1356 年）成立福建行省，命诸路置学校官，各地官学也普遍得到修复，并以落第举人充任教职。令每社（五十家为一社）设立学校一所，令子弟入学，是为社学。这种有效的农村教育形式在明清时期沿旧制，和义学一起，成为各地最为常见的基础教育机构。

明代时海沧的官学有社学，如海沧安边馆社学、沧江书院和后井村的金沙书院及县学、州学、府学等；有卫学，如始建于嘉靖的镇海卫学。私学有书院如云塔书院等，还有各村的义斋、家塾、族塾等。明末社会动荡不安，官学、私学都难以为继。

清承明制，也称作书院的社学，如海沧村的沧江书院、后井村的金沙书院、青礁村的芝兰书院等，到清代道光后就大量衰废，有些社学则为义学所取代。

海沧区域古书室、古书院介绍如下：

**颜教授书室** 据青礁颜氏族谱载，青礁颜氏肇基始祖颜慥，于宋庆历四年（1044 年）为漳州路教授，遂家龙溪青礁村，自号“八遁老翁”，以文章德行闻名。时海滨文教未兴，便在青礁开馆讲学设教，海滨贤人多从之游。现东宫文庙后殿的颜教授书室便是遗址故地。

位于东宫文庙的宋颜教授书室

**三贤书室** 据《海澄县志》载：唐代谢翛、五代洪文用、宋代石蕡皆读书于文圃山龙池岩（古为三都地，今为海沧区海沧街道）。宋杨志建三贤堂祀之，是为三贤书室，为华圃书院的前身。

**芝兰书院** 在青礁村铁厂附近，2008 年重修开漳堂时，曾出土一石匾，上书“芝兰书院”（一说为植兰书院）。开漳堂始建于宋高宗绍兴二十年（1150 年），历代均有修葺。据推测，该书院应是明代期间，借用颜氏家庙开漳堂作为院址。开漳堂楹联：“启宗庙习礼仪令儿孙奋志立业，读诗书尽忠孝继圣哲行善修身”；“岐山高隐五经儒，海上尽宗正学；甲第须同三敏世，日边载锡恩光”，彰

存于青礁开漳堂的“芝兰书院”残匾

显青礁颜氏兴学重教之风。

**云塔书院**　为云塔寺所属讲堂，民间称“云塔书院”，坐落于海沧农场大岩山，曾辉煌一时。据《重兴云塔寺碑记》云：“大岩寺，古名刹也。……粤稽宋人乐其山川之美，建寺崇祀三室观世音像。……越元大德四年更修复，颜曰云塔，以岩石似塔，高薄云霄也。寺前建讲堂。柯、周二公勤肆其间，皆擢高第，膺厚秩，以勋名气节垂光史册，他如叶、谢、杨、林、李登高科者亦代不乏人。……至若讲堂重构，习静有所，凡都人士之有志云路者，登斯堂而潜心考稽，优游涵泳，养成大器。”东屿村人柯挺明万历八年（1580 年）登张懋修进士榜，温厝村温如璋明万历十七年（1589 年）登焦竑进士榜，后井村人周起元明万历二十九年（1601 年）登张以诚进士榜，石塘村谢宗泽明万历四十四年（1616 年）登钱士升进士榜等，均受业于该书院，学优而仕。

明代云塔书院遗址

**沧江书院**　沧江书院始建于明代，当时已有相当规模，是当时海沧的文化中心。据《海澄县志》卷二载：“社学九十六所，在一二三都（即古海沧地）者十。”朱浰的《海沧社学记》提到嘉靖十六年（1537 年），当地官员与儒生谋立社学：“乃相安边迤东盘石之上废址一丘，负麓面江，气势爽闿，规立学舍，中为讲堂，后为燕室。斋舍旁列廊庑环绕，凡若干楹。萃子弟之秀者，为延师儒，使朝夕讲肄于其中。侯时一到，躬为课，督

沧江书院的奎星楼

以相其成。”此中描绘的社学应是位于海沧村的沧江书院（即今海沧小学前身）。沧江书院在300多年间，一直是海沧施行教化、培育人才，举行春秋二祭盛典、祭奠孔子的场所，成为名副其实的“三都之教养区”。主要建筑有奎星楼（又称八卦楼）、讲堂三座，占地约二亩余，今仅存奎楼。

坐落在海沧中心小学的奎星楼就是当年沧江书院的主要建筑之一。奎星楼最初供奉的是奎星神（开文运的神灵），因此当时的文人考举前，都要来此求拜，后成为古三都举行春秋二祭盛典的场所。楼分两层，高约9米，楼上楼下前后门的门楣上，嵌着同治甲子（1864年）重修时题刻的横石匾，一写“鳌头拱秀”，一写“联步登云”。楼的屋面是琉璃瓦，顶端还有一个绿色瓷葫芦。由于奎星楼的8根立柱是按照八卦方位建造的，当地居民又称“八卦楼”。

**金沙书院** 据林希元撰《金沙书院记》载，金沙书院在嘉靖某年由金沙公馆改造而成。该年，龙溪县的林县令和海道副使柯乔一同到海沧，劝导佛郎机商人远离本地。乡人为改变强悍的民风，在葡萄牙人走后，闽南大儒林希元及其学生将此夷人驻地金沙公馆改为金沙书院。在林希元的主持下，开启了海洋教育风气之先，重新刊刻了一幅在中西交流史上意义重大的地图——《古今形胜之图》，是目前有据可考的最早传入欧洲的中国地图。

**一经堂** 南宋初年，柯翰自晋江开基海沧后柯村，教授百余人，是笃于正学的乡村名儒。南宋绍兴二十三年（1153年），朱熹首仕同安县主簿时，兼领学事，有感于“学绝而道丧，至今千有余年，学校之官有教养之名而无教养之实”，决心重整学风。慕名到后柯村拜谒柯君，并与之交游相乐，聘为县儒学教授。绍兴二十五年（1155年），柯翰葺庐以居，取“古之学者耕且养，三年通一经”之义，自号寝居为“一经堂”。越年闰十月，朱子离任前，为作《一经堂记》。柯翰谢世后，朱熹以文哭之，褒扬柯先生“探讨之勤，白首不置。弗索于禄，弗媚于时”。后柯柯氏后人遂以“一经堂”为堂号，也算是当时的书院吧。

社学、书院的兴盛使海沧由昔日蛮夷成为海滨邹鲁。海沧旧属漳、泉两府，现海沧、嵩屿及新阳大部属漳州府海澄县，东孚街道属泉州府同安县。据相关史志材料记录，在这一区域有47人名列进士，100人名列举人，荣登海沧科举榜。

（文：廖艺聪）

# 玉屏书院

玉屏书院，始建于清乾隆十六年（1751 年），位于旧厦门城东南角、今厦门市第五中学内，是厦门岛建得比较早、规格比较高、建制比较完善的书院，也是岛内影响最大的书院。

## 一、建置沿革

清乾隆十六年（1751 年），分巡兴泉永道白瀛与福建都督李全庵、南澳总兵代理福建水师提督倪鸿范、前厦防同知许逢元、时任厦防同知松山以及地方士绅黄日纪、林翼池、刘承业、廖飞鹏等人共同谋划创办书院。当时厦门城东南角原吴英、雅奇等人所建文昌殿、集德堂、萃文亭等建筑已被侵占，沦为僧庙。白瀛等逐僧徒，迁佛像，修旧建新，左文昌殿，右建讲堂。讲堂之后有巨石壁立，酷似玉屏，为书院名称由来。巨石之上有供奉朱熹的集德堂，堂之东为庙宇，西为萃文亭，亭中立有魁星碑，亭之下建有回廊、斋庑以及庖厨等用房。书院于是年十月兴工，次年十一月竣工。清光绪七年（1881 年）后一度停办。清光绪二十七年八月二日（1901 年 9 月 14 日）清廷颁布诏令，命将各地书院改设学堂。厦门非省级又非府、州级，改办学堂的资金无从划拨，书院、学堂两头落空。玉屏紫阳书院想了个变通办法，改称玉屏紫阳讲院。光绪二十九年（1903 年）恢复玉屏书院。清光绪三十年十一月（1904 年 1 月）颁布《奏定学堂章程》，即“癸卯学制”，令省以下书院相应改为高等学堂、中学堂、高等小学堂和初等小学堂，福建总督也颁布谕令，福建各地书院基本上于该年改为学堂。清光绪三十一年八月初四日（1905 年 9 月 2 日），清廷颁布诏令，准许袁世凯奏请，自明年始乡试、会试一律停止，各省岁科考试同时停止。严令各地城乡尽快设立蒙养小学堂。清光绪三十二年（1906 年），旅越南华侨王文德捐出厦门历史上最大的一笔助学捐款一万两白银，作为新办学堂基金，玉屏书院才得以于当年四月改组为厦门中学堂。民国元年（1912

白瀛题字“玉屏书院”匾额

玉屏书院图（原载清道光《厦门志》）

年），根据南京临时国民政府教育部颁布的《普通教育暂行办法》，厦门中学堂改称思明中学校，后改名为省立第十三中学、省立厦门中学。1951 年，与原厦门市中学合并为厦门第一中学，后迁往深田路新校舍。1955 年，在玉屏书院旧址创办厦门市第五中学。

## 二、生员情况

玉屏书院为兴泉永道所主办，其规格比厦防同知主办的紫阳书院高出一级，可接纳兴泉永道所辖各府、县的生员。因此，玉屏书院所出的人才也远比紫阳书院多。如道光十年（1830 年）莅任的兴泉永道道台周凯所言："厦门虽分同安之一里，而士则四方咸集，不仅同安也。"入院生员须参加道台署举行的考试，称为"观风"，前十名的生员、童生可入院肄业，每月三课，每名院内生、童给膏火银一两；另取十名生员、十名童生院外肄业，不发膏火银。

清乾隆二十九年（1764 年），道台蔡琛将院内肄业的生员、童生增加为各十七名，每月每名给膏火银一两六钱；院外肄业的生员、童生各增加为十二名，每月每名给膏火银五钱。两名董事生员每人每月也发给膏火银一两。

清乾隆五十三年（1788 年），道台胡世铨增内、外肄业生员、童生各二十名，以三次考试等次排名为升降标准。每月除发放膏火银之外，每课加发纸笔费：第一名二钱，第二、三名一钱，官课另加奖赏。

清嘉庆十九年（1814年），道台庆善重刊胡前道章程，禁止抽卷私出，改革考试方法。改内肄业生员、童生各十名，月给膏火银一两八钱；外肄业生员、童生各十名，月给膏火银八钱。考试名次在前列者予膏火；定课期饭食银数。

## 三、书院管理

### （一）管理人员

玉屏书院的最高负责人为兴泉永道台，负责指派、遴选书院董事，选聘山长，委任斋长、监院等职员，对书院的兴建、维修、经济、教学等一应事务负完全责任。

玉屏书院设有董事、总董、监院、山长（亦称院长）、斋长、出纳等管理人员。

董事人数在十名左右，主要负责书院的经费筹措、监督书院的经费开支，其中两名董事生员主要负责督查书院生童的日常举止言行，总董为诸董事的召集人。

监院由道台委派官府吏员充当。

山长名义上是一院之长，实际上主要负责授课。玉屏书院山长资历要求高于紫阳书院，一般要求进士出身或与进士同等资历。

斋长为书院负责人，负责管理书院日常事务。

出纳为财务管理人员。

### （二）规章管理

玉屏书院和福建的大部分书院一样，以朱熹为白鹿洞书院制定的《白鹿洞书院揭示》为指导性的学规，全文如下：

父子有亲，君臣有义，夫妇有别，长幼有序，朋友有信。

右五教之目。尧舜使契为司徒，敬敷五教，即此是也。学者学此而已。

而其所以为学之序，亦有五焉，其别如左：

博学之，审问之，慎思之，明辨之，笃行之。

右为学之序。学、问、思、辨四者，所以穷理也。

若夫笃行之事，则自修身以至于处事接物，亦各有要。其列如左：

言忠信，行笃敬，惩忿窒欲，迁善改过。右修身之要。

正其谊不谋其利；明其道不计其功。右处事之要。

己所不欲，勿施于人；行有不得，反求诸己。右接物之要。

熹窃观古昔圣贤所以教人为学之意，莫非使之讲明义理，以修其身，然后推以及人，非徒欲其务记览、为词章，以钓声名、取利禄而已也。今人之为学者，则既反是矣。然圣贤所以教人之法，具存于经，有志之士，固当熟读深思而问辨之。苟知其理之当然，而责其身于必然，则夫规矩禁防之具，岂待他人设之而后有所持循哉！近世于学有规，其待学者为已浅矣，而其为法又未必古人之意也。故今不复以施于此堂，而特取圣贤之所以教人为学之大端，条列如右而揭之楣端。诸君其相与讲明遵守而责之于身焉，则夫思虑云为之际，其所以戒谨而恐惧者，必有严于彼者矣。其有不然，而或出于此言之所弃，则彼所谓规者必将取之，固不得而略也。诸君其亦念之哉！

除了《白鹿洞书院揭示》，玉屏书院还制定了一系列实施细则，清乾隆二十九年（1764 年），道台蔡琛新增规定：凡在内肄业者，不许擅自出入。乾隆五十三年（1788 年），道台胡世铨重印朱子《白鹿洞学规》、陈桂林相国《学约十则》与书院章程，派石浔司巡检为监院，稽查出入，专司收发，重新遴选董事，设立斋长，以加强管理。

## （三）经费管理

玉屏书院设有专人管理财务，按照规定，一应开支应由监院、董事、斋长等人员会商、签发。在实际操作过程中，兴泉永道道台、厦防同知均握有极大权限，甚至连厦防同知署的个别胥吏也可以过问书院的事。这种多头管理、多人插手的状况容易给书院的经费管理造成混乱。玉屏书院历史上发生过几次经费管理方面的事件：第一次发生在乾隆五十三年（1788 年），道台胡世铨发现书院管理不当，几致经费无着，令厦防同知黄奠邦清查追比，革除积弊，以石浔司巡检为监院，稽查出入，专司收发；重新遴选董事，设立斋长，以加强管理。第二次发生在嘉庆十八年（1813 年），道台多麟代发现书院因费用浮滥，厅胥挪移，亏银一千两，书籍散失，令厦防厅清理账目。第三次发生在道光十一年（1831 年），道台周凯发现书院账目混乱，令厦防同知许原清加以整理，实行专款专用。

清道光二十一年（1841 年）之后，玉屏、紫阳二书院时分时合。民国时期组织玉、紫、禾财产管理委员会，定为教育基金，并成立厦门市公有款产委员会协助管理，归民国厦门市政府统收统支。1946 年，三院产业总共 72 座，其中市府管理收租 37 座，市府公用 1 座，后由民国厦门市政府管理收租 5 座，抗日战争之前由市府教育科以契据向人抵押、未收管 4 座，被占建筑及种植畜牧计 17 座，空地未管 12 座，查寻未得 1 座。

## 四、科举教育

清代从顺治朝就开始将书院纳入官学的轨道。所谓官学，其实质就是科举教育。玉屏书院创办的初衷也正是为了填补厦门岛内官学的空白。这两个因素决定了玉屏书院的教学基本上是围绕科举制度进行的。

玉屏书院办院的指导原则是“倡道兴学”，将书院建成“吾儒横经之地”。所谓“倡道”，当然是孔孟之道。所谓“吾儒”，当然是程颐、程颢、杨时、朱熹、王阳明等历代儒家学说的代表人物。

《清史稿》指出：明代“专取四子书及《易》《书》《诗》《春秋》《礼记》五经命题试士，谓之制艺。有清一廷明制二百余年”。玉屏书院依照清廷的规定，和官学一样，将四书五经作为主要教材，教学的中心就是让学生熟练掌握以“破题、承题、起讲、入手、起股、中股、后股、束股”为固定格式的写作模式，俗称八股文。厦门市图书馆藏有玉屏书院清光绪七年（1881 年）选刊的《玉屏书院课艺》上、下卷，全书选登玉屏书院生员、童生所做课艺即八股文 120 篇，其中以四子书中的《大学》的章句为题的有 9 篇，以《中庸》的章句为题的有 11 篇，以《论语》的章句为题的有 69 篇，以《孟子》的章句为题的有 31 篇。按照当时“课艺”的要求，写作时必须以四书五经为依据，每篇文章必须由八股组成，且字数必须在 800 字左右。

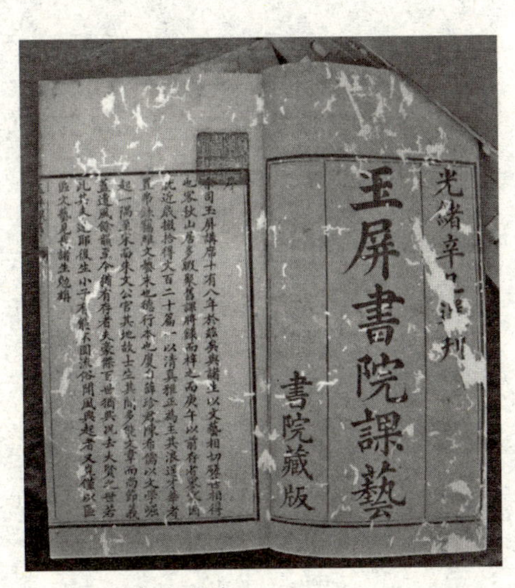

玉屏书院课艺

教育的目的是要造就人才。玉屏书院的热心倡导者之一周凯在重修玉屏书院时就明确提出：要求就读的生员、童生“读书其中，明先王之道，希圣贤之学，求诸身心，无愧神明，以储国家之用”。让读书人成为“国家之用”的人才，就意味着要考中举人（或取得贡生的资格）、进士。

尽管有“八股取士”的大环境，但玉屏书院也曾提倡古文之学，其创导者即为周凯。古文之学，又称古文运动，以唐、宋时期韩愈、柳宗元、苏轼等人的文章为楷模，主张“文以载道”“文以明道”“语从己出”“务去陈言”。玉屏书院开展古文之学的时间虽然很短，但其影响长久。

由于八股文遭到越来越多的非议，清光绪二十七年七月（1901 年 8 月），清廷宣布诏令，自明年始，乡试、会试等均试策论，不准用八股文程式，并停止武生童考试及武科乡试、会试。所谓策论，就是针对现实存在的问题或考试题目规定的问题，展开评述、议论，提出相应的对策。唐宋时期，策论曾与诗赋、经义等形式共列为朝廷取士的考试科目。厦门市图书馆藏有玉屏紫阳讲院学生所作策论的汇编，书名为《玉屏紫阳讲院课艺》，堪称玉屏、紫阳的一抹落日余晖。《玉屏紫阳讲院课艺》共收 43 篇作文，其中一篇为赋体，实收策论 42 篇，全书虽然仍称为课艺，但内容涉及刑法、用人、外交、国防、通商、交通、实业等方面，甚至对刚刚开始实行的科举考试以策论代替八股文的朝纲也敢于发表议论，提出考官中必须配备“精通西学者”的建议，充分体现出厦门辟为通商口岸之后士人学者眼界的开阔。写作上也开始注意论点、论据以

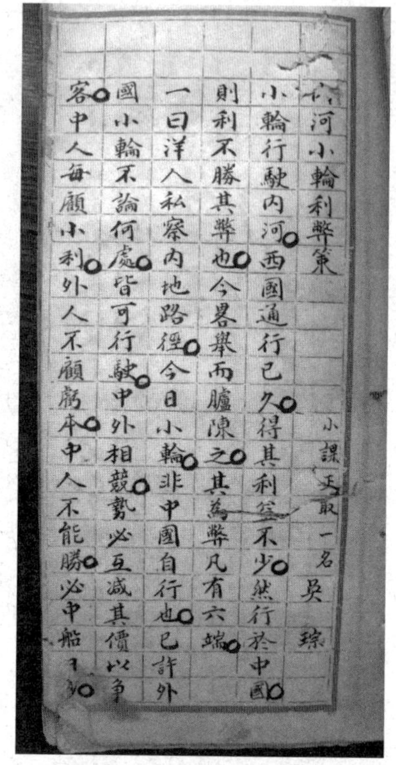
小課[illegible]取一名　吳琮

內河小輪利弊策

小輪行駛內河。西國通行已久。得其利益不少。然行於中國。則利不勝其弊也。今畧舉而臚陳之。其為弊凡有六端。一曰洋人私察內地路徑。今日小輪。非中國自行也。已許外國小輪不論何處。皆可行駛。中外相鬬。勢必互減其價以争客。中人每顧小利。外人不顧虧本。中人不能勝。必中船[illegible][illegible]。

策论：内河小轮利弊策

一位官员和他刚刚科举及第的儿子

及论证方法的讲究，同前述《玉屏书院课艺》所收制艺文章题目、内容均出自《四书集注》，结构均为八股形式相比，给人以耳目一新的感觉。清光绪三十二年（1906 年），玉屏书院改制为厦门中学堂，开始实施清廷光绪二十九年（1903 年）颁布的“癸卯学制”，成为 5 年制普通中等教育学堂，传统书院教学就此结束。

明、清两代，福建省每三年在省城举行一次乡试，考中者称为举人，明代在 90 名上下，清代名额稍多，但也只有百人左右。据民国《厦门市志》记载：明代，厦门岛产生过 10 名进士、28 名举人（其中 4 人在外省参加会试）、27 名贡生；清代，厦门岛有进士 10 人、举人 89 人、贡生 70 人。清代厦门岛科举人才辈出，玉屏书院贡献匪轻。

（文：李启宇，摘自《厦门书院史话》）

# 明代金门蔡献臣家族在同安

蔡献臣，明代同安县翔风里十八都琼山保平林（今金门县金湖镇琼林里）人。蔡献臣是同安杰出的乡贤名宦，他和父亲蔡贵易都是进士出身，是同安父子进士家庭之一；又与祖父蔡宗德一家三代人同祀同安乡贤名宦祠。甚至连平林这个村名，也因蔡献臣学问纯正而御赐为“琼林”，这种荣宠实属罕见。蔡献臣长子蔡谦光虽然只是一名秀才，但他有诗著传世，被《同安县志》列入“人物录 · 文苑”。四百多年过去了，金门琼林这个家庭四代人遗留在同安的历史文物，见证着“无金不成银”的史实。

## 一、蔡宗德妾杨氏节孝坊

蔡宗德，字懋修，是蔡献臣的祖父。他于明嘉靖十年（1531 年）中举人（这科同安中式七名举人全部是金门人）。蔡宗德为人宽大仁厚，不炫声誉。任广州通判时，释放一百多位因通番船而被羁押的漳泉船员；在浙江台州任职时，放走了一批被倭寇掳掠准备贩卖的莆田人。后来调往广西任梧州府通判（州之佐官，正六品），不久殁于京，葬金门戴洋山，刑部侍郎洪朝选（新店柏埔人）为作墓志铭。其妾杨氏，少通经史，二十三岁守寡，因无子嗣数次投环殉节，但都被嫡室洪氏（南京国子监助教洪敏孙女）救活，只好佐理洪氏持家，相依为命，直到六十一岁辞世。按照明代的定例，媵妾守节不予旌表，但官至光禄寺少卿的嫡孙蔡献臣状请于朝，言“妻之事夫，犹臣之事君。臣之尽忠，既无分于大小；妻之立节，又何间于嫡庶”，结果获准，开启了为媵妾立坊旌表的先例。

《同安县志》卷七记载：“节孝坊（石坊匾额镌为“贞节”）在铺前街，为明通判蔡宗德妾杨氏立。”杨氏于万历三十二年（1604 年）旌表，石坊是万历三十八年（1610 年）由泉州府同知张仲孝、同安知县李春开建立。它横跨漳（州）泉（州）驿道，单间重檐，高约 7 米，宽 3.45 米，方形冲天石柱边长 0.44 米，下端固以“凸”字形夹捍石，顶盖鱼尾脊中置葫芦。辉绿岩蟠龙封匾阴刻“圣旨”二字，贞节坊名石两侧镌写立坊时间和立坊者具衔题名。横梁上匾额由三块辉绿岩合成，高 0.48 米，总长度 2 米，正反两面镌文叙事，从右至左连读为：明乡进士梧州府通判诰赠贵州（背面为“累诰赠湖广”）布政使司左参政蔡宗德妾杨氏。石坊南距蔡献臣怡园别墅约 300 米，北距蔡献臣墓约 600 米，石坊迄今保存完好，是同安境内遗存不多的明代石质文物。

## 二、蔡贵易墓

蔡贵易（1538—1599），字迩通、道生，号肖兼，蔡献臣父亲，明隆庆二年（1568 年）与岭下人叶明元同榜进士。历官江都令、浙江崇德县令、南京户部陕西司主事、宁波知府、贵州按察副使、布政司参政，终浙江按察使。蔡贵易一生不善奉迎，“恬退寡援，挺立独行”、“居家不蓄媵妾，不混官府，敦宗亲和乡里”，崇德县民为其立“四知亭”，堪与东汉清官杨震相媲美，因而御史苏浚书其堂曰“清白”，其子蔡献臣文集也以《清白堂稿》为名。

据蔡贵易墓被盗后的墓志铭碎片辨认，蔡贵易原配叶氏逝于嘉靖三十九年（1560 年），年仅十九，葬于城北。万历二十七年（1599 年）十二月初五日，蔡献臣把停柩二年的父亲合原配叶氏葬于现在的翔安区新店镇董水狮山南麓，亲家翁太常寺少卿池浴德（蔡献臣岳父）为其作墓志铭。墓地坐北朝南，方首墓碑高 1.68 米，宽 1.39 米，中镌“明赐进士浙江按察使崇祀乡贤名臣肖兼蔡先生配淑人叶氏黄氏之墓”。黄氏（1541—1628）为蔡献臣生母。上款镌“崇祯甲戌（1634 年）五月移厝，艮坤兼寅申”，下款刻“万历辛亥（1611 年）四月，男献臣百拜立石”。祭桌长 1.67 米，宽 0.84 米，高 0.95 米。坟封为椭圆形三合土夯筑，石砌墓道。两旁分列石马、石羊、石虎，惜已被盗，仅存一只石马让茂头蔡氏族人运回村中，置于宗祠前面。尚有一支望柱搁置董水小学门口，上镌“光前裕后，清白独茂家声”。

蔡贵易墓南约二里新店往东园古道路旁，树立一座面向金门的望洋阡墓道坊。石坊单间无檐，跨距 3.1 米，方形冲天柱边长 0.37 米，高 4.5 米，顶端石雕坐狮，下端以夹捍石加固。镂空祥云雀替，横梁雕刻浪纹图案，匾额中镌“狮山佳气”，右镌墓主生前所获荣典爵位和官阶题记，左镌立坊者献臣父子名字。铭文曰：

先生姓蔡，讳贵易，号肖兼。隆庆戊辰（1568 年）进士，历南京礼部祠祭司郎中，浙江按察司按察使。元配叶累赠淑人，次配黄累封淑人、太淑人。先生寿六十，万历己亥（1599 年）仲冬，合元配葬于董水狮山之阳。庚子（1600 年），祀邑学宫，又祀崇德、宁波名宦。丙午（1606 年），贻赠嘉义大夫。墓丑未穴而虚其左，今外向作坤，正值龙船峰中石，其左遥望别驾大父浯洲戴洋山茔。

万历三十九年（1611 年）辛亥十一月初二日，赐进士，整饬常镇兵备，湖广按察司按察使献臣，谦光、定光、学光、孚光拜立石并书

蔡贵易墓与金门戴洋山蔡宗德墓隔海相望，表达了同安与金门蔡氏世代思亲念祖的情愫。

## 三、蔡献臣墓

蔡献臣（1565—1644），字体国，号虚台，以直言敢谏著称，故别号直心居士。明万历十七年（1589 年）与金门同乡蔡懋贤、蒋孟育、陈基虞、黄华秀为同榜进士，人称五桂联芳。蔡献臣进入仕途后，初授刑部主事，后迁礼部主客郎中，又迁湖广按察使。任上被礼部尚书右宗伯以“楚藩案”（即辽王朱宪㸅谋反案）参劾罢归，又逢父逝丁艰，在家逗留一段时间。万历二十六年（1598 年），也就是蔡贵易卒后第二年，蔡献臣带风水先生徐乾到同安县西的圣水泉山（亦叫端平山，今属同安区新民镇禾山村）为父亲卜葬。可能是没有找到理想宝地，其父没有在此安葬。万历四十三年（1615 年），蔡献臣故地重游，浮想联翩，写下了《游端平山记》佳作。张居正罢相后，蔡献臣被起用浙江巡海道，改领提学道，为国家精选人才，状元朱之藩即出自其门下，浙人为立生祠。天启间召为南京光禄寺少卿

（正五品），但又遭宦官构陷，终于归乡赋闲。蔡献臣在金门平林原有宅第，名为怡穀堂，又有书轩，至今尚存。但他还乡后便在县城南门外构建怡园别墅，池种荷花，中造石桥，池北筑一鉴轩。相传陈怡兰之女是蔡献臣儿媳，蔡氏将别墅赠予亲家怡兰承管，故怡园成为陈氏业产，至清代为孝廉陈贻焜改建，20 世纪 70 年代被拆除建木箱厂。蔡献臣居乡时，还捐资重筑海丰埭长一千八百八十丈（址在今集美区后溪镇坂头桥东），何乔远为之撰《蔡虚台先生筑海丰朱埭堤岸功德碑颂》。万历三十七年（1609 年），广昌举人李春开莅任同安县令，聘请蔡献臣纂修《同安县志》。蔡献臣本着“不虚美，不隐恶”的宗旨，三个月脱稿，共十卷十七个项目，被李县令赞为“今日以前，定不能增减一字”。万历四十年（1612 年），邑令李春开于南门外铜鱼池修建铜鱼亭，蔡献臣邀请陈基虞（金门人）、张廷拱（大嶝人）、林应翔（今厦门人）等显宦名儒，登亭赏月，喜赋《铜鱼亭成，邀林负苍、陈宾门、张辅吾夜坐诗》一首：“神鱼迎水跃，天马护亭斜。奇迹何年隐，胜游今日夸。午风催急雨，夜半月平沙。隔堞堪呼取，如渑不用赊。”天启四年（1624 年），邑民为表彰县令李灿然抗击红夷（荷兰殖民者）事迹，在铺前树立《邑侯李公生祠碑记》，蔡献臣为碑书丹，表现了爱国爱乡的民族气节。

《同安县志》记载：“提学蔡献臣墓，在前街后山。”蔡献臣卒后赐祭葬，赠少司寇，配享朱文公祠。1997 年，其墓由金门琼林和同安蔡氏宗亲集资修缮。墓地坐北朝南，平面呈“风”字形布局，方首墓碑通高 2.13 米，宽 1.62 米；祭桌长 1.57 米，宽 0.74 米，高 0.96 米。墓碑阴刻楷书：“皇明赐进士嘉议大夫光禄寺少卿前常镇兵备按察使浙江提学副使虚台蔡先生暨配诰封淑人池氏墓。”池淑人是太常寺少卿池浴德长女，也就是礼部主事池显方大姐。墓前有半月形丹池，两根六角形石望柱，顶端坐狮已失，两副石刻褒联犹存：其一，“立朝屹如山居乡清如水真乾坤正气能绍往开来为江南之夫子，宅心温似玉接物煦似春堪砥柱末流使民思士仰称斗北之一人”。全联五十二字，这样长的华表挽联所见不多。其二，“识远才闳

蔡献臣墓（岩立　摄）

持论每依名节，志芳行洁任事不避怨劳”。联首镌玉音二字，标明是皇帝口赐的嘉联。由上可以看出蔡献臣游宦的亮直气质和居乡的清白门风。

蔡献臣墓已列为厦门市涉台文物古迹，也是文笔塔公园的文物景点。

## 四、蔡谦光墓

蔡谦光（1585—1636）是蔡献臣长子，以荫入监，《同安县志》与其弟甘光合列“人物录·文苑”：“蔡谦光，字裒卿，邑诸生。蔡甘光，字雨卿，恩贡生。俱少司寇献臣子，并以诗名。谦光为诗，冲秀高华。甘光尤负奇笔，体数变后乃造冲淡，如凉风素娥，微风摇珮，父执何乔远、蔡元履更以雄深进之。谦光著《干云斋集》，甘光著《恢斋集》，舅氏池显方均为之序。”以上看出，谦光、甘光兄弟诗歌、书法俱佳，而且得到父亲执友何乔远、蔡复一的提携，使诗风有微云疏雨，晓风残月之致。

蔡谦光墓在同安县城之北里许的蔡厝山西麓，方首墓碑高 1.55 米，宽 1.31 米；石供桌长 1.50 米，宽 0.84 米，高 0.34 米。碑刻楷书：“明太学生裒卿蔡公暨配孺人林氏傅氏之墓。”20 世纪 80 年代，墓葬被盗，两具棺木移出圹外，男女骸骨由蔡氏族人拾入陶缸，重新葬入墓穴，以水泥封顶。一碣墓志铭被东山村后亭蔡氏族人收回，藏于蔡氏家庙。明故太学生蔡裒卿墓志铭为黑页岩质，高 0.84 米，宽 0.39 米。全文二十四行，满行五十二字，由谦光母舅池显方于崇祯十七年（1644 年）撰文，陈瑞（崇祯四年（1631 年）进士，刑部员外郎）篆额，蔡国光［金门平林人，崇祯七年（1634 年）进士］书丹。铭文表述：蔡氏“先世中州人，宋十有七郎者，赘浯洲平林，因家焉”，阐述金门与同安蔡氏的血缘关系。蔡谦光为十七世，少富文才，但机遇不佳，科场失意，只好放情山水，邀朋延衲，谈禅赋诗，于县城南郊干云斋吟诗作画，煎茗析疑。蔡谦光先娶参政林汝诏之女林氏（1586—1604），继娶中丞傅镇［嘉禾屿人，嘉靖十一年（1532 年）进士］之孙女，但均无嗣，以弟甘光之子庠生龄为继。龄娶贡生陈世忠（阳翟人，崇祯十五年与甘光同获恩贡）之女。龄于崇祯十年（1637 年）八月卒，亦无子息，只好以甘孙嗣。据照管蔡复一故宅的蔡仙赐老人介绍，蔡谦光居前宅（即三郡知府陈健祉里）妻家，现仅有一户姓蔡人家，为谦光派裔。东山（原名山兜，相传朱熹改今名）后亭村现有蔡氏村民七十多人，是为甘光派裔。村中蔡氏宗祠为二进建筑，门对宝镇山，前有鱼池，长 32 米，宽 15 米，引自汀溪隘头的大圳（相传蔡献臣开引）流经池边。祠堂前后进地平落差一米，各有五级台阶。

二进祖厅于 1998 年 10 月修葺，宽 15 米，深 11 米，宽敞明亮。神主龛原有蔡复一泥塑神像，“文革”期间被毁，大门外的两尊石狮也于 20 世纪 80 年代被盗。宗祠相传为蔡献臣父子所建，蔡复一的书室壶隐山房（又名东山草堂）也在东山之下。金门蔡氏在东山拥有不少的产业，以致尖仔山（即文公尖）和大磐山之间的山名也叫蔡厝山，足见明代蔡氏家族之显赫。

明代金门蔡献臣一门四代遗留同安、翔安的文物古迹，是研究历史上金门与同安亲缘关系的实物资料，对于探讨明代同安的家族迁徙、民居古建、墓葬制式、婚姻观念等有一定的史料价值，值得两地民众的关心和维护。

（文：颜立水）

## 澳头的鳌石

澳头因在海湾的弯曲可停泊船只之处而名，清属同安县翔风里澳头保，今属翔安区新店镇。

澳头苏廷玉题“鳌石”（何金挺　摄）

澳头地形犹如爬入海中之鳌（传说中的海中大龟），故亦称鳌头，环流海段称鳌江。又因村落处鳌江之东，故又有鳌东之称。村中蒋氏家庙有以鳌江冠首的联语：“鳌翻细浪润华邑，江抱清流措南疆。”明代正统年间设澳头巡检司，清代设澳头圩。

相传鳌江中原有鳌鱼，龙头鱼身，长约二丈。潮水上升时，鳌鱼常游到江边，还会爬到沙滩的岩石上憩息，等到海水退潮时才跃入江中。渔民看到鳌鱼，视为渔利丰收的征兆。清代乡人苏廷玉（1783—1852），字蕴山，号鳌石。嘉庆十九年（1814 年）中进士，官至四川总督加兵部侍郎。一次回乡祭祖时，在临江一块状似鳌鱼的巨石上题刻“鳌石”二字，落款为道光癸卯年（1843 年）书写。据说此后便不见鳌鱼出现了。

（文：颜立水）

# 附录　厦门市历代进士举人名录

## 一、厦门市历代进士名录

### （一）文科进士名录

| 朝代 | 科榜 | 姓名 | 字号 | 原乡籍 | 现乡籍 | 累官至 | 附注 |
|---|---|---|---|---|---|---|---|
| 唐 | 文德元年戊申（888年）薛贻矩榜 | 谢脩 | | 龙溪三都 | 海沧区 | | |
| 宋 | 淳化三年壬辰（992年）孙何榜 | 陈纲 | 字举正 | 翔风里阳翟 | 金门县 | 建州观察推官 | |
| | 大中祥符五年壬子（1012年）徐奭榜 | 陈统 | | 翔风里阳翟 | 金门县 | | 陈纲弟 |
| | 天禧三年己未（1019年）王整榜 | 苏庆民 | 字仪父 | 在坊里葫芦山 | 同安区 | 知制诰 | 改名绅，苏颂父 |
| | 天圣八年庚午（1030年）王拱辰榜 | 宋宜 | | | | 漳州知州 | |
| | 宝元元年戊寅（1038年）吕溱榜 | 苏缄 | 字宣甫 | 在坊里葫芦山 | 同安区 | | |
| | | 苏纮 | | 在坊里葫芦山 | 同安区 | | 苏绅兄 |
| | 庆历二年壬午（1042年）杨置榜 | 苏颂 | 字子容 | 在坊里葫芦山 | 同安区 | 右仆射 | 苏绅子 |

续表

| 朝代 | 科榜 | 姓名 | 字号 | 原乡籍 | 现乡籍 | 累官至 | 附注 |
|---|---|---|---|---|---|---|---|
| 宋 | 庆历二年壬午（1042年）杨置榜 | 石仲甫 | | 仁德里苎溪 | 集美区 | | |
| | 庆历六年丙戌（1046年）曹黯榜 | 苏衮 | | 在坊里葫芦山 | 同安区 | 集贤院学士 | 苏颂弟 |
| | 皇祐元年己丑（1049年）冯京榜 | 陈昌侯 | | 翔风里阳翟 | 金门县 | | 陈统子 |
| | | 苏结 | | 在坊里葫芦山 | 同安区 | 殿中丞 | 苏缄弟 |
| | | 石遵 | | 仁德里苎溪 | 集美区 | | 石选弟 |
| | | 石赓 | 字声叔 | 仁德里苎溪 | 集美区 | 大理寺丞 | |
| | | 石仲攸 | | 仁德里苎溪 | 集美区 | | 石仲甫弟 |
| | 嘉祐八年癸卯（1063年）许将榜 | 石亘 | 字彦名 | 仁德里苎溪 | 集美区 | 司农寺 | 石选子 |
| | 治平二年乙巳（1065年）彭汝砺榜 | 许权 | 字正衡 | 在坊里葫芦山 | 同安区 | 承信大夫 | |
| | 熙宁六年癸丑（1073年）余中榜 | 曾谔 | | | | 广东盐运史 | |
| | | 苏遇 | | 在坊里葫芦山 | 同安区 | 太子中允太常丞 | 苏绅孙 |
| | 元丰二年己未（1079年）时彦榜 | 苏駉 | | 在坊里葫芦山 | 同安区 | | 苏颂子 |
| | 元丰五年壬戌（1082年）黄裳榜 | 吴桧 | | | | | |
| | 元丰八年乙丑（1085年）焦蹈榜 | 刘逵 | 字公达 | | | 知枢密院事 | 二甲第二名 |
| | | 林棐 | 字彦忱 | 在坊里铜鱼馆 | 同安区 | 太常寺少卿 | |
| | 元祐六年辛未（1091年）马涓榜 | 苏象先 | | 在坊里葫芦山 | 同安区 | 观察推官 | 苏颂孙 |
| | 政和五年乙未（1115年）何栗榜 | 石倪 | | 仁德里苎溪 | 集美区 | | |

续表

| 朝代 | 科榜 | 姓名 | 字号 | 原乡籍 | 现乡籍 | 累官至 | 附注 |
|---|---|---|---|---|---|---|---|
| 宋 | 政和五年乙未（1115年）何栗榜 | 颜晞孔 | | 龙溪三都 | 海沧区 | 三山学录 | |
| | 重和元年戊戌（1118年）王昂榜 | 石邻 | | 仁德里苎溪 | 集美区 | | 石赓侄 |
| | 绍兴二年壬子（1132年）张九成榜 | 石憓 | | 仁德里苎溪 | 集美区 | | 石亘侄 |
| | | 陈敦仁 | | | | | 陈黯后代 |
| | | 颜晞哲 | | 龙溪三都 | 海沧区 | 福清知县 | |
| | 绍兴十五年乙丑（1145年）刘章榜 | 颜大猷 | | 龙溪三都 | 海沧区 | 宁国县知事 | |
| | 绍兴十八年戊辰（1148年）王佐榜 | 颜唐臣 | | 龙溪三都 | 海沧区 | 朝请郎 | |
| | 绍兴二十七年丁丑（1157年）王十朋榜 | 黄万顷 | 字景度 | 长兴里金柄 | 翔安区 | 琼州知州 | |
| | 隆兴元年癸未（1163年）木待问榜 | 颜敏若 | | 龙溪三都 | 海沧区 | 迪功郎升中宪大夫 | |
| | 乾道五年己丑（1169年）郑侨榜 | 颜敏德 | | 龙溪三都 | 海沧区 | | |
| | | 曾秘 | 字泰之 | | | 惠州知州 | |
| | | 石起宗 | | 仁德里苎溪 | 集美区 | | 石憓侄 |
| | 乾道八年壬辰（1172年）黄定榜 | 许衍 | 字平子 | 民安里许厝 | 翔安区 | 建宁府通判 | |
| | 淳熙五年戊戌（1178年）姚颖榜 | 杨楠 | | 龙溪三都 | 海沧区 | | |
| | 淳熙八年辛丑（1181年）黄由榜 | 颜质 | | 龙溪三都 | 海沧区 | 邕管安抚使 | |
| | 绍熙元年庚戌（1190年）余复榜 | 薛舜俞 | 字钦父 | 嘉禾里 | | 金华县知县 | |
| | 绍熙四年癸丑（1193年）陈亮榜 | 薛舜庸 | 字惠父 | 嘉禾里 | | 古田县知县 | 薛舜俞弟 |
| | | 刘孟虎 | 字质甫 | | | 兴化军通判 | |

续表

| 朝代 | 科榜 | 姓名 | 字号 | 原乡籍 | 现乡籍 | 累官至 | 附注 |
|---|---|---|---|---|---|---|---|
| 宋 | 庆元二年丙辰（1196年）邹应龙榜 | 苏汉 | | | | 开州刺史 | 苏颂后代 |
| | | 陈洽 | 字泽南 | | | 广州通判 | |
| | | 陈槱 | | 翔风里阳翟 | 金门县 | | |
| | | 林孟肃 | | 嘉禾里 | 厦门岛内区域 | | |
| | 庆元五年己未（1199年）曾从龙榜 | 苏竦 | | 龙溪三都 | 海沧区 | 肇庆推幕 | |
| | 嘉泰二年壬戌（1202年）傅行简榜 | 吴子斌 | 字伯全 | | | 肇庆府通判 | |
| | 开禧元年乙丑（1205年）毛自知榜 | 陈翊 | | | | | |
| | | 颜敏则 | | 龙溪三都 | 海沧区 | 潮阳通判 | |
| | 嘉定元年戊辰（1208年）郑自诚榜 | 杨志 | | 龙溪三都 | 海沧区 | 广州通判 | |
| | 嘉定七年甲戌（1214年）袁甫榜 | 许巨川 | 字杨甫 | 在坊里许厝巷 | 同安区 | 东莞县知县 | 许权孙 |
| | | 颜賛 | | 龙溪三都 | 海沧区 | 广东漕运使 | |
| | 嘉定十三年庚辰（1220年）刘渭榜 | 苏溥 | | 龙溪三都 | 海沧区 | 光泽知县 | |
| | 嘉定十六年癸未（1223年）蒋重珍榜 | 颜几 | | 龙溪三都 | 海沧区 | 梅阳知县 | |
| | 宝庆二年丙戌（1226年）王会龙榜 | 郑申卿 | | 龙溪三都 | 海沧区 | 从事郎 | |
| | 绍定二年己丑（1229年）黄朴榜 | 王南一 | 号桂轩 | 在坊里后炉 | 同安区 | 漳州知州 | |
| | | 吴燧 | 字茂新 | | | 礼部侍郎 | |
| | | 颜戴 | | 龙溪三都 | 海沧区 | 兴宁知县 | |
| | | 颜贡 | | 龙溪三都 | 海沧区 | 福建转运使 | |

续表

| 朝代 | 科榜 | 姓名 | 字号 | 原乡籍 | 现乡籍 | 累官至 | 附注 |
|---|---|---|---|---|---|---|---|
| 宋 | 绍定五年壬辰（1232年）徐元杰榜 | 薛梦纪 | | 嘉禾里 | | | 薛舜庸子 |
| | | 颜纯 | | 龙溪三都 | 海沧区 | 太学录 | |
| | 端平二年己未（1235年）吴叔告榜 | 许廷炜 | | 在坊里许厝巷 | 同安区 | | 许权孙 |
| | | 唐梦斧 | | | | 同安儒学主事 | |
| | 淳祐元年辛丑（1241年）徐俨夫榜 | 颜复之 | | 龙溪三都 | 海沧区 | 湖南庾干 | |
| | 淳祐七年丁未（1247年）张渊征榜 | 吕大奎 | 字圭叔 | | | 吏部侍郎 | |
| | | 苏天民 | | 在坊里葫芦山 | 同安区 | 昭武尉 | 苏颂后代 |
| | 咸淳四年戊辰（1268年）陈文龙榜 | 林琼宗 | | 龙溪三都 | 海沧区 | | |
| 元 | 至治三年癸亥（1323年）科 | 郭可大 | 字行元 | 翔风里后村 | 翔安区 | 福建副使 | |
| | 至正年间（1341—1368年） | 王三锡 | | 积善里郭山 | 海沧区 | 按察佥事 | |
| 明 | 洪武二十四年辛未（1391年）许观榜 | 李容 | 号巽庵 | 翔风里浦园 | 翔安区 | 监察御史四川佥事 | |
| | 洪武二十七年甲戌（1394年）张信榜 | 王中 | | 在坊里 | 同安区 | 浙江长兴知县 | |
| | | 陈福山 | | 同禾里内官 | 翔安区 | 零陵知县 | |
| | 永乐九年辛卯（1411年）萧时中榜 | 叶旸 | | 在坊里岭下 | 同安区 | 浙江长兴知县 | |
| | 永乐十三年乙未（1415年）陈循榜 | 张守庸 | 字秉中号和齐 | 从顺里西塘 | 同安区 | 广东道监察御史 | |
| | 永乐十六年戊戌（1418年）李骐榜 | 白尚德 | | 从顺里瑶江 | 同安区 | 平安知县 | |
| | 永乐二十二年甲辰（1424年）刑宽榜 | 李贤佑 | | 在坊里驿路 | 同安区 | 户部员外郎 | |

续表

| 朝代 | 科榜 | 姓名 | 字号 | 原乡籍 | 现乡籍 | 累官至 | 附注 |
|---|---|---|---|---|---|---|---|
| 明 | 正统十三年戊辰（1448年）彭时榜 | 叶普亮 | | 嘉禾里莲坂 | 思明区 | 河南道监察御史 | |
| | 天顺元年丁丑（1457年）黎淳榜 | 黄观 | | 积善里坂尾 | 海沧区 | | |
| | 成化十四年戊戌（1478年）曾彦榜 | 周源 | 字子浚 | 安仁里马銮 | 集美区 | 兵部武选司郎中 | |
| | 弘治三年庚戌（1490年）钱福榜 | 张定 | | 翔风里青屿 | 金门县 | 山东布政司参议 | |
| | 正德九年甲戌（1514年）詹皋榜 | 黄伟 | 字孟伟号逸所 | 翔风里汶水头 | 金门县 | 南雄府知府 | |
| | | 林馥 | | 翔风里东莲 | 翔安区 | 工部主事 | |
| | 正德十二年丁丑（1517年）舒分榜 | 林希元 | 字茂贞号次崖 | 翔风里麝浦 | 翔安区 | 南京大理寺丞 | |
| | 嘉靖五年丙戌（1526年）龚用卿榜 | 陈健 | 字时乾号沧江 | 翔风里阳翟 | 金门县 | 广西南宁知府 | |
| | 嘉靖八年己丑（1529年）罗洪先榜 | 谢昆 | 字钟璞号次峰 | 在坊里 | 同安区 | 南京兵部员外郎 | |
| | | 杨逢春 | 字仁甫号西渠 | 嘉禾里西厝 | 湖里区 | 云南按察司副使 | |
| | 嘉靖十一年壬辰（1532年）林大钦榜 | 傅镇 | 字国鼎 | 嘉禾里中左所 | 厦门岛内区域 | 南京右副都御史 | |
| | | 刘汝楠 | 字孟木 | 在坊里县前 | 同安区 | 湖广提学道 | |
| | 嘉靖十四年乙未（1535年）韩应龙榜 | 许福 | 号西浦 | 翔风里后浦 | 金门县 | | 中二甲第十五名，登第后乞归，终养家居 |
| | 嘉靖十七年戊戌（1538年）茅瓒榜 | 刘存德 | 字至仁号溯东 | 在坊里东桥 | 同安区 | 广东副使 | 刘梦松父 |
| | 嘉靖二十年辛丑（1541年）沈坤榜 | 洪朝选 | 字汝尹号芳洲 | 翔风里洪厝 | 翔安区 | 刑部左侍郎 | |
| | | 许廷用 | | 翔风里后浦 | 金门县 | 南京户部主事 | |

续表

| 朝代 | 科榜 | 姓名 | 字号 | 原乡籍 | 现乡籍 | 累官至 | 附注 |
| --- | --- | --- | --- | --- | --- | --- | --- |
| 明 | 嘉靖二十九年庚戌（1550年）唐汝楫榜 | 李春芳 | 字实夫<br>号东明 | 在坊里驿路 | 同安区 | 广东潮州府知府 | 李贤佑曾孙 |
| | | 王三接 | 字允康<br>号晋齐 | 从顺里西湖塘 | 同安区 | 广东韶州府知府 | |
| | | 陈道基 | 字以中<br>号我度 | 积善里坂尾 | 海沧区 | 南京刑部尚书 | |
| | 嘉靖三十二年癸丑（1553年）陈谨榜 | 李一阳 | | 积善里金山 | 漳州龙海市 | | |
| | 嘉靖三十五年丙辰（1556年）诸大绶榜 | 林丛槐 | 字应昌<br>号三庭 | 从顺里东市 | 同安区 | 南京户部主事 | |
| | 嘉靖三十八年己未（1559年）丁士美榜 | 林以靖 | | 龙溪三都 | 海沧区 | 濠州卫镇抚 | |
| | 嘉靖四十一年壬戌（1562年）申时行榜 | 郭梦得 | 号肖野 | 在坊里后郭 | 同安区 | 琼州府知府 | |
| | 嘉靖四十四年乙丑（1565年）范应期榜 | 张凤征 | 舜夫 | 翔风里青屿 | 金门县 | 御史台观政 | |
| | | 萧复阳 | | 翔风里沙溪 | 金门县 | 户部员外郎 | |
| | | 池浴德 | 字仁爵<br>号明洲 | 嘉禾里中左所 | 厦门岛内区域 | 太常寺少卿 | |
| | 隆庆二年戊辰（1568年）罗万化榜 | 洪邦光 | 字世龙<br>号宾吾 | 翔风里前埔边 | 翔安区 | 四川按察使 | |
| | | 李文简 | 字志可<br>号质所 | 积善里山边 | 海沧区 | 南京户部郎中 | |
| | | 叶明元 | 字可明<br>号星洲 | 在坊里岭下 | 同安区 | 广西参政 | |
| | | 庄有临 | | 从顺里下路 | 同安区 | 徽州府推官 | |
| | | 蔡贵易 | 字尔通<br>又字道生<br>号肖兼 | 翔风里平林 | 金门县 | 浙江按察使 | 蔡宗德子、蔡献臣父 |
| | | 李佐 | | 海澄三都 | 海沧区 | 延平卫镇抚 | |

续表

| 朝代 | 科榜 | 姓名 | 字号 | 原乡籍 | 现乡籍 | 累官至 | 附注 |
|---|---|---|---|---|---|---|---|
| 明 | 隆庆五年辛未（1571 年）张元忭榜 | 林一材 | 字以诚号玉吾 | 从顺里亭泥 | 同安区 | 广西参政 | 又名一雒 |
| | 万历二年甲戌（1574 年）孙继皋榜 | 柯安甫 | | 海澄三都 | 海沧区 | 北路守备 | |
| | 万历五年丁丑（1577 年）沈懋学榜 | 黄文炳 | 字懋新 | 长兴里金柄 | 翔安区 | 太仆卿 | |
| | 万历八年庚辰（1580 年）张懋修榜 | 柯挺 | | 海澄三都 | 海沧区 | 提学御史 | |
| | 万历十一年癸丑（1583 年）朱国祚榜 | 李献可 | 字尧俞号松汀 | 翔风里浦园 | 翔安区 | 礼部都给事中 | |
| | | 王道显 | 字当世号瞻明 | 从顺里西湖塘 | 同安区 | 湖广按察使 | |
| | | 方矩 | | 海澄三都 | 海沧区 | 镇篁守备 | |
| | 万历十四年丙戌（1586 年）唐文献榜 | 蔡守愚 | 字体言号发吾 | 翔风里平林 | 金门县 | 云南左布政使 | |
| | | 李玑 | | 翔风里田墩 | 金门县 | 都察院经历 | |
| | 万历十七年己丑（1589 年）焦竑榜 | 蔡懋贤 | 字德甫号恂所 | 翔风里前街 | 金门县 | 刑部主事 | 二甲五名 |
| | | 蔡献臣 | 字体国号虚台 | 翔风里平林 | 金门县 | 光禄寺少卿 | 蔡贵易子 |
| | | 郭日烜 | 字宗实号旭东 | 在坊里后郭 | 同安区 | 四川嘉定州知州 | 二甲九名 |
| | | 柯凤翔 | 字志德号桐冈 | 从顺里下崎 | 同安区 | 两浙都转运使 | |
| | | 蒋孟育 | 号恬庵 | 翔风里浦边 | 金门县 | 吏部左侍郎 | |
| | | 陈基虞 | 字志华号宾门 | 翔风里阳翟 | 金门县 | 广东按察司副使 | |
| | | 黄华秀 | 字居约 | 翔风里西黄 | 金门县 | 浙江道御史 | |
| | | 陈文瑞 | 字应萃 | 仁德里 | 集美区 | 吴县知县 | |

续表

| 朝代 | 科榜 | 姓名 | 字号 | 原乡籍 | 现乡籍 | 累官至 | 附注 |
|---|---|---|---|---|---|---|---|
| 明 | 万历十七年己丑（1589年）焦竑榜 | 温如璋 | | 海澄三都 | 海沧区 | 御史 | |
| | 万历二十年壬辰（1592年）翁正春榜 | 胡明佐 | 字良甫号拱柱 | 积善里坂尾 | 海沧区 | 山东参政 | |
| | 万历二十三年乙未（1595年）朱之蕃榜 | 蔡复一 | 字敬夫号元履 | 翔风里蔡厝 | 金门县 | 兵部左侍郎 | 二甲七名 |
| | | 刘梦松 | 字国夏号璘苍 | 在坊里东桥 | 同安区 | 江西按察司副使 | 刘存德子 |
| | | 张继桂 | 字廷高 | 翔风里青屿 | 金门县 | 松阳知县 | 张凤征子 |
| | | 林应翔 | 字源浘号负苍、止岩、念不先生 | 嘉禾里 | 厦门岛内区域 | 按察司副使 | |
| | | 杨超凤 | | 海澄三都 | 海沧区 | 浯屿钦总 | |
| | 万历二十六年戊戌（1598年）赵秉忠榜 | 邵应正 | | 长泰籍 | 漳州长泰县 | 广东广州府知府 | （寄考） |
| | 万历二十九年辛丑（1601年）张以诚榜 | 许獬 | 字子逊号钟斗 | 翔风里后浦 | 金门县 | 翰林院编修 | 会试第一名廷试二甲一名 |
| | | 陈士兰 | | 嘉禾里店前 | 湖里区 | 刑部主事 | |
| | | 张廷拱 | 字尚宰号辅吾 | 翔风里大嶝 | 翔安区 | 都察院右副都御史 | |
| | | 周起元 | | 海澄三都 | 海沧区 | 御史 | |
| | | 魏显忠 | | 海澄三都 | 海沧区 | 南京钦总 | |
| | 万历三十二年甲辰（1604年）杨守勤榜 | 洪纤若 | 字时育 | 翔风里窗兜 | 翔安区 | 两粤司宪 | |
| | | 郑升 | | 安仁里高浦 | 集美区 | 平乐府两淮运使 | 原名阶升 |
| | 万历三十五年丁未（1607年）黄士俊榜 | 蒋芳镛 | 字任坦号鲸台 | 翔风里澳头 | 翔安区 | 彬桂副使 | |

续表

| 朝代 | 科榜 | 姓名 | 字号 | 原乡籍 | 现乡籍 | 累官至 | 附注 |
|---|---|---|---|---|---|---|---|
| 明 | 万历三十八年庚戌（1610年）韩敬榜 | 周家椿 | 号爱曰 | 在坊里后周 | 同安区 | 吏部文选郎中 | |
| | | 林一柱 | 字廷郢号朴所 | 仁德里东市人 | 同安区 | 湖广御史 | |
| | | 周尔发 | 字子祥 | 安仁里前场 | 集美区 | 应天府丞 | |
| | | 刘行义 | | 翔风里刘澳 | 金门县 | 陕西布政司参议 | |
| | | 洪覲光 | | 翔风里洪厝 | 翔安区 | 武进知县 | 原名覲 |
| | 万历四十一年癸丑（1613年）周延儒榜 | 陈沃心 | | 嘉禾里店前 | 湖里区 | 广西副使 | |
| | 万历四十四年丙辰（1616年）钱士升榜 | 林钎 | 字实甫 | 翔风里欧垄 | 金门县 | 东阁大学士 | 探花 |
| | | 张炜 | 号鲁斐 | 从顺里西塘 | 同安区 | 行人 | |
| | | 张朝纲 | 字思勖号楚台 | 翔风里青屿 | 金门县 | 广西苍梧副使 | |
| | | 林道推 | | 在坊里东市 | 同安区 | 梧州府知府 | |
| | | 林宗载 | 字允坤号亨万 | 嘉禾里塔头 | 思明区 | 太常寺正卿 | |
| | | 谢宗泽 | | 海澄三都 | 海沧区 | 江西参政 | |
| | 万历四十七年己未（1619年）庄际昌榜 | 康尔韫 | 字叔玉 | 从顺里豪岭 | 同安区 | 户部主事 | |
| | | 苏寅宾 | 字初仲号日门 | 翔风里蔡店 | 金门县 | 海南兵备道 | |
| | | 刘梦潮 | 字国壮号海若 | 在坊里东桥 | 同安区 | 粤西副使 | 刘存德子 |
| | | 叶成章 | 字国文号慕同 | 感化里下路 | 同安区 | 大理寺丞 | |

续表

| 朝代 | 科榜 | 姓名 | 字号 | 原乡籍 | 现乡籍 | 累官至 | 附注 |
|---|---|---|---|---|---|---|---|
| 明 | 天启二年壬戌（1622年）文震孟榜 | 陈昌文 | 字清时号伯武 | 翔风里古区 | 金门县 | 南刑科给事中 | |
| | | 黄仲晔 | 字芝仲号元眉 | 积善里坂尾 | 海沧区 | 南宁道 | 改名其晟 |
| | | 谢梦熊 | | 海澄三都 | 海沧区 | 漳州府西门把守 | |
| | | 刘宗魁 | | 海澄三都 | 海沧区 | 浙江都司 | |
| | 天启五年乙丑（1625年）余煌榜 | 卢经 | 字一得 | 从顺里杜桥 | 同安区 | 御史 | 原籍长泰 |
| | | 陈文瑞 | 字应萃号同凡 | 仁德里集美 | 集美区 | 吴县县令 | |
| | 崇祯元年戊辰（1628年）刘若宰榜 | 许成楚 | | | | 户部主事 | |
| | 崇祯四年辛未（1631年）陈子泰榜 | 陈瑞 | | 在坊里 | 同安区 | 刑部员外郎 | 原籍海澄 |
| | 崇祯七年甲戌（1634年）刘理顺榜 | 蔡国光 | 字士观号贲服 | 翔风里平林 | 金门县 | 礼部 | |
| | | 张瓘 | 字望之号知非 | 在坊里朝元门 | 同安区 | 户部郎中 | |
| | 崇祯十年丁丑（1637年）刘同升榜 | 林凤仪 | 字朝阳 | 积善里鼎美 | 海沧区 | 青州知府 | |
| | | 龚天池 | | 翔风里何厝 | 金门县 | 鄞县知县 | |
| | 崇祯十三年庚辰（1640年）魏藻德榜 | 卢若腾 | 字牧洲 | 翔风里贤聚 | 金门县 | 宁波巡海道佥事 | |
| | | 郭贞一 | 字元侯号道憨 | 在坊里后郭 | 同安区 | 浙东巡按 | |
| | | 张朝綖 | 字思藻号青武 | 翔风里青屿 | 金门县 | 云南督学 | 二甲六名 |
| | | 叶翼云 | 字敬甫 | 嘉禾里莲坂 | 思明区 | 吴江知县 | |

续表

| 朝代 | 科榜 | 姓名 | 字号 | 原乡籍 | 现乡籍 | 累官至 | 附注 |
|---|---|---|---|---|---|---|---|
| 明 | 崇祯十六年癸未（1643 年）杨廷鉴榜 | 林志远 | 字致子 | 嘉禾里塔头 | 思明区 | 工部主事 | |
| 清 | 顺治九年壬辰（1652 年）邹忠倚榜 | 李其蔚 | 字豹君 | 积善里山边 | 海沧区 | 汾州推官 | |
| | 顺治十二年乙未（1655 年）史大成榜 | 张汝湖 | 字夏钟 | 翔风里青屿 | 金门县 | 安陆府通判 | |
| | 顺治十五年戊戌（1658 年）孙承恩榜 | 刘望龄 | 字尔三 | 积善里后浦 | 海沧区 | 开封府推官 | |
| | 康熙六年丁未（1667 年）缪彤榜 | 陈睿思 | 字子将号宜亭 | 翔风里阳翟 | 金门县 | 户部主事 | |
| | 康熙十八年己未（1679 年）归允肃榜 | 陈王路 | | 海澄三都 | 海沧区 | 两广督标右营参将 | |
| | 康熙三十三年甲戌（1694 年）胡任舆榜 | 陈梦球 | 号二受 | 积善里角尾 | 漳州龙海市 | 翰林院编修 | 陈永华子，陈鼎孙 |
| | 康熙三十九年庚辰（1700 年）汪绎榜 | 陈大宾 | 号敬庵 | 同禾里内官 | 翔安区 | | 未授官而卒 |
| | | 陈还 | | 积善里角尾 | 漳州龙海市 | 广东肇庆府开平县知县 | 陈永华孙 |
| | 康熙四十五年丙戌（1706 年）施云锦榜 | 蔡骥良 | 字德夫号素亭 | 安仁里东西蔡 | 集美区 | 同安教谕 | |
| | 康熙四十八年己丑（1709 年）赵熊诏榜 | 叶心朝 | 字尔谐号让亭 | 归德里后埔 | 同安区 | 榆社知县 | |
| | | 李五福 | | 海澄三都 | 海沧区 | 刑部主事 | |
| | 康熙六十年辛丑（1721 年）郑钟岳榜 | 张对墀 | 字丹飏号仰峰 | 翔风里青屿 | 金门县 | 河南太康知县 | |
| | 雍正五年丁未（1727 年）彭启丰榜 | 许琰 | 字保生号瑶洲 | 翔风里后浦 | 金门县 | 翰林院庶吉士 | |
| | 雍正八年庚戌（1730 年）周澍榜 | 苏遂 | 字根怀号茂园 | 民安里马家巷 | 翔安区 | 教谕 | |
| | 雍正十一年癸丑（1733 年）陈倓榜 | 邵天球 | 字元御号夔鸣 | 感化里双圳头 | 同安区 | | |

续表

| 朝代 | 科榜 | 姓名 | 字号 | 原乡籍 | 现乡籍 | 累官至 | 附注 |
|---|---|---|---|---|---|---|---|
| 清 | 乾隆七年壬戌（1742年）金甡榜 | 郭迈 | 字亦皋号拱山 | 在坊里后郭 | 同安区 | 浙江景宁知县 | |
| | 乾隆十年乙丑（1745年）钱维诚榜 | 林翼池 | 字凤宾号警斋 | 嘉禾里塔头 | 思明区 | 湖北来凤知县 | |
| | 乾隆十三年戊辰（1748年）梁国治榜 | 刘承业 | 字垂恢号鹤田 | 翔风里刘澳 | 金门县 | 铅山知县 | |
| | 乾隆十六年辛未（1751年）吴鸿榜 | 黄涛 | 字天水号文川 | 积善里锦宅 | 漳州龙海市 | 湖北长乐知县 | |
| | 乾隆十九年甲戌（1754年）庄培因榜 | 叶廷推 | | 海澄三都 | 海沧区 | | |
| | 乾隆朝 | 庄元 | | 寄籍龙溪 | | | 具体科榜不详 |
| | 嘉庆十九年甲戌（1814年）翟溶榜 | 苏廷玉 | 字韫山号鳌石 | 翔风里澳头 | 翔安区 | 四川总督 | |
| | 嘉庆二十二年丁丑（1817年）吴其濬榜 | 陈柱勋 | | 安仁里登瀛乡 | 集美区 | | 寄籍广东 |
| | 道光三年癸未（1823年）杜受田榜 | 郑用锡 | | 安仁里高浦 | 集美区 | 台湾知县 | |
| | | 杜中士 | | 安仁里马銮 | 集美区 | 翰林院庶吉士 | 寄籍广东 |
| | 道光二十年庚子（1840年）吴敬羲榜 | 林鹗腾 | | | | | |
| | 道光二十四年甲辰（1844年）焦春宇榜 | 蔡廷兰 | | 澎湖 | 澎湖县 | | |
| | 光绪十二年丙戌（1886年）榜 | 叶大年 | 字廉卿 | 嘉禾里莲坂 | 思明区 | 翰林院庶吉士 | |
| | | 刘可毅 | | | | | |
| | 光绪二十一年乙未（1895年）陈海梅榜 | 陈纲 | 字子显 | 嘉禾里 | 厦门岛内区域 | 驻菲律宾总领事 | |

## （二）武科进士名录

| 朝代 | 科榜 | 姓名 | 字号 | 原乡籍 | 现乡籍 | 累官至 | 附注 |
|---|---|---|---|---|---|---|---|
| 明 | 嘉靖二十六年丁未（1547年）科 | 邵应魁 | 字伟长号榕斋 | 翔风里金门所 | 金门县 | 金山参将 | |
| | 嘉靖四十四年乙丑（1565年）科 | 赵有开 | | 在坊里溪头 | 同安区 | 烽火寨把总 | 二甲八名 |
| | 隆庆五年辛未（1571年）科 | 洪梦鲤 | | | | | |
| | 万历五年丁丑（1577年）科 | 叶腾凤 | | 在坊里岭下 | 同安区 | 广东罗定中路守备 | 二甲八名 |
| | 万历十一年癸未（1583年）科 | 庄渭阳 | | 从顺里祥露 | 同安区 | 琼州左参将 | |
| | | 黄精 | | | | 德州守备 | |
| | 万历十四年丙戌（1586年）科 | 陈王龙 | | 积善里屿尾 | 漳州市 | 江西宁州守备 | |
| | | 林万春 | | 翔风里山头 | 翔安区 | 铜山把总 | |
| | 万历十七年己丑（1589年）科 | 周文郁 | | 翔风里金门所 | 金门县 | 广东都司佥书 | 以解元中 |
| | 万历十八年庚寅（1590年）科 | 欧建彬 | | 安仁里高浦所 | 集美区 | 高浦所镇抚 | |
| | 万历二十年壬辰（1592年）科 | 张铉 | | 安仁里高浦所 | 集美区 | 广西军门坐营都司 | 以解元中 |
| | 万历三十八年庚戌（1610年）科 | 刘捷 | | 翔风里金门所 | 金门县 | 金门所指挥同知 | |
| | 万历四十七年己未（1619年）科 | 徐谟 | | | | 守备 | |
| | 崇祯元年戊辰（1628年）科 | 陈弼心 | | | | 大同参将 | |
| 清 | 康熙六年丁未（1667年）科 | 林肤功 | | | | | |
| | | 李尔臧 | | | | | |
| | 康熙二十七年戊辰（1688年）科 | 王庭锡 | | | | | |

续表

| 朝代 | 科榜 | 姓名 | 字号 | 原乡籍 | 现乡籍 | 累官至 | 附注 |
|---|---|---|---|---|---|---|---|
| 清 | 康熙三十三年甲戌（1694年）科 | 黄国栋 | | | | | |
| | 康熙三十九年庚辰（1700年）科 | 林奏功 | | | | 黔彭营守备 | |
| | 康熙四十二年癸未（1703年）科 | 施尚瑗 | | | | | |
| | 康熙四十五年丙戌（1706年）科 | 叶宏正 | | 积善里冲龙 | 漳州龙海市 | | |
| | 康熙四十八年己丑（1709年）科 | 周联慧 | | 积善里角尾 | 漳州龙海市 | | |
| | 雍正二年甲辰（1724年）科 | 王清 | | 安仁里后尾 | 集美区 | 台湾安平镇副将 | |
| | 雍正八年庚戌（1730年）科 | 吴必达 | 字通卿号碧涯 | 在坊里溪边 | 同安区 | 福建水师提督 | |
| | 雍正十一年癸丑（1733年）科 | 杜鵰 | | 安仁里马銮 | 集美区 | | 出自族谱 |
| | 乾隆二十五年庚辰（1760年）科 | 杨森 | | 仁德里后溪 | 集美区 | | |
| | | 王鲤 | 字瑞龙 | 嘉禾里浦口 | 思明区 | | |
| | 乾隆二十八年癸未（1763年）科 | 叶时茂 | 字允丰号得溪 | 从顺里瑶江 | 同安区 | 新太副将 | 探花 |
| | 乾隆三十六年辛卯（1771年）科 | 李长庚 | 号西岩 | 民安里后滨 | 翔安区 | 闽浙水师提督 | 征蔡牵阵亡 |
| | | 杨桂 | | 仁德里后溪 | 集美区 | 广东万州营游击 | |
| | 乾隆年间 | 高定 | | 安仁里高浦 | 集美区 | 水师提督 | 宗祠牌匾 |
| | 嘉庆元年丙辰（1796年）科 | 吴安邦 | | 仁德里苎溪 | 集美区 | 候补守备 | |
| | 嘉庆十五年庚午（1810年）科 | 高宰衡 | | 安仁里高浦 | 集美区 | | 出自族谱 |

续表

| 朝代 | 科榜 | 姓名 | 字号 | 原乡籍 | 现乡籍 | 累官至 | 附注 |
|---|---|---|---|---|---|---|---|
| 清 | 嘉庆十六年辛未（1811年）科 | 颜高飞 | | 长兴里后塘 | 同安区 | 都司 | |
| | 嘉庆十九年甲戌（1814年）科 | 叶金树 | | 在坊里溪边 | 同安区 | 游击 | |
| | 嘉庆二十二年丁丑（1817年）科 | 曾南英 | 字启俊 | 在坊里岳口 | 同安区 | 海坛副总兵 | |
| | | 陈国荣 | | 从顺里丙洲 | 同安区 | 游击 | |
| | 道光三年癸未（1823年）科 | 吴邦荣 | | | | | |
| | 道光六年丙戌（1826年）科 | 叶向日 | | 感化里古坑 | 同安区 | 钦点卫守备 | |
| | | 许捷标 | | 安仁里顶许 | 集美区 | | |
| | 道光九年己丑（1829年）科 | 苏蓉 | | 同禾里郭坑 | 同安区 | | |
| | | 叶绍庚 | | 感化里上邦 | 同安区 | 澎湖都司 | |
| | | 颜阁紫 | | 长兴里后塘 | 同安区 | | |
| | 道光十六年丙申（1836年）科 | 叶绍飏 | | 感化里上邦 | 同安区 | | |
| | 道光十八年戊戌（1838年）科 | 叶舒青 | | 感化里古坑 | 同安区 | 通永镇都司 | |
| | 道光二十五年乙巳（1845年）科 | 吴士邦 | | 仁德里石兜 | 集美区 | | |
| | 道光三十年庚戌（1850年）科 | 叶春晖 | | 感化里古坑 | 同安区 | 漳州山城中军守备 | |
| | 咸丰二年壬子（1852年）科 | 叶景堂 | | 感化里古坑 | 同安区 | | |
| | 咸丰三年癸丑（1853年）科 | 叶时昌 | | 感化里古坑 | 同安区 | | |

续表

| 朝代 | 科榜 | 姓名 | 字号 | 原乡籍 | 现乡籍 | 累官至 | 附注 |
|---|---|---|---|---|---|---|---|
| 清 | 咸丰七年丁巳（1857年）科 | 高定邦 | | 安仁里高浦 | 集美区 | | 出自族谱 |
| | 咸丰九年己未（1859年）科 | 叶定国 | | 感化里古坑 | 同安区 | 台北彰化都阃府 | |
| | 同治十三年甲戌（1874年）科 | 叶应祥 | | 归德里莲山头 | 同安区 | | |
| | 光绪二十一年乙未（1895年）科 | 叶国器 | | 感化里褒美 | 同安区 | 钦加都阃衔 | |

## （三）宋代特奏名名录

| 朝代 | 年代 | 姓名 | 字号 | 原乡籍 | 现乡籍 | 累官至 | 附注 |
|---|---|---|---|---|---|---|---|
| 宋 | 崇宁三年甲申（1104年） | 苏文燦 | | | 海沧区 | | |
| | 天圣二年甲子（1024年） | 苏仲昌 | | 在坊里葫芦山 | 同安区 | | 苏绅父，赠太师福国公 |
| | 天圣五年丁卯（1027年） | 刘半千 | | 同安 | | | |
| | 景祐元年甲戌（1034年） | 石选 | | 安仁里高浦 | 集美区 | | |
| | 元丰五年壬戌（1082年） | 许良肱 | | 同安 | | | |
| | 元丰八年乙丑（1085年） | 许楫 | 字正刚 | 在坊里许厝 | 同安区 | | |
| | 元祐三年戊辰（1088年） | 朱密 | | 同安 | | | |
| | 政和二年壬辰（1112年） | 石锐之 | | 安仁里高浦 | 集美区 | | |
| | 绍兴二十四年甲戌（1154年） | 石佚 | | 安仁里高浦 | 集美区 | | |
| | 嘉定四年辛未（1211年） | 曾寿 | | 同安 | | | |

### （四）明清钦赐进士名录

| 年代 | 姓名 | 字号 | 乡籍 | 现乡籍 | 累官至 | 附注 |
|---|---|---|---|---|---|---|
| 明正统十二年丁卯（1447年） | 黄兵何 | | 民安里马巷 | 翔安区 | 青州太守 | |
| 明崇祯 | 黄继冕 | | 长兴里金柄 | 翔安区 | 北胜州知州 | |
| 清嘉庆十四年己巳（1809年）恩科榜 | 廖金城 | | 归德里莲山 | 同安区 | | 钦赐一甲二名榜眼 |
| 清道光 | 黄益龄 | | 长兴里金柄 | 翔安区 | 翰林编修 | |
| 清同治四年乙丑（1865年） | 郑廷扬 | | 安仁里高浦 | 集美区 | 翰林检讨 | |

说明：

1. 古同安县包括今天的厦门市各区、金门县和漳州龙海市角美镇等。
2. 海沧区包括史属同安县和龙溪、海澄县的各一部分。
3. 本名录起止时间为唐文德元年（888年）至光绪二十一年乙未（1895年）。

## 二、厦门市历代举人名录

### （一）文科举人名录

| 朝代 | 科榜 | 姓名 | 字号 | 乡籍 | 现乡籍 | 累官至 | 附注 |
|---|---|---|---|---|---|---|---|
| 明 | 洪武五年壬子（1372年） | 陈显 | 号南海 | 翔风里陈坑 | 金门县 | 德州知府 | 第四名 |
| | | 沈章 | | | | 刑部主事 | |
| | | 林刚中 | | 同禾里七里 | 翔安区 | 监察御史 | |
| | 洪武十三年庚申（1380年） | 刘庆 | 字厚义 | | | 修仁县知县 | |
| | 洪武二十三年庚午（1390年）解元张伯福榜 | 李容 | 号巽庵 | 翔风里浦园 | 翔安区 | 监察御史四川佥事 | 辛未进士 |

续表

| 朝代 | 科榜 | 姓名 | 字号 | 乡籍 | 现乡籍 | 累官至 | 附注 |
|---|---|---|---|---|---|---|---|
| 明 | 洪武二十四年癸酉（1391年）解元林赐榜 | 陈隆 | | | | 松江府通判 | |
| | | 王中 | | 在坊里西南隅 | 同安区 | 浙江长兴知县 | 甲戌进士 |
| | | 陈福山 | | 同禾里内官 | 翔安区 | | 甲戌进士 |
| | 洪武二十九年丙子（1396年）解元李骐榜 | 黄升 | | | | 处州府训导 | |
| | | 白兴 | | 从顺里瑶江 | 同安区 | 国子监助教 | 白尚德父 |
| | | 洪宗立 | | 民安里下庄 | 翔安区 | | |
| | 建文元年己卯（1399年）解元杨子荣榜 | 甄贯 | | | | 营缮所正 | |
| | 永乐元年癸未（1403年）解元陈用榜 | 谢隆祖 | | 在坊里小西门 | 同安区 | | |
| | | 康贤 | | | | 庆元训导 | |
| | | 欧阳隆祖 | | | | 金溪教谕 | |
| | 永乐三年乙酉（1405年）解元杨端仪榜 | 黄同 | | | | 安远县训导 | |
| | | 陈文骥 | 字孔良 | 积善里刘营 | 海沧区 | 文昌县教谕 | |
| | 永乐六年戊子（1408年）解元杨慈榜 | 林挺 | | 从顺里瑶江 | 同安区 | 户部郎中 | |
| | | 陈显宗 | | | | | |
| | | 刘时道 | | 在坊里库内巷 | 同安区 | 杭州通判 | |
| | | 张孝纲 | | 嘉禾里湖莲 | 思明区 | 余姚主簿 | |
| | | 叶旸 | | 在坊里岭下 | 同安区 | 浙江长兴知县 | 辛卯进士 |
| | 永乐十二年甲午（1414年）解元何琼榜 | 张守庸 | 字秉中号和齐 | 从顺里西塘 | 同安区 | 广东道监察御史 | 乙未进士 |

续表

| 朝代 | 科榜 | 姓名 | 字号 | 乡籍 | 现乡籍 | 累官至 | 附注 |
|---|---|---|---|---|---|---|---|
| 明 | 永乐十二年甲午（1414年）解元何琼榜 | 白尚德 | | 从顺里瑶江 | 同安区 | 平安知县 | 戊戌进士 |
| | | 张衡 | | 嘉禾里湖莲 | 思明区 | 知县 | |
| | 永乐十五年丁酉（1417年）解元李骐榜 | 薛阳生 | | 在坊里铺前 | 同安区 | 宿迁教授 | |
| | | 徐荣 | | | | | |
| | | 蔡昭 | | | | | |
| | 永乐十八年庚子（1420年）解元吴观榜 | 李让 | | 民安里吾司 | 翔安区 | 太平府教授 | |
| | | 李贤佑 | | 在坊里驿路 | 同安区 | 户部员外郎 | 甲辰进士 |
| | 永乐二十一年癸卯（1423年）解元汪凯榜 | 李玹 | | 民安里湖边 | 翔安区 | 金华县知县 | |
| | 宣德十年乙卯（1435年）解元高冈榜 | 陈性同 | | 积善里刘营 | 海沧区 | 遂平县教谕 | |
| | 正统六年辛酉（1441年）解元方玭榜 | 叶普亮 | | 嘉禾里莲坂 | 思明区 | 河南道监察御史 | 戊辰进士 |
| | 正统十二年丁卯（1447年）解元陈俊榜 | 吕大宜 | | 翔风里沙尾 | 金门县 | 涿州判官 | |
| | 景泰元年庚午（1450年）解元翁宾榜 | 黄观 | | 积善里坂尾 | 海沧区 | | 丁丑进士 |
| | 景泰四年癸酉（1453年）解元许评榜 | 林玘 | | 翔风里烈屿 | 金门县 | 寿州同知 | 一作林纪 |
| | | 陈琳 | | 翔风里阳翟 | 金门县 | 浙江泰顺知县 | |
| | 成化十年甲午（1474年）解元黄乾亨榜 | 周源 | 字子浚 | 安仁里马銮 | 集美区 | 兵部武选司郎中 | 戊戌进士 |

续表

| 朝代 | 科榜 | 姓名 | 字号 | 乡籍 | 现乡籍 | 累官至 | 附注 |
|---|---|---|---|---|---|---|---|
| 明 | 成化十九年<br>癸卯（1483年）<br>解元陈仁榜 | 洪敏 | | 翔风里<br>凤山 | 金门县 | 南京国子监助教 | |
| | | 张定 | | 翔风里<br>青屿 | 金门县 | 山东布政司参议 | 同科不同榜<br>庚戌进士 |
| | 成化二十二年<br>丙午（1486年）<br>解元林辂榜 | 林辂 | 字仰元<br>号海峰 | 在坊里<br>东市 | 同安区 | 南京国子监丞 | 第一名 |
| | 弘治五年<br>壬子（1492年）<br>解元林文迪榜 | 叶荡 | | 在坊里<br>岭下 | 同安区 | 广东新兴知县 | |
| | | 陈兴仁 | | 翔风里<br>东埔 | 金门县 | 乌程教谕 | |
| | 弘治八年<br>乙卯（1495年）<br>解元宋元翰榜 | 吕川 | | 翔风里<br>西仓 | 金门县 | 浙江太平知县 | |
| | | 林馥 | | 翔风里<br>东莲 | 翔安区 | 工部主事 | 同科不同榜<br>甲戌进士 |
| | 弘治十一年<br>戊午（1498年）<br>解元林士元榜 | 陈华玖 | | 嘉禾里<br>店前 | 湖里区 | | |
| | 弘治十四年<br>辛酉（1501年）<br>解元张燮榜 | 张宣 | | 翔风里<br>青屿 | 金门县 | 河南沈丘知县 | 同科不同榜 |
| | 弘治十七年<br>甲子（1504年）<br>解元黄如金榜 | 李煌 | | 翔风里<br>水头 | 金门县 | 山东峄县教谕 | |
| | 正德二年<br>丁卯（1507年）<br>解元林文俊榜 | 王纲 | | 在坊里<br>刹口 | 同安区 | | |
| | | 吴蕴 | | 翔风里<br>烈屿 | 金门县 | | |
| | 正德五年<br>庚午（1510年）<br>解元黄廷宣榜 | 黄泰 | | 翔风里<br>汶水头 | 金门县 | | |
| | | 萧冠玉 | | 翔风里<br>沙尾 | 金门县 | 南京盱眙教谕 | |
| | | 黄伟 | 字孟伟<br>号逸所 | 翔风里<br>汶水头 | 金门县 | 南雄府知府 | 甲戌进士 |

续表

| 朝代 | 科榜 | 姓名 | 字号 | 乡籍 | 现乡籍 | 累官至 | 附注 |
|---|---|---|---|---|---|---|---|
| 明 | 正德八年<br>癸酉（1513年）<br>解元张岳榜 | 黄良弼 | | 在坊里东桥 | 同安区 | 南京国子监博士 | |
| | | 陈回 | | 翔风里斗门 | 金门县 | | |
| | | 周英 | | 在坊里库内巷 | 同安区 | 广东封川知县 | |
| | 正德十一年<br>丙子（1516年）<br>解元朱涮榜 | 林希元 | 字茂贞<br>号次崖 | 翔风里麝浦 | 翔安区 | 南京大理寺丞 | 丁丑进士 |
| | | 谢昆 | 字钟璞<br>号次峰 | 在坊里东北隅 | 同安区 | 南京兵部员外郎 | 己丑进士 |
| | 正德十四年<br>己卯（1519年）<br>解元陈公升榜 | 陈健 | 字时乾<br>号沧江 | 翔风里阳翟 | 金门县 | 广西南宁知府 | 丙戌进士 |
| | 嘉靖元年<br>壬午（1522年）<br>解元邱愈榜 | 王佐 | 字子才 | 翔风里大嶝 | 翔安区 | 两淮运司 | |
| | 嘉靖四年<br>乙丑（1525年）<br>解元林东海榜 | 杨逢春 | 字仁甫<br>号西渠 | 嘉禾里西厝 | 厦门岛内区域 | 云南按察司副使 | 己丑进士 |
| | 嘉靖七年<br>戊午（1528年）<br>解元刘汝楠榜 | 刘汝楠 | | 在坊里县前 | 同安区 | 湖广提学道 | 第一名、壬辰进士 |
| | | 许福 | 号西浦 | 翔风里后浦 | 金门县 | | 乙未进士 |
| | | 傅镇 | 字国鼎 | 嘉禾里中左所 | 思明区 | 南京右副都御史 | 壬辰进士 |
| | | 苏澜 | | 同禾里田头 | 同安区 | 乐昌知县 | 苏绅裔 |
| | | 吴德范 | | | | 西安知县 | |
| | | 张明 | | 翔风里沙尾 | 金门县 | 浙江瑞安教谕 | |
| | | 陈温 | | 翔风里阳翟 | 金门县 | 江西新城知县 | |
| | | 张文录 | | 翔风里青屿 | 金门县 | 江西万载知县 | |

续表

| 朝代 | 科榜 | 姓名 | 字号 | 乡籍 | 现乡籍 | 累官至 | 附注 |
|---|---|---|---|---|---|---|---|
| 明 | 嘉靖十年辛卯（1531年）解元陈让榜 | 许大来 | | 翔风里后浦 | 金门县 | 广东万州知州 | |
| | | 蔡宗德 | 字懋修 | 翔风里平林 | 金门县 | 梧州通判 | 蔡贵易父 |
| | | 王臣 | | 翔风里吕厝 | 金门县 | 广东新宁知县 | |
| | | 黄源 | | 翔风里汶水头 | 金门县 | | |
| | | 吴文纬 | | 翔风里林兜 | 金门县 | 四川筒州知州 | |
| | | 许以明 | | 翔风里后浦 | 金门县 | 广西兴业知县 | 一作汝明 |
| | | 许赞 | | 翔风里后浦 | 金门县 | 湖广城步知县 | |
| | 嘉靖十三年甲午（1534年）解元杨子充榜 | 林可栋 | | 翔风里烈屿 | 金门县 | 太平府知府 | |
| | 嘉靖十六年丁酉（1537年）解元张日闇榜 | 洪朝选 | 字汝尹号芳洲 | 翔风里洪厝 | 翔安区 | 刑部左侍郎 | 辛丑进士 |
| | | 蔡士达 | | 翔风里蔡厝 | 翔安区 | 河南鹿邑知县 | |
| | | 林大梁 | | 嘉禾里塔头 | 思明区 | 浙江宁海知县 | |
| | | 刘存德 | 字至仁号溯东 | 在坊里东桥 | 同安区 | 广东副使 | 戊戌进士 |
| | | 谢复春 | | 在坊里小西门 | 同安区 | | 宋谢图南裔孙 |
| | | 卢天佑 | | 翔风里贤聚 | 金门县 | 江西永丰知县 | |
| | 嘉靖十九年庚子（1540年）解元郑启谟榜 | 王庭槐 | | 安仁里马銮 | 集美区 | | |
| | | 杨师颜 | | 翔风里官澳 | 金门县 | | |

续表

| 朝代 | 科榜 | 姓名 | 字号 | 乡籍 | 现乡籍 | 累官至 | 附注 |
| --- | --- | --- | --- | --- | --- | --- | --- |
| 明 | 嘉靖十九年庚子（1540年）解元郑启谟榜 | 王时拱 | | 翔风里山后 | 金门县 | 广信府同知 | |
| | | 李春芳 | 字实夫号东明 | 在坊里驿路 | 同安区 | 广东潮州府知府 | 庚戌进士 |
| | | 许廷用 | | 翔风里后浦 | 金门县 | 南京户部主事 | 同科不同榜辛丑进士 |
| | 嘉靖二十二年癸卯（1543年）解元黄继周榜 | 王三接 | 字允康号晋齐 | 从顺里西湖塘 | 同安区 | 广东韶州知府 | 庚戌进士 |
| | | 洪桐 | | 翔风里窗兜 | 翔安区 | | |
| | | 蔡焕 | 字尔章 | | | 云南临安知府 | 同科不同榜 |
| | 嘉靖二十五年丙午（1546年）解元洪世迁榜 | 庄献 | | 从顺里下路 | 同安区 | | |
| | 嘉靖二十八年己酉（1549年）解元黄士观榜 | 陈道基 | 字以中号我度 | 积善里坂尾 | 海沧区 | 南京刑部尚书 | 庚戌进士 |
| | | 陈思诚 | | 翔风里东浦 | 金门县 | | |
| | | 杨汝蕃 | | 翔风里田央 | 金门县 | 浙江常山教谕 | |
| | | 林丛槐 | 字应昌号三庭 | 在坊里隅东市 | 同安区 | 南京户部主事 | 丙辰进士 |
| | | 李惠宾 | | 在坊里驿路 | 同安区 | 靖江府长史 | |
| | | 叶廷秀 | | 龙溪三都 | 海沧区 | | |
| | 嘉靖三十一年壬子（1552年）解元黄升耀榜 | 李一阳 | | 积善里金山 | 漳州龙海市 | | 癸丑进士 |
| | | 颜可参 | | 龙溪三都 | 海沧区 | | |

续表

| 朝代 | 科榜 | 姓名 | 字号 | 乡籍 | 现乡籍 | 累官至 | 附注 |
|---|---|---|---|---|---|---|---|
| 明 | 嘉靖三十七年戊午（1558年）解元黄才敏榜 | 洪邦光 | 字世龙号宾吾 | 翔风里前埔边 | 翔安区 | 四川按察使 | 戊辰进士 |
| | | 李文简 | 字志可号质所 | 积善里山边 | 海沧区 | 南京户部郎中 | 戊辰进士 |
| | | 郭梦得 | 号肖野 | 在坊里东北隅 | 同安区 | 琼州知府 | 壬戌进士 |
| | | 江甫运 | | 龙溪三都 | 海沧区 | | |
| | 嘉靖四十年辛酉（1561年）解元赵秉忠榜 | 萧复阳 | | 翔风里沙美 | 金门县 | 户部员外郎 | 乙丑进士 |
| | | 陈应鸾 | | 嘉禾里 | 厦门岛内区域 | 太仓州学正 | |
| | | 洪鸣阳 | | 翔风里烈屿 | 金门县 | | |
| | | 张凤征 | | 翔风里青屿 | 金门县 | | |
| | | 林武 | | 龙溪三都 | 海沧区 | 府学 | |
| | 嘉靖四十三年甲子（1564年）解元王大道榜 | 池浴德 | 字仁爵号明洲 | 嘉禾里中左所 | 思明区 | 太常寺少卿 | 乙丑进士 |
| | | 庄有临 | | 在坊里下路 | 同安区 | 徽州府推官 | 戊辰进士 |
| | | 陈荣祖 | 字克绍 | 翔风里阳翟 | 金门县 | 德庆州守 | 陈健孙 |
| | | 蔡贵易 | 字尔通又字道生号肖兼 | 翔风里平林 | 金门县 | 浙江按察使 | 蔡宗德子，戊辰进士 |
| | | 江汝瑚 | | 龙溪三都 | 海沧区 | | |
| | 嘉靖年间 | 林选 | | 龙溪三都 | 海沧区 | | |

续表

| 朝代 | 科榜 | 姓名 | 字号 | 乡籍 | 现乡籍 | 累官至 | 附注 |
|---|---|---|---|---|---|---|---|
| 明 | 嘉靖年间 | 林成功 | | 龙溪三都 | 海沧区 | | |
| | | 林以靖 | | 龙溪三都 | 海沧区 | 濠州卫镇抚 | |
| | | 李佐 | | 龙溪三都 | 海沧区 | | |
| | 隆庆元年<br>丁卯（1567年）<br>解元张履祥榜 | 叶明元 | 字可明<br>号星洲 | 在坊里岭下 | 同安区 | 广西参政 | 戊辰进士 |
| | | 李献可 | 字尧俞<br>号松汀 | 翔风里浦园 | 翔安区 | 礼科都给事中 | 癸未进士 |
| | | 林一雉 | 字以诚<br>号玉吾 | 从顺里亭泥 | 同安区 | 广西参政 | 后改名一材，辛未进士 |
| | | 李明忠 | | 民安里李厝 | 翔安区 | 九江知府 | |
| | | 柯安甫 | | 海澄三都 | 海沧区 | | |
| | 隆庆四年<br>庚午（1570年）<br>解元林奇石榜 | 林奇石 | | 嘉禾里塔头 | 思明区 | | 第一名 |
| | | 郭乔登 | | 翔风里后仓 | 翔安区 | 靖江府长史 | |
| | | 叶日炳 | | 在坊里岭下 | 同安区 | | |
| | | 庄量 | | 从顺里上路 | 同安区 | 广东兴宁知县 | |
| | | 柯日森 | | 积善里坂尾 | 海沧区 | 浙江孝丰知县 | 榜名一兰 |
| | | 蔡抡魁 | | 安仁里东西蔡 | 集美区 | 温州府通判 | |
| | 万历元年<br>癸酉（1573年）<br>解元苏浚榜 | 黄文炳 | 字懋新 | 长兴里金柄 | 翔安区 | 太仆寺卿 | 丁丑进士 |
| | | 郭日烜 | 字宗实<br>号旭东 | 在坊里后郭 | 同安区 | 四川嘉定州知州 | 己丑进士 |

续表

| 朝代 | 科榜 | 姓名 | 字号 | 乡籍 | 现乡籍 | 累官至 | 附注 |
|---|---|---|---|---|---|---|---|
| 明 | 万历元年<br>癸酉（1573年）<br>解元苏浚榜 | 杜方伟 | | 安仁里马銮 | 集美区 | 广东万州知州 | |
| | | 柯挺 | | 海澄三都 | 海沧区 | | |
| | | 颜文科 | | 海澄三都 | 海沧区 | | |
| | 万历四年<br>丙子（1576年）<br>解元刘廷兰榜 | 薛应辰 | | 在坊里东桥 | 同安区 | 浙江宣平知县 | |
| | | 陈荣选 | | 翔风里阳翟 | 金门县 | | 同科不同榜 |
| | 万历七年<br>己卯（1579年）<br>解元陈文选榜 | 蔡用明 | | 翔风里蔡厝 | 金门县 | 四川乐至县知县 | 蔡复一父 |
| | | 张锡 | | 积善里东埔 | 海沧区 | 贵州铜仁府知府 | |
| | | 张廷相 | | 翔风里浦头 | 翔安区 | 永定教谕 | |
| | | 王道显 | 字当世号瞻明 | 从顺里西湖塘 | 同安区 | 湖广按察使 | 癸未进士 |
| | | 颜文粹 | | 海澄三都 | 海沧区 | | |
| | | 颜文朗 | | 海澄三都 | 海沧区 | | |
| | 万历十年<br>壬午（1582年）<br>解元谢絅榜 | 张日益 | | 翔风里青屿 | 金门县 | 灵璧知县 | |
| | | 胡明佐 | 字良甫号拱柱 | 积善里坂尾 | 海沧区 | 山东参政 | 壬辰进士 |
| | | 杨乔椿 | | 嘉禾里蚝头 | 湖里区 | 山东平杜州知州 | |
| | | 陈一经 | | 嘉禾里店前 | 湖里区 | 临清知州 | |
| | | 陈鸿猷 | | 同禾里内官 | 翔安区 | | |

续表

| 朝代 | 科榜 | 姓名 | 字号 | 乡籍 | 现乡籍 | 累官至 | 附注 |
|---|---|---|---|---|---|---|---|
| 明 | 万历十年壬午（1582年）解元谢綗榜 | 温如璋 | | 海澄三都 | 海沧区 | | |
| | | 李良材 | | 海澄三都 | 海沧区 | 黄岩知县 | |
| | | 柯完甫 | | 海澄三都 | 海沧区 | 教谕 | |
| | 万历十三年乙酉（1585年）解元李光缙榜 | 蔡守愚 | 字体言号发吾 | 翔风里平林 | 金门县 | 云南左布政使 | 丙戌进士 |
| | | 李玑 | | 翔风里田墩 | 金门县 | 都察院经历 | 丙戌进士 |
| | | 蔡懋贤 | 字德甫号恂所 | 翔风里前街 | 金门县 | 刑部主事 | 己丑进士 |
| | | 陈廷梁 | | 翔风里斗门 | 金门县 | 上杭教谕 | |
| | | 马如龙 | | 海澄三都 | 海沧区 | 府学 | |
| | | 徐学益 | | 海澄三都 | 海沧区 | 澧州知州 | |
| | 万历十六年戊子（1588年）解元潘洙榜 | 蔡献臣 | 字体国号虚吾别号直心居士 | 翔风里平林 | 金门县 | 光禄寺少卿 | 蔡贵易子，己丑进士 |
| | | 柯凤翔 | 字子德号桐冈 | 从顺里下崎 | 同安区 | 两浙都转运使 | 己丑进士 |
| | | 黄华瑞 | | 翔风里西黄 | 金门县 | 南京国子监助教 | 黄华秀兄 |
| | | 黄华秀 | 字居约 | 翔风里西黄 | 金门县 | 浙江道御史 | 己丑进士 |
| | | 赵维藩 | | 翔风里浦边 | 金门县 | 清流知县 | |
| | | 张继桂 | 字廷高 | 翔风里青屿 | 金门县 | 松阳知县 | 张凤征子，乙未进士 |

续表

| 朝代 | 科榜 | 姓名 | 字号 | 乡籍 | 现乡籍 | 累官至 | 附注 |
|---|---|---|---|---|---|---|---|
| 明 | 万历十六年戊子（1588年）解元潘洙榜 | 吕大楠 | | 翔风里林兜 | 金门县 | 广西雒容知县 | |
| | | 陈基虞 | 字志华号宾门 | 翔风里阳翟 | 金门县 | 广东按察司副使 | 己丑进士 |
| | | 蒋孟育 | 号恬庵 | 翔风里浦边 | 金门县 | 吏部左侍郎 | 己丑进士 |
| | | 刘梦松 | 字国夏号璘苍 | 在坊里东桥 | 同安区 | 江西按察司副使 | 刘存德子，乙未进士 |
| | | 郑升 | | 安仁里高浦所 | 集美区 | 平乐府两淮运使 | 甲辰进士 |
| | | 靳一派 | | 海澄三都 | 海沧区 | 颍州知州 | |
| | 万历十九年辛卯（1591年）解元黄志清榜 | 陈士兰 | | 嘉禾里店前 | 湖里区 | 刑部主事 | 辛丑进士 |
| | | 陈则采 | 号对墀 | 嘉禾里官兜 | 厦门岛内区域 | 应城知县 | |
| | | 洪日观 | | 民安里市头 | 翔安区 | 金华府推官 | |
| | | 赵仕隆 | | 在坊里溪头 | 同安区 | 郴州知州 | |
| | | 王绍曾 | | 安仁里马銮 | 集美区 | | |
| | | 邵应正 | | 长泰籍 | 漳州长泰县 | 广东广州府知府 | 戊戌进士 |
| | | 周尚德 | | 海澄三都 | 海沧区 | 瑞昌知县 | |
| | 万历二十二年甲午（1594年）解元王畿榜 | 张懋华 | | 翔风里田墩 | 金门县 | | 改名懋 |
| | | 蔡复一 | 字敬夫号元履 | 翔风里蔡厝 | 金门县 | 兵部左侍郎 | 蔡用明子，乙未进士 |
| | | 刘骋亮 | | 安仁里高浦所 | 集美区 | 龙南知县 | |

续表

| 朝代 | 科榜 | 姓名 | 字号 | 乡籍 | 现乡籍 | 累官至 | 附注 |
|---|---|---|---|---|---|---|---|
| 明 | 万历二十二年甲午（1594年）解元王畿榜 | 蔡洪 | | 安仁里东西蔡 | 集美区 | 同知 | 改名洪晖 |
| | | 蔡有麟 | | 翔风里平林 | 金门县 | 山东蒙阴教谕 | |
| | | 许光卿 | | 翔风里后浦 | 金门县 | 广东新宁知县 | 许大来孙 |
| | | 李时晖 | | 积善里金山 | 漳州龙海市 | 广西兴业知县 | |
| | | 林应翔 | 字源渑号负苍又号念不先生 | 嘉禾里 | 思明区 | 按察司副使 | 乙未进士 |
| | | 林祯 | | 海澄三都 | 海沧区 | | |
| | 万历二十五年丁酉（1597年）解元洪承选榜 | 张廷拱 | 字尚宰号辅吾 | 翔风里大嶝 | 翔安区 | 都察院右副御史 | 辛丑进士 |
| | | 柯恬 | | 积善里坂尾 | 海沧区 | 得安府推官 | 柯日森子 |
| | | 吕震夏 | | 嘉禾里吕厝 | 湖里区 | | |
| | | 许獬 | | 翔风里后浦 | 金门县 | 翰林院编修 | 辛丑会元 |
| | | 陈台衡 | | 嘉禾里店前 | 湖里区 | | |
| | | 洪觐光 | | 翔风里洪厝 | 翔安区 | 武进知县 | 原名觐，庚戌进士 |
| | | 林应酉 | | 海澄三都 | 海沧区 | 长阳知县 | |
| | | 颜启明 | | 海澄三都 | 海沧区 | | |
| | 万历二十八年庚子（1600年）解元周起元榜 | 梁日暐 | | 积善里鸿渐尾 | 漳州龙海市 | | |

续表

| 朝代 | 科榜 | 姓名 | 字号 | 乡籍 | 现乡籍 | 累官至 | 附注 |
| --- | --- | --- | --- | --- | --- | --- | --- |
| 明 | 万历二十八年庚子（1600年）解元周起元榜 | 林宪卿 | | 在坊里东市 | 同安区 | | |
| | | 陈沃心 | | 嘉禾里店前 | 湖里区 | 广西副使 | 癸丑进士 |
| | | 李懋观 | | 仁德里兑山 | 集美区 | | |
| | | 陈士铨 | 号天桓 | 翔风里阳翟 | 金门县 | 广东新安县知县 | 陈健曾孙 |
| | | 周尔发 | 字子祥 | 安仁里前场 | 集美区 | 应天府丞 | 庚辰进士 |
| | | 刘行义 | | 翔风里刘澳 | 金门县 | 陕西布政司参议 | 庚戌进士 |
| | | 洪纤若 | 字时育 | 翔风里窗兜 | 翔安区 | 两奥司宪 | 甲辰进士 |
| | | 颜起龙 | | 海澄三都 | 海沧区 | | |
| | | 周起元 | | 海澄三都 | 海沧区 | | |
| | 万历三十一年癸卯（1603年）解元林欲楫榜 | 蔡钟有 | | 翔风里大庭 | 翔安区 | 兴国县知县 | |
| | | 李雍 | | 翔风里李厝 | 金门县 | 宿迁县知县 | 榜名许宴 |
| | | 林道推 | | 在坊里东市 | 同安区 | 梧州府知府 | 丙辰进士 |
| | | 吴必达 | | 感化里东山 | 同安区 | | |
| | | 池显衮 | 字鲁夫号对奎 | 嘉禾里中左所 | 思明区 | | |
| | 万历三十四年丙午（1606年）解元郭应响榜 | 苏国翰 | 号乔岳 | 安仁里田头 | 集美区 | 吉安府同知 | 苏颂后裔 |
| | | 张朝纲 | 字思勋号楚台 | 翔风里青屿 | 金门县 | 广西苍梧副使 | 丙辰进士 |

续表

| 朝代 | 科榜 | 姓名 | 字号 | 乡籍 | 现乡籍 | 累官至 | 附注 |
|---|---|---|---|---|---|---|---|
| 明 | 万历三十四年丙午（1606年）解元郭应响榜 | 蒋芳镛 | 字任坦号鲸台 | 翔风里澳头 | 翔安区 | 彬桂副使 | 丁未进士 |
| | | 周家椿 | 号爱曰 | 在坊里后周 | 同安区 | 吏部文选郎中 | 庚戌进士 |
| | | 陈士英 | | 翔风里新垵 | 金门县 | 五城兵马司主事 | |
| | | 林一柱 | 字廷郢号朴所 | 仁德里走马人 | 同安区 | 湖广御史 | 庚戌进士 |
| | | 李茂清 | | 积善里山边 | 海沧区 | | |
| | | 欧烨 | | 积善里壶桥 | 漳州龙海市 | 独山州知州 | |
| | 万历三十七年己酉（1609年）解元周迪榜 | 林䤈言 | 字允坤号亨万 | 嘉禾里塔头 | 思明区 | 太常寺正卿 | 改名宗载，丙辰进士 |
| | | 康尔韫 | 字叔玉 | 从顺里豪岭 | 同安区 | 户部主事 | 己未进士 |
| | | 王忠 | | | | 永康知县 | 榜姓曾 |
| | | 王廷荩 | | 积善里坂尾 | 海沧区 | 增城知县 | |
| | | 池显京 | 字致夫号念苍 | 嘉禾里中左所 | 思明区 | 怀庆府同知 | 池浴德子 |
| | | 黄锵 | | 安仁里牌前 | 集美区 | 平陆知县 | |
| | | 谢宗泽 | | 海澄三都 | 海沧区 | | |
| | 万历四十年壬子（1612年）解元高崇谷榜 | 刘梦潮 | 字国壮号海若 | 在坊里东桥 | 同安区 | 粤西副使 | 第二名，刘存德子，己未进士 |
| | | 陈大廷 | | 同禾里内官 | 翔安区 | 廉州知县 | |
| | | 林钎 | 字实甫 | 翔风里欧垄 | 金门县 | 东阁大学士 | 丙辰探花 |

续表

| 朝代 | 科榜 | 姓名 | 字号 | 乡籍 | 现乡籍 | 累官至 | 附注 |
| --- | --- | --- | --- | --- | --- | --- | --- |
| 明 | 万历四十年壬子（1612年）解元高崇谷榜 | 卢经 | 字一得 | 从顺里杜桥 | 同安区 | 御史 | 乙丑进士 |
| | | 张炜 | 号鲁斐 | 从顺里西塘 | 同安区 | 行人 | 丙辰进士 |
| | | 苏寅宾 | 字初仲号日门 | 翔风里蔡店 | 金门县 | 海南兵备道 | 己未进士 |
| | | 叶成章 | 字国文号慕同 | 感化里下路 | 同安区 | 大理寺丞 | 己未进士 |
| | | 吕天畀 | | 震崎 | | | |
| | | 庄诰 | | 从顺里上路 | 同安区 | | |
| | | 陈如松 | 字白南 | 翔风里陈坑 | 金门县 | 太仓州知州 | |
| | | 李见龙 | | 海澄三都 | 海沧区 | | |
| | 万历四十三年乙卯（1615年）解元甘汝挺榜 | 刘显阁 | | 嘉禾里 | 思明区 | | |
| | | 黄仲晔 | 字芝仲号元眉 | 积善里坂尾 | 海沧区 | 南宁道 | 壬戌进士 |
| | | 陈昌文 | 字清时号伯武 | 翔风里古区 | 金门县 | 南刑科给事中 | 壬戌进士 |
| | | 许锦 | | 翔风里东浦 | 翔安区 | 广东惠来知县 | |
| | | 王彦显 | | | | 琼山知县 | 第三名 |
| | | 林炌 | | 从顺里亨泥 | 同安区 | | 林一材子 |
| | 万历四十六年戊午（1618年）解元戴国章榜 | 陈文瑞 | 字应翠号非凡 | 仁德里集美 | 集美区 | 吴县县令 | 乙丑进士 |
| | | 陈士心 | | 积善里鼎美 | 海沧区 | 龙溪教谕 | |
| | | 陈瑞 | | 在坊里 | 同安区 | 刑部员外郎 | 辛未进士 |
| | | 李光斗 | | 仁德里兑山 | 集美区 | | |

续表

| 朝代 | 科榜 | 姓名 | 字号 | 乡籍 | 现乡籍 | 累官至 | 附注 |
| --- | --- | --- | --- | --- | --- | --- | --- |
| 明 | 万历四十六年<br>戊午（1618年）<br>解元戴国章榜 | 蔡文衡 | | 感化里古坑 | 同安区 | | |
| | | 陈以焻 | | 在坊里县后 | 同安区 | | 改名震 |
| | | 洪仲基 | | 翔风里洪厝 | 翔安区 | | 同科不同榜，下二人同 |
| | | 林志远 | 字致子 | 嘉禾里塔头 | 思明区 | 工部主事 | 癸未进士 |
| | | 张若纲 | | 翔风里大嶝 | 翔安区 | | 改名灏，张廷拱长子 |
| | | 周琦 | | 海澄三都 | 海沧区 | | |
| | 万历年间 | 方矩 | | 海澄三都 | 海沧区 | | |
| | | 魏显忠 | | 海澄三都 | 海沧区 | | |
| | 天启元年<br>辛酉（1621年）<br>解元范方榜 | 范方 | | 安仁高浦所 | 集美区 | 户部员外郎 | 第一名 |
| | | 陈絅 | | 积善里鼎美 | 海沧区 | 龙溪学正 | |
| | | 刘廷宪 | | 翔风里金门 | 金门县 | 桐乡知县 | |
| | | 张珌 | | 积善里东埔 | 海沧区 | 建安知县 | |
| | | 许逵翼 | | 翔风里后浦 | 金门县 | 广西宣化知县 | |
| | | 林龙采 | | 嘉禾里 | 厦门岛内区域 | 湖广宝庆知府 | 林应翔子 |
| | | 康士尊 | | 积善里刘营 | 海沧区 | | |
| | | 郭骏声 | | 翔风里后仓 | 翔安区 | | |

续表

| 朝代 | 科榜 | 姓名 | 字号 | 乡籍 | 现乡籍 | 累官至 | 附注 |
|---|---|---|---|---|---|---|---|
| 明 | 天启元年辛酉（1621年）解元范方榜 | 林廷辉 | | 安仁里马銮 | 集美区 | 工部郎中 | |
| | | 许涣 | | 翔风里后浦 | 金门县 | | |
| | | 李敷明 | | 南安（寄籍同安） | | 岩州府同知 | |
| | | 陈尧宗 | | 同禾里官山 | 翔安区 | 兴国知州 | 同科不同榜 |
| | | 蔡国辉 | | 翔风里大庭 | 翔安区 | | |
| | | 谢梦熊 | | 海澄三都 | 海沧区 | | |
| | 天启四年甲午（1624年）解元程祥会榜 | 宋贞夫 | | 民安里内垵 | 翔安区 | 汤溪知县 | |
| | | 英起元 | | 在坊里西市 | 同安区 | 德庆知州 | |
| | | 池显芳 | 字直夫号玉屏 | 嘉禾里中左所 | 思明区 | | 池浴德子 |
| | 天启七年丁卯（1627年）解元戴震雷榜 | 蔡国光 | 字士观号资服 | 翔风里平林 | 金门县 | 礼部 | 甲戌进士 |
| | | 张翰 | | 翔风里大嶝 | 翔安区 | | |
| | | 陈名扬 | | 翔风里宋厝 | 翔安区 | | |
| | | 康五云 | | 翔风里洪前 | 翔安区 | | |
| | | 洪国祺 | | 翔风里柏埔 | 翔安区 | | 改名绍贤 |
| | | 刘辰楫 | | 在坊里县前 | 同安区 | 南海知县 | |
| | | 陈鼎 | | 积善里角尾 | 漳州龙海市 | 同安教谕 | 石美即角尾 |

续表

| 朝代 | 科榜 | 姓名 | 字号 | 乡籍 | 现乡籍 | 累官至 | 附注 |
| --- | --- | --- | --- | --- | --- | --- | --- |
| 明 | 天启七年<br>丁卯（1627年）<br>解元戴震雷榜 | 辛一鹭 | | 翔风里后垵 | 金门县 | 海澄教谕 | |
| | | 周士夔 | | | | | 同科不同榜 |
| | | 叶应春 | | 在坊里岭下 | 同安区 | | 同科不同榜 |
| | 天启年间 | 刘宗魁 | | 海澄三都 | 海沧区 | | |
| | | 谢宸崇 | | 海澄三都 | 海沧区 | | |
| | | 谢梦星 | | 海澄三都 | 海沧区 | | |
| | 崇祯三年<br>庚午（1630年）<br>解元张能恭榜 | 庄鼎台 | | 同禾里 | 翔安区 | | |
| | | 蔡经铨 | | 从顺里亨泥 | 同安区 | | |
| | | 杨期演 | | 嘉禾里中左所 | 思明区 | | |
| | | 叶翼云 | 字敬甫 | 嘉禾里莲坂 | 思明区 | 吴江知县 | 庚辰进士 |
| | | 张璀 | 字望之号知非 | 在坊里小西门 | 同安区 | 户部郎中 | 甲戌进士 |
| | | 龚天池 | | 翔风里何厝 | 金门县 | 翰林院庶吉士 | 丁丑进士 |
| | | 郭王畿 | | 海澄三都 | 海沧区 | | |
| | | 林应龙 | | 海澄三都 | 海沧区 | 龙溪学 | |
| | 崇祯六年<br>癸酉（1633年）<br>解元陆希韶榜 | 林总师 | | 积善里磁灶 | 海沧区 | 始兴知县 | 改名德宪 |
| | | 林凤仪 | 字朝阳 | 积善里鼎美 | 海沧区 | 青州知府 | 丁丑进士 |
| | | 苏国兰 | | 同禾里田头 | 同安区 | 广东教谕 | 榜姓蔡 |

续表

| 朝代 | 科榜 | 姓名 | 字号 | 乡籍 | 现乡籍 | 累官至 | 附注 |
| --- | --- | --- | --- | --- | --- | --- | --- |
| 明 | 崇祯六年癸酉（1633年）解元陆希韶榜 | 陈观泰 | | 翔风里阳翟 | 金门县 | 河南仪封知县 | 原名琬 |
| | | 林芳春 | | 同禾里城场 | 翔安区 | | |
| | | 陈守臣 | | 翔风里营山 | 金门县 | | 同科不同榜 |
| | | 陈岸登 | | 海澄三都 | 海沧区 | | |
| | 崇祯九年丙子（1636年）解元蔡高标榜 | 卢若腾 | 字牧洲 | 翔风里贤聚 | 金门县 | 宁波巡海道佥事 | 庚辰进士 |
| | | 郑千秋 | | 安仁里高浦所 | 集美区 | | |
| | | 张丹诏 | | 同禾里 | 同安区 | 浦城教谕 | |
| | | 刘霖任 | 字受之 | 在坊里东桥 | 同安区 | | 刘梦潮子 |
| | | 陈凤 | | 在坊里 | 同安区 | | 同科不同榜 |
| | 崇祯十二年己卯（1639年）解元钟垣榜 | 郭贞一 | 字元侯号道憨 | 在坊里后郭 | 同安区 | 浙江巡按 | 庚辰进士 |
| | | 颜应奎 | | 翔风里贤聚 | 金门县 | | |
| | | 张朝綖 | 字思藻号青武 | 翔风里青屿 | 金门县 | 云南督学 | 庚辰进士 |
| | | 杨光堤 | | 民安里店头 | 翔安区 | | 一作杨光禔 |
| | | 黄犀登 | | 海澄三都 | 海沧区 | 龙溪学 | |
| | | 林翰文 | | 海澄三都 | 海沧区 | 宁化教谕 | |
| | 崇祯十五年壬午（1642年）解元何承都榜 | 黄策 | | 翔风里汶水头 | 金门县 | 建宁府崇安教谕 | |
| | | 林谦复 | | 在坊里东市 | 同安区 | | |

续表

| 朝代 | 科榜 | 姓名 | 字号 | 乡籍 | 现乡籍 | 累官至 | 附注 |
|---|---|---|---|---|---|---|---|
| 明 | 崇祯十五年<br>壬午（1642 年）<br>解元何承都榜 | 张炌 | 字季石 | 从顺里西塘 | 同安区 | | 张炜弟 |
| | | 梁鼎明 | | 积善里鸿渐尾 | 漳州龙海市 | | |
| | | 纪许国 | 字石青 | 同禾里后麝 | 同安区 | | |
| | | 谢常春 | | 积善里汤岸 | 集美区 | 闽清教谕 | |
| | | 张汝湖 | | 翔风里青屿 | 金门县 | 湖广安陆府通判 | |
| | | 李其蔚 | 字豹君 | 积善里山边 | 海沧区 | 汾州推官 | 壬辰进士 |
| | | 林嘉采 | | 嘉禾里 | 思明区 | | 同科不同榜，林应翔子 |
| | | 张瀛 | | 翔风里大嶝 | 翔安区 | | 同科不同榜，张廷拱子 |
| 清 | 顺治五年<br>戊子（1648 年）<br>解元李维华榜 | 王陛 | | 民安里白石 | 翔安区 | 连江教谕 | |
| | 顺治八年<br>辛卯（1651 年）<br>解元陈圣泰榜 | 张逢震 | | 翔风里青屿 | 金门县 | | |
| | | 刘望龄 | 字尔三 | 积善里后浦 | 海沧区 | 开封府推官 | 原名广龄，戊戌会魁 |
| | | 王峙 | | 民安里白石 | 翔安区 | | 王陛弟 |
| | 顺治十四年<br>丁酉（1661 年）<br>吴孟榜 | 刘允孝 | | 海澄三都 | 海沧区 | 府学 | 原姓周 |
| | 顺治十七年<br>庚子（1660 年）<br>解元吴道来榜 | 刘佺龄 | 字偓仙 | 在坊里东桥 | 同安区 | 南阳县知县 | 第二名，刘霖任长子 |

续表

| 朝代 | 科榜 | 姓名 | 字号 | 乡籍 | 现乡籍 | 累官至 | 附注 |
|---|---|---|---|---|---|---|---|
| 清 | 康熙二年癸卯（1663年）解元李达可榜 | 洪宸钦 | | 翔风里洪厝 | 翔安区 | | |
| | | 叶孚晋 | 字南叔 | 在坊里岭下 | 同安区 | | |
| | | 郭鸿渐 | | 同禾里郭山 | 同安区 | | |
| | 康熙五年丙午（1666年）解元蔡奎榜 | 陈睿思 | 字子将号宜亭 | 翔风里阳翟 | 金门县 | 中书舍人 | 丁未进士 |
| | 康熙八年己酉（1669年）解元何龙文榜 | 蔡登龙 | | 翔风里蔡厝 | 翔安区 | 南京金坛知县 | |
| | | 倪周旦 | | 翔风里金门所 | 金门县 | 仙游教谕 | 榜姓孙 |
| | | 陈有庆 | | 翔风里赤后 | 金门县 | 直隶东先知县 | |
| | | 谢天宠 | | 海澄三都 | 海沧区 | 永淳知县 | |
| | | 陈王路 | | 海澄三都 | 海沧区 | | |
| | 康熙十一年壬子（1672年）解元林甡榜 | 陈士节 | 字竹公 | 翔风里阳翟 | 金门县 | | 榜姓郭，陈荣选曾孙 |
| | | 叶在兹 | | 在坊里岭下 | 同安区 | 顺昌教谕 | |
| | | 王象雍 | | 积善里白礁 | 漳州龙海市 | | |
| | | 庄元 | | 寄籍龙溪 | | | |
| | 康熙十九年庚申（1680年）补戊午乡试解元曾炳榜 | 金友 | | 从顺里西塘 | 同安区 | 仙游教谕 | 原姓张、张炌孙 |
| | | 王泽观 | | 民安里白石头 | 翔安区 | | 王佐曾孙 |
| | | 刘运升 | 字朝曦号处斋 | 在坊里东桥 | 同安区 | 平和教谕 | 刘霖任孙 |

续表

| 朝代 | 科榜 | 姓名 | 字号 | 乡籍 | 现乡籍 | 累官至 | 附注 |
|---|---|---|---|---|---|---|---|
| 清 | 康熙十九年庚申（1680年）补戊午乡试解元曾炳榜 | 刘骥良 | 号素亭 | 安仁里东西蔡 | 集美区 | 同安教谕 | 原姓蔡，丙戌进士 |
| | 康熙二十年辛酉（1681年）解元郑元超榜 | 吕二酉 | | 翔风里西仓 | 金门县 | 溧阳知县 | 榜姓武 |
| | | 蔡宸枫 | | 民安里茂林头 | 翔安区 | | |
| | | 黄晃 | | 翔风里汶水头 | 金门县 | 政和教谕 | |
| | | 张应聘 | | 积善里官路 | 漳州龙海市 | 台湾知县 | |
| | 康熙二十三年甲子（1684年）解元邱坦榜 | 胡琏 | | 积善里坂尾 | 海沧区 | | |
| | | 蔡春魁 | | | | | 本姓林 |
| | | 林世炳 | | 海澄三都 | 海沧区 | 翼城知县 | |
| | 康熙二十六年丁卯（1687年）解元萧宏梁榜 | 苏峨 | | 同禾里田头 | 同安区 | | 台湾凤山学进，为台湾科举之始 |
| | 康熙二十九年庚午（1690年）解元潘金卤榜 | 陈大宾 | 号敬庵 | 同禾里内官 | 翔安区 | | |
| | | 叶自南 | | 在坊里岭下 | 同安区 | 福清教谕 | |
| | | 陈骝先 | 字子干 | 翔风里阳翟 | 金门县 | | |
| | | 池继溥 | | 嘉禾里中左所 | 思明区 | 曲州知县 | 池浴德曾孙 |
| | 康熙三十二年癸酉（1693年）解元郑基生榜 | 陈梦球 | 号二受 | 石尾 | 漳州龙海市 | 翰林院编修 | 陈永华子，甲戌进士 |
| | 康熙三十五年丙子（1696年）解元余正健榜 | 洪心澄 | | 在坊里北门外 | 同安区 | 河南偃归知县 | |
| | | 陈国伦 | | 嘉禾里 | 厦门岛内区域 | 河南灵宝知县 | 榜姓庄 |

续表

| 朝代 | 科榜 | 姓名 | 字号 | 乡籍 | 现乡籍 | 累官至 | 附注 |
|---|---|---|---|---|---|---|---|
| 清 | 康熙三十八年己卯（1699年）解元张远榜 | 郑中阶 | | 安仁里高浦所 | 集美区 | | 郑升曾孙 |
| | | 林鹏扬 | | 嘉禾里 | 厦门岛内区域 | 京山良乡知县 | |
| | | 陈还 | | 石尾 | 漳州龙海市 | 广东肇庆府开平知县 | 陈梦球侄，庚辰进士 |
| | 康熙四十一年壬午（1702年）解元史大范榜 | 史大范 | | 翔风里后王 | 翔安区 | 浙江淳安知县 | 第一名，本姓陈 |
| | | 叶心朝 | 字尔谐号让亭 | 仁德里后埔 | 同安区 | 内阁中书舍人 | 己丑进士，榜姓王 |
| | | 吴国夔 | | | | | |
| | 康熙四十四年乙酉（1705年）解元施鸿纶榜 | 陈肇俊 | | 翔风里阳翟 | 金门县 | | 陈睿思子 |
| | | 陈霄九 | | 嘉禾里店前 | 湖里区 | 柏乡知县 | 榜姓林 |
| | 康熙四十七年戊子（1708年）解元林昂榜 | 叶蔚 | | 在坊里岭下 | 同安区 | | |
| | | 池继善 | | 嘉禾里中左所 | 思明区 | 达州州同 | |
| | | 蔡锡玉 | | 民安里莲林前 | 翔安区 | 武平教谕 | 本姓王 |
| | | 陈日耀 | | 积善里坂尾 | 海沧区 | | 陈道基曾孙 |
| | | 杜秉德 | | 安仁里马銮 | 集美区 | | 出自族谱 |
| | 康熙五十年辛卯（1711年）解元许斗榜 | 王廷彦 | | 安仁里高浦所 | 集美区 | | |
| | | 洪汝楫 | | 从顺里下路 | 同安区 | | 原姓杨 |
| | | 郭圣科 | | 民安里吕塘 | 翔安区 | 侯官教谕 | 原姓洪 |

续表

| 朝代 | 科榜 | 姓名 | 字号 | 乡籍 | 现乡籍 | 累官至 | 附注 |
|---|---|---|---|---|---|---|---|
| 清 | 康熙五十三年甲午（1714年）解元林廷选榜 | 林廷选 | | | | | 第一名 |
| | | 张对墀 | 字丹飏号仰峰 | 翔风里青屿 | 金门县 | 河南太康知县 | 辛丑进士 |
| | | 洪淳瑛 | | 在坊里北门外 | 同安区 | 仪征知县 | |
| | 康熙五十六年丁酉（1717年）解元黄焕章榜 | 金星徽 | 字北拱号居亭 | 翔风里青屿 | 金门县 | 海澄教谕 | 本姓张 |
| | | 林云岚 | 字龙辅号定轩 | 嘉禾里塔头 | 思明区 | 江西泸溪知县 | |
| | | 林日章 | | 海澄三都 | 海沧区 | | |
| | 康熙五十九年庚子（1720年）解元谢道承榜 | 庄仰旻 | 字彦三号仁轩 | 积善里鼎美 | 海沧区 | 广东增城知县 | |
| | | 许观海 | | 翔风里后浦 | 金门县 | 诏安县教谕 | |
| | | 郭章捷 | 字仁夫 | 在坊里后郭 | 同安区 | | 榜姓郑 |
| | | 郭双峯 | | 海澄三都 | 海沧区 | | |
| | 雍正元年癸卯（1723年）恩科解元廖学信榜 | 王飞龙 | | 翔风里大嶝 | 翔安区 | | |
| | | 洪体元 | | 嘉禾里 | 厦门岛内区域 | | |
| | | 刘天泽 | | 嘉禾里 | 厦门岛内区域 | 武平教谕 | 榜姓陈 |
| | | 李六曹 | | 海澄三都 | 海沧区 | | |
| | 雍正二年甲辰（1724年）解元俞荔榜 | 许琰 | 字保生号瑶洲 | 翔风里后浦 | 金门县 | 翰林院庶吉士 | 丁未进士 |
| | | 黄江 | | 积善里锦宅 | 漳州龙海市 | 内阁中书舍人 | |

续表

<table>
<tr><th>朝代</th><th>科榜</th><th>姓名</th><th>字号</th><th>乡籍</th><th>现乡籍</th><th>累官至</th><th>附注</th></tr>
<tr><td rowspan="16">清</td><td rowspan="5">雍正二年<br>甲辰（1724年）<br>解元俞荔榜</td><td>赵磐</td><td></td><td>嘉禾里</td><td>厦门岛内区域</td><td>永定教谕</td><td></td></tr>
<tr><td>黄琛</td><td>字献其</td><td>嘉禾里</td><td>厦门岛内区域</td><td></td><td></td></tr>
<tr><td>卢家椿</td><td></td><td>翔风里贤聚</td><td>金门县</td><td></td><td></td></tr>
<tr><td>苏遂</td><td>字根怀号茂园</td><td>民安里马家巷</td><td>翔安区</td><td></td><td>榜姓陈，庚戌进士</td></tr>
<tr><td>陈重琳</td><td></td><td>安仁里埕头</td><td>集美区</td><td></td><td></td></tr>
<tr><td rowspan="2">雍正四年<br>丙午（1726年）<br>解元吴士拔榜</td><td>张宪三</td><td></td><td>翔风里青屿</td><td>金门县</td><td>南平教谕</td><td></td></tr>
<tr><td>叶翥</td><td></td><td>嘉禾里莲坂</td><td>思明区</td><td>武平教谕</td><td>榜姓沈</td></tr>
<tr><td rowspan="2">雍正七年<br>己酉（1729年）<br>解元陆祖新榜</td><td>洪云从</td><td>字明友</td><td>翔风里董坑</td><td>翔安区</td><td></td><td></td></tr>
<tr><td>陈良翰</td><td></td><td>海澄三都</td><td>海沧区</td><td></td><td></td></tr>
<tr><td rowspan="5">雍正十年<br>壬子（1732年）<br>解元叶有词榜</td><td>张德溥</td><td></td><td>翔风里青屿</td><td>金门县</td><td></td><td></td></tr>
<tr><td>邵天球</td><td>字元御号夔鸣</td><td>感化里双圳头</td><td>同安区</td><td></td><td>癸丑进士</td></tr>
<tr><td>许之秩</td><td>字舜音</td><td>民安里前埔</td><td>翔安区</td><td></td><td></td></tr>
<tr><td>林翼池</td><td>字凤宾号警齐</td><td>嘉禾里塔头</td><td>思明区</td><td>湖北来凤知县</td><td>乙丑进士</td></tr>
<tr><td>杜鹍</td><td></td><td>安仁里马銮</td><td>集美区</td><td></td><td>雍正癸丑榜武进士，出自族谱</td></tr>
<tr><td rowspan="2">雍正十三年<br>乙卯（1735年）<br>解元黄元宽榜</td><td>胡光彩</td><td></td><td>积善里鼎美</td><td>海沧区</td><td></td><td></td></tr>
<tr><td>李哲</td><td>字希明</td><td>在坊里驿路</td><td>同安区</td><td></td><td></td></tr>
</table>

续表

| 朝代 | 科榜 | 姓名 | 字号 | 乡籍 | 现乡籍 | 累官至 | 附注 |
|---|---|---|---|---|---|---|---|
| 清 | 雍正十三年乙卯（1735年）解元黄元宽榜 | 周正 | | 海澄三都 | 海沧区 | 香山左营守备 | |
| | 雍正朝 | 李六朝 | | 海澄三都 | 海沧区 | | 武举人 |
| | 乾隆元年丙辰（1736年）恩科解元蔡云从榜 | 刘学道 | 字义生 | 翔风里刘五店 | 翔安区 | | |
| | | 林孝基 | 字允仁 | 同禾里城场 | 翔安区 | 沙县教谕 | |
| | | 李树滋 | | | | | |
| | 乾隆三年戊午（1738年）解元出科联榜 | 刘承业 | 字垂恢号鹤田 | 翔风里刘澳 | 金门县 | 铅山知县 | 第二名，戊辰进士 |
| | | 魏瑚 | 字允器号夏斋 | 翔风里炉前 | 翔安区 | 归化教谕 | |
| | | 张允和 | 字行之 | 从顺里西塘 | 同安区 | 顺昌教谕 | 张金友孙 |
| | | 郭迈 | 字亦皋号拱山 | 在坊里后郭 | 同安区 | 浙江景宁知县 | 壬戌进士 |
| | | 杨国文 | | 嘉禾里 | 厦门岛内区域 | | |
| | | 陈国盛 | 字起六 | 积善里莲花 | 海沧区 | 沙县教谕 | |
| | | 刘先登 | 字二山 | 同禾里康浔 | 同安区 | 定兴县知县 | |
| | | 陈元章 | 字一侯 | 翔风里阳翟 | 金门县 | | 陈观泰孙 |
| | | 邱起佐 | | 海澄三都 | 海沧区 | | |
| | 乾隆六年辛酉（1741年）解元邱鹏飞榜 | 刘红苿 | | 在坊里东桥 | 同安区 | | |
| | | 陈明观 | 字辉两 | 安仁里 | 集美区 | 福宁府教授 | |

续表

| 朝代 | 科榜 | 姓名 | 字号 | 乡籍 | 现乡籍 | 累官至 | 附注 |
|---|---|---|---|---|---|---|---|
| 清 | 乾隆六年<br>辛酉（1741 年）<br>解元邱鹏飞榜 | 陈应瑞 | | 翔风里下坑 | 金门县 | | |
| | | 陈连榜 | 字叔元 | 安仁里登瀛 | 集美区 | | |
| | 乾隆九年<br>甲子（1744 年）<br>解元朱仕琇榜 | 林应震 | 字鲤湖 | | | 南靖教谕 | |
| | | 周鹤山 | 字振钦号鹤浦 | 安仁里高浦 | 集美区 | | |
| | | 陈锡范 | 字宝成 | 翔风里封侯亭 | 翔安区 | | |
| | | 陈宁世 | 字子谐号南溪 | 在坊里溪边 | 同安区 | 侯官教谕 | |
| | 乾隆十二年<br>丁卯（1747 年）<br>解元黄元吉榜 | 曾九乔 | 字翥迁 | 积善里官路 | 漳州龙海市 | 建阳县教谕 | |
| | | 许我生 | 字克昂 | 翔风里后浦 | 金门县 | | |
| | | 陈金銮 | | 民安里马巷内头 | 翔安区 | | |
| | 乾隆十五年<br>庚午（1750 年）<br>解元蓝彩琳榜 | 陈琅玕 | 字惠时 | 同禾里施坂 | 翔安区 | 国子监监丞 | |
| | | 苏尚斌 | | 安仁里深青 | 集美区 | 临清知州 | |
| | | 黄涛 | 字天水号文川 | 积善里锦宅 | 漳州龙海市 | 湖北长乐知县 | 辛未进士 |
| | | 康光国 | | 海澄三都 | 海沧区 | | |
| | 乾隆十七年<br>壬申（1752 年）<br>解元蔡廷芳榜 | 谢若愚 | | 海澄三都 | 海沧区 | | 副榜 |
| | 乾隆十八年<br>癸酉（1753 年）<br>解元骆天衢榜 | 刘瀚 | 字景若号溪堂 | 在坊里东桥 | 同安区 | 永宁知州 | |
| | | 叶廷推 | | 海澄三都 | 海沧区 | 龙岩州训导 | |

续表

| 朝代 | 科榜 | 姓名 | 字号 | 乡籍 | 现乡籍 | 累官至 | 附注 |
|---|---|---|---|---|---|---|---|
| 清 | 乾隆十八年癸酉（1753年）解元骆天衢榜 | 叶文馥 | | 海澄三都 | 海沧区 | 内阁中书 | |
| | 乾隆二十一年丙子（1756年）解元杨凤腾榜 | 刘志贤 | 字虞修 | 翔风里刘澳 | 金门县 | | 第二名，刘承业兄 |
| | | 叶世俊 | 字秀凡 | 嘉禾里 | 厦门岛内区域 | 福清训导 | |
| | | 林发春 | 字生侯 | 嘉禾里 | 厦门岛内区域 | | |
| | 乾隆二十四年己卯（1759年）解元孟超然榜 | 杜梅 | 字占魁 | 安仁里马銮 | 集美区 | 延平教授 | |
| | | 许崇楷 | | | | 翼城知县 | |
| | 乾隆二十五年庚辰（1760年）恩科解元张克绥榜 | 庄光前 | 字希迪号灞亭 | 祖籍龙溪 | | 河南候补知县任河防职 | 住在坊里松柏林 |
| | | 颜志远 | | 海澄三都 | 海沧区 | | |
| | | 江启澄 | | 海澄三都 | 海沧区 | | |
| | 乾隆二十七年壬午（1762年）解元赖涛榜 | 庄明呈 | 字允彰号文溪 | 祖籍龙溪 | | 汾州分府通判 | 住在坊里松柏林，庄光前兄 |
| | | 胡词宗 | 字文远 | 从顺里下路胡边 | 同安区 | 南靖教谕 | |
| | 乾隆三十年乙酉（1765年）解元王国鉴榜 | 叶廷梅 | 字近光 | 在坊里岭下 | 同安区 | | |
| | | 陈迈伦 | 字子超 | 在坊里库内巷 | 同安区 | | |
| | | 薛起凤 | 字晋侯 | 嘉禾里 | 厦门岛内区域 | | |
| | | 杨道成 | 字君周 | 仁德里下庄 | 集美区 | | 由台湾学中 |

续表

| 朝代 | 科榜 | 姓名 | 字号 | 乡籍 | 现乡籍 | 累官至 | 附注 |
| --- | --- | --- | --- | --- | --- | --- | --- |
| 清 | 乾隆三十三年戊子（1768年）解元翁霪霖榜 | 陈吉梦 | 字燕侯 | 翔风里阳翟 | 金门县 | | 住北门外，陈尚勖子 |
| | 乾隆三十五年庚寅（1770年）恩科解元钟大受榜 | 许懿善 | | | | | 许崇楷子 |
| | | 潘有为 | | 积善里栖栅 | 漳州龙海市 | 中书舍人 | 同科不同榜 |
| | 乾隆三十六年辛卯（1771年）解元倪元宽榜 | 林永修 | 字慎夫 | 在坊里 | 同安区 | 龙溪训导 | |
| | | 石国琛 | 字玉献 | 在坊里铜鱼馆 | 同安区 | | |
| | 乾隆三十九年甲午（1774年）解元张舫榜 | 王占鳌 | 字硕友 | 安仁里 | 集美区 | 古田教谕 | |
| | | 郭省三 | 字勖吾 | 在坊里后郭 | 同安区 | 泰安教谕 | |
| | 乾隆四十二年丁酉（1777年）解元赵大成榜 | 黄景云 | 字子阶 | 长兴里辜宅 | 翔安区 | | |
| | 乾隆四十四年己亥（1779年）恩科解元张经邦榜 | 林云青 | 字步阶 | 嘉禾里 | 厦门岛内区域 | | |
| | 乾隆四十五年庚子（1780年）解元陈从潮榜 | 陈玉篇 | 字瑶什 | 安仁里登瀛 | 集美区 | 常州府通判 | |
| | | 王纶 | 字愧言 | 嘉禾里 | 厦门岛内区域 | | |
| | 乾隆四十八年癸卯（1783年）解元张腾蛟榜 | 蔡玉彬 | 字仲雅 | 在坊里社坛 | 同安区 | 建宁县训导 | |
| | | 陈光章 | 字倬云 | 在坊里城内 | 同安区 | | |
| | 乾隆五十一年丙午（1786年）解元谢淑元榜 | 洪晨芳 | 字植卿 | | | 尤溪训导 | 第四名 |
| | | 郭章达 | 字锡将 | 同禾里郭山 | 同安区 | | |
| | 乾隆五十三年戊申（1788年）解元韩学泰榜 | 黄炳森 | 字秀卿 | 积善里锦宅 | 漳州龙海市 | | 黄涛孙 |
| | | 陈绍康 | 字思承 | 在坊里 | 同安区 | | |

续表

| 朝代 | 科榜 | 姓名 | 字号 | 乡籍 | 现乡籍 | 累官至 | 附注 |
|---|---|---|---|---|---|---|---|
| 清 | 乾隆五十三年戊申（1788年）解元韩学泰榜 | 林菁 | 字景莪 | 在坊里铜鱼馆 | 同安区 | | |
| | | 刘逢升 | 字仲允 | 同禾里康浔 | 同安区 | | 刘先登子 |
| | | 童浚德 | 字君照 | 在坊里月池 | 同安区 | | |
| | 乾隆五十四年己酉（1789年）恩科解元郑炯榜 | 刘光鼎 | 字孕玉 | 在坊里东门外 | 同安区 | | |
| | | 曾鼎元 | 字肇亭 | 在坊里 | 同安区 | | |
| | 乾隆五十七年壬子（1792年）解元吴宏谟榜 | 汪士杰 | 字岂凡 | 仁德里城内 | 集美区 | | |
| | | 叶瑞莲 | 字若彝 | 嘉禾里县后 | 湖里区 | | |
| | 乾隆五十九年甲寅（1794年）恩科解元杨惠元榜 | 陈士芳 | 字心卿 | 归德里内林 | 同安区 | | |
| | 乾隆六十年乙卯（1795年）恩科解元龚正调榜 | 黄河洲 | 字迪振 | 积善里锦宅 | 漳州龙海市 | | |
| | | 吴淳 | | 嘉禾里 | 厦门岛内区域 | | 吴洪弟 |
| | | 吴洪 | | 嘉禾里 | 厦门岛内区域 | | 吴淳兄 |
| | | 吴江 | | 嘉禾里 | 厦门岛内区域 | | |
| | | 吴锡金 | | 积善里上围 | 漳州龙海市 | 内阁中书 | 由台湾学中 |
| | 嘉庆三年戊午（1798年）解元郑兼才榜 | 叶廷华 | 字士纶 | 在坊里岭下 | 同安区 | 闽县教谕 | |
| | | 陈克家 | | 安仁里登瀛 | 集美区 | | |
| | 嘉庆五年庚申（1800年）恩科解元张光浩榜 | 叶金章 | | 同禾里卢坂尾 | 翔安区 | | |

续表

| 朝代 | 科榜 | 姓名 | 字号 | 乡籍 | 现乡籍 | 累官至 | 附注 |
|---|---|---|---|---|---|---|---|
| 清 | 嘉庆六年<br>辛酉（1801年）<br>解元张翘榜 | 叶润 | | 在坊里岭下 | 同安区 | | 第四名，经元 |
| | | 石鼓文 | | 在坊里铜鱼馆 | 同安区 | | |
| | | 林宗环 | | | | | |
| | 嘉庆九年<br>甲子（1804年）<br>解元林凤翘榜 | 陈占梅 | | 安仁里马銮 | 集美区 | | 第七名 |
| | | 叶芬 | | 在坊里岭下 | 同安区 | | |
| | | 李清荣 | | | | | |
| | 嘉庆十二年<br>丁卯（1807年）<br>解元郭尚先榜 | 郭家泰 | | 同禾里郭山 | 同安区 | | 第十二名 |
| | | 郭弼 | | | | | |
| | | 陈玉辉 | | 安仁里登瀛 | 集美区 | | |
| | | 王检 | | 安仁里高浦 | 集美区 | | 同科不同榜 |
| | 嘉庆十三年<br>戊辰（1808年）<br>恩科解元姚大椿榜 | 曾鼎光 | 字秀岑 | 在坊铜鱼馆 | 同安区 | | 第二名，亚元 |
| | | 苏廷玉 | 字蕴山号鳌石 | 翔风里澳头 | 翔安区 | 四川总督 | 甲戌进士 |
| | | 刘宗成 | | 在坊里洋坂 | 同安区 | 唐山知县 | |
| | | 郭崇仁 | | 同禾里郭山 | 同安区 | | |
| | | 叶亮珠 | | | | | 由钦赐副榜中 |
| | 嘉庆十五年<br>庚午（1810年）<br>解元罗兰孙榜 | 洪联奎 | | 翔风里下后滨 | 翔安区 | | |
| | | 许捷升 | | | | | |
| | | 杨启元 | | 仁德里后溪 | 集美区 | | 由台湾学中 |

续表

| 朝代 | 科榜 | 姓名 | 字号 | 乡籍 | 现乡籍 | 累官至 | 附注 |
|---|---|---|---|---|---|---|---|
| 清 | 嘉庆十八年<br>癸酉（1813年）<br>解元周滨海榜 | 周滨海 | | | | | 第一名 |
| | | 杨忠 | | 仁德里后溪 | 集美区 | | |
| | | 陆贻焜 | | | | | |
| | | 潘正昌 | | 积善里潘厝 | 漳州龙海市 | | |
| | | 林谦光 | | 安仁里内林 | 集美区 | | 由台湾学中 |
| | 嘉庆二十一年<br>丙子（1816年）<br>解元陈鸣盛榜 | 黄初泰 | | 积善里锦宅 | 漳州龙海市 | 台湾府学教授 | |
| | | 陈贯中 | | 同禾里内官 | 翔安区 | | |
| | | 曾兆元 | | 安仁里仓头 | 集美区 | | |
| | 嘉庆二十三年<br>戊寅（1818年）<br>解元叶大章榜 | 王琼林 | | | | | |
| | | 陈元华 | | | | | |
| | | 洪调元 | | | | | |
| | | 曾绍芳 | | | | | |
| | | 郑用锡 | 字在中号祉亭 | 安仁里高浦 | 集美区 | 台湾知县 | 由台湾学中，道光癸未进士 |
| | 嘉庆二十四年<br>己卯（1819年）<br>解元魏本唐榜 | 杜中士 | | 安仁里登瀛 | 集美区 | 翰林院庶吉士 | 道光癸未进士 |
| | 道光元年<br>辛巳（1821年）<br>恩科解元林文斗榜 | 陈拱斗 | | 感化里松田 | 同安区 | | |
| | | 曾文淑 | | | | | |
| | | 高清润 | | 安仁里高浦 | 集美区 | | |
| | | 叶翼飞 | | 感化里古坑 | 同安区 | 国子监学录 | |
| | | 苏廷耀 | | 同禾里郭坑 | 同安区 | | |

续表

| 朝代 | 科榜 | 姓名 | 字号 | 乡籍 | 现乡籍 | 累官至 | 附注 |
| --- | --- | --- | --- | --- | --- | --- | --- |
| 清 | 道光二年<br>壬午（1822年）<br>解元李家辉榜 | 吕世宜 | 号西村 | 翔风里西林 | 金门县 | | 金石书法名家 |
| | 道光五年<br>乙酉（1825年）<br>解元林扬祖榜 | 陈维藻 | | | | | 由台湾学中 |
| | 道光八年<br>戊子（1828年）<br>解元郭礼图榜 | 陈贻孙 | | 同禾里官山仑头 | 翔安区 | | |
| | | 王琼佩 | | | | | 由台湾学中 |
| | 道光十一年<br>辛卯（1831年）<br>解元张际青榜 | 陈有容 | | 同禾里顶溪头 | 同安区 | | |
| | | 林学炯 | 字尔才 | 在坊里铜鱼馆南门内 | 同安区 | | |
| | | 杨联登 | | 仁德里后溪 | 集美区 | | 第十二名 |
| | | 陈捷魁 | | 安仁里洪茂 | 集美区 | 沙县教谕 | 第五名 |
| | 道光十二年<br>壬辰（1832年）<br>恩科解元吴景禧榜 | 戴炳奎 | | 在坊里溪边 | 同安区 | | |
| | | 苏鸿道 | | 同禾里董厝 | 同安区 | | |
| | | 黄滋培 | | | | | 由台湾学中 |
| | 道光十七年<br>丁酉（1837年）<br>解元刘志博榜 | 林鹗腾 | | | | | 庚子进士 |
| | | 蔡廷兰 | | 澎湖 | 澎湖县 | | 甲辰进士 |
| | 道光十九年<br>己亥（1839年）<br>恩科解元叶修昌榜 | 陈贻兰 | | | | | 经魁 |
| | | 冯谦光 | | | | | |
| | 道光二十年<br>庚子（1840年）<br>解元池剑波榜 | 陈德言 | | | | | |

续表

| 朝代 | 科榜 | 姓名 | 字号 | 乡籍 | 现乡籍 | 累官至 | 附注 |
| --- | --- | --- | --- | --- | --- | --- | --- |
| 清 | 道光二十三年癸卯（1843年）恩科解元曾照榜 | 陈廷芬 | | | | | |
| | | 石耀宗 | | 在坊里铜鱼馆 | 同安区 | | |
| | 道光二十四年甲辰（1844年）恩科解元叶畊心榜 | 王宗澄 | 字莲渠 | 在坊里西驿保 | 同安区 | | |
| | | 陈骏三 | 字南金 | 感化里后亭 | 同安区 | 建宁教谕 | |
| | | 陈宗潢 | | 安仁里鱼孚 | 集美区 | | |
| | 道光二十六年丙午（1846年）解元黄维岳榜 | 黄维岳 | | 长兴里古宅 | 翔安区 | | 第一名 |
| | | 纪鸣球 | | 同禾里后廨 | 同安区 | | |
| | | 许超英 | | | | | 由台湾学中 |
| | | 郑如松 | | | | | 由台湾学中 |
| | 咸丰元年辛亥（1851年）恩科解元孟曾谷榜 | 陈斗南 | | 安仁里灌口杉桥头 | 集美区 | | |
| | | 陈恕 | | 安仁里灌口河沟墘 | 集美区 | | |
| | 咸丰二年壬子（1852年）解元陈翔墀榜 | 陈腾鲲 | | 感化里松田 | 同安区 | 署漳州府学 | |
| | 咸丰五年乙卯（1855年）解元刘懿璜榜 | 许元钧 | 字允熙 | 在坊里铜鱼馆关帝官 | 同安区 | | |
| | | 陈霞林 | | 感化里西源 | 同安区 | 内阁中书 | 由台湾学中 |
| | 咸丰九年己未（1859年）并补戊午解元周庆丰榜 | 黄淑 | | 积善里锦宅 | 漳州龙海市 | 内阁中书舍人 | |

续表

| 朝代 | 科榜 | 姓名 | 字号 | 乡籍 | 现乡籍 | 累官至 | 附注 |
|---|---|---|---|---|---|---|---|
| 清 | 咸丰九年己未（1859年）并补戊午解元周庆丰榜 | 叶瑞元 | | 在坊里岭下 | 同安区 | | |
| | | 林豪 | | 翔风里 | 金门县 | | 著淡水、彭湖厅志 |
| | | 陈瑞霖 | | 感化里胡厝宅 | 同安区 | 掌教双溪书院 | |
| | | 陈绍基 | | 感化里胡厝宅 | 同安区 | | |
| | | 陈维英 | | 安仁里登瀛 | 集美区 | 闽县教谕 | 由台湾学中，台湾教育家 |
| | | 陈培梓 | | | | | 由台湾学中 |
| | 同治元年壬戌（1862年）并补辛酉解元王彬榜 | 周家树 | | 嘉禾里 | 厦门岛内区域 | | 经魁 |
| | | 黄景星 | | | | 广东补用知府 | |
| | | 黄景琛 | | 排前 | | 浙江司加员外郎 | |
| | | 林亨 | | | | | |
| | | 陈廷芸 | | | | | |
| | | 陈采 | | | | | |
| | | 谢秀东 | | | | | |
| | | 陈澄清 | | | | | 由台湾学中 |
| | | 周家霖 | | 嘉禾里 | 厦门岛内区域 | | 由台湾学中 |
| | | 蔡丕基 | | 安仁里东西蔡 | 集美区 | | 居台，由台湾学中 |
| | 同治三年甲子（1864年）解元郭尚品榜 | 陈金英 | | 感化里胡厝宅 | 同安区 | | 经魁 |
| | | 张书绅 | | | | | |
| | 同治六年丁卯（1867年）解元王赞元榜 | 林梦草 | 字芝生号鹤亭 | 在坊里铜鱼馆 | 同安区 | | |

续表

| 朝代 | 科榜 | 姓名 | 字号 | 乡籍 | 现乡籍 | 累官至 | 附注 |
|---|---|---|---|---|---|---|---|
| 清 | 同治六年丁卯（1867年）解元王赞元榜 | 陈超群 | | 安仁里李林 | 集美区 | | 由台湾学中 |
| | | 陈扶摇 | 字蕉村 | 感化里霞坂 | 同安区 | | |
| | 同治九年庚午（1870年）解元赵启植榜 | 叶璇 | | 感化里美岐山 | 同安区 | 轮山书院山长 | 亚魁 |
| | | 王希维 | | | | | |
| | | 吴士敬 | | 仁德里石兜 | 集美区 | 内阁中书 | |
| | 同治十二年癸酉（1873年）解元方兆福榜 | 方兆福 | 字录谦 | 民安里下乡 | 翔安区 | | 第一名 |
| | | 曾士玉 | 号廉亭 | 在坊里岳口 | 同安区 | 金门浯州书院山长 | |
| | | 郭世杰 | | 同禾里郭山 | 同安区 | | |
| | | 陈树蓝 | | 安仁里登瀛 | 集美区 | | |
| | 光绪元年乙亥（1875年）恩科解元何咸德榜 | 林鹦翀 | | | | | |
| | | 汪西之 | | 在坊里 | 同安区 | | |
| | | 杜兰心 | | 安仁里马銮 | 集美区 | | |
| | | 陈钟崧 | | 积善里下围社 | 漳州龙海市 | | |
| | 光绪二年丙子（1876年）解元郑瀛洲榜 | 陈旭升 | | 翔风里封侯亭 | 翔安区 | | |
| | | 张庆治 | | | | | |
| | | 陈宗超 | | 嘉禾里 | 厦门岛内区域 | | |
| | | 陈振坤 | | 感化里胡厝宅 | 同安区 | | |
| | | 胡承烈 | 字伟生 | 从顺里霞露 | 同安区 | | |

续表

| 朝代 | 科榜 | 姓名 | 字号 | 乡籍 | 现乡籍 | 累官至 | 附注 |
|---|---|---|---|---|---|---|---|
| 清 | 光绪二年<br>丙子（1876年）<br>解元郑瀛洲榜 | 林秉乾 | 字志亨 | 在坊里铜鱼馆关帝官 | 同安区 | | |
| | | 陈楷 | 字子模 | 在坊里洋坂 | 同安区 | | 由台湾学中 |
| | 光绪五年<br>己卯（1879年）<br>解元陈光斗榜 | 汪景朱 | 字子正 | 在坊里施围 | 同安区 | | 第三名 |
| | | 王步蟾 | 字金波 | 嘉禾里塘边社 | 湖里区 | 掌教乐山书院 | |
| | | 洪国器 | 字子谨号师鹤 | 在坊里北门外 | 同安区 | 县立男、女学校校长 | |
| | 光绪八年<br>壬午（1882年）<br>解元郑孝胥榜 | 黄垂昆 | | 在坊里刹口庙 | 同安区 | | 第五名 |
| | | 何龙 | 字景寿 | 在坊里溪边 | 同安区 | | |
| | | 陈鸿文 | 字剑门 | 同禾里内宅 | 同安区 | | |
| | | 曾国华 | 字云章 | 感化里大路尾 | 同安区 | | |
| | | 陈耀磻 | 字渭东号滨璜 | 在坊里前街 | 同安区 | | |
| | | 洪作舟 | | 翔风里金门 | 金门县 | | |
| | 光绪十一年<br>乙酉（1885年）<br>解元章子浚榜 | 林材 | 字毓甫 | 在坊里铜鱼馆 | 同安区 | | 第十二名 |
| | | 叶奎山 | 字云碧 | 感化里南洋 | 同安区 | | |
| | | 吕登元 | | 嘉禾里 | 厦门岛内区域 | | |
| | | 陈日翔 | | | | | 由台湾学中 |
| | | 叶懋熙 | | | | | 由台湾学中 |

续表

| 朝代 | 科榜 | 姓名 | 字号 | 乡籍 | 现乡籍 | 累官至 | 附注 |
|---|---|---|---|---|---|---|---|
| 清 | 光绪十四年戊子（1888年）解元郑怀陔榜 | 许巽南 | 字克家 | 在坊里铜鱼馆关帝宫 | 同安区 | | 许元钧孙 |
| | | 林际春 | | 安仁里内林 | 集美区 | | 由台湾学中 |
| | 光绪十五年己丑（1889年）恩科解元陈懋鼎榜 | 许步墀 | 字阶三 | 在坊里圣庙边 | 同安区 | | |
| | | 周麟书 | | 嘉禾里 | 厦门岛内区域 | | |
| | 光绪十七年辛卯（1891年）解元陈君耀榜 | 叶大年 | 字廉卿 | 嘉禾里莲坂 | 思明区 | 翰林院庶吉士 | 壬辰进士 |
| | | 李应辰 | | 民安里李厝 | 翔安区 | | 徙台，由台湾学中 |
| | 光绪十九年癸巳（1893年）恩科解元林旭榜 | 张荄 | 字子庚 | 在坊里洋坂张厝 | 同安区 | | |
| | | 吕澄 | 字渊甫 | 嘉禾里 | 厦门岛内区域 | | |
| | | 洪谦光 | | 民安里马巷 | 翔安区 | 盐大使 | 由台湾学中 |
| | 光绪二十年甲午（1894年）解元伊象昂榜 | 周冕 | 字为璧 | 仁德里城内 | 集美区 | | |
| | | 陈师洛 | 字少村 | 归德里霞坂 | 同安区 | | |
| | | 吴煌枢 | 字炯堂号少云 | 在坊里北门内 | 同安区 | 掌教双溪、轮山两书院 | |
| | | 吴锡奎 | 字瑟甫 | 在坊里北门内 | 同安区 | | 吴锡璜兄 |
| | | 陈纲 | 字子显 | 嘉禾里 | 厦门岛内区域 | 驻菲律宾总领事 | 乙未进士 |
| | | 林以佃 | | 安仁里内林 | 集美区 | | 由台湾学中 |

续表

| 朝代 | 科榜 | 姓名 | 字号 | 乡籍 | 现乡籍 | 累官至 | 附注 |
|---|---|---|---|---|---|---|---|
| 清 | 光绪二十三年丁酉（1897年）解元郑书祥榜 | 黄赞夏 | | 嘉禾里 | 厦门岛内区域 | | |
| | | 陈苞 | | 同禾里施坂东陵 | 同安区 | | |
| | | 周殿薰 | 字墨史 | 嘉禾里 | 厦门岛内区域 | | 周殿修弟 |
| | | 周殿修 | 字梅史 | 嘉禾里 | 厦门岛内区域 | | 周殿薰兄 |
| | 光绪二十八年壬寅（1902年）补庚子辛丑恩科解元林传甲榜 | 余焕章 | 字雨农 | 嘉禾里 | 厦门岛内区域 | | 是科改试策论 |
| | 光绪二十九年癸卯（1903年）解元林志烜榜 | 吴锡璜 | 字瑞甫号黼堂 | 在坊里北门内 | 同安区 | | 吴锡圭弟 |
| | | 苏镜潭 | 字灵槎 | 翔风里澳头 | 翔安区 | | 苏廷玉孙 |

## （二）武科举人名录

| 朝代 | 科榜 | 姓名 | 字号 | 原籍 | 现籍 | 累官至 | 附注 |
|---|---|---|---|---|---|---|---|
| 明 | 嘉靖丙午（1546年）科 | 王选 | | | | | |
| | | 邵应魁 | 字伟长<br>号榕斋 | 翔风里金门所 | 金门县 | 广东惠潮浙镇金山参将 | 丁未进士 |
| | | 叶志宁 | | 安仁里高浦所 | 集美区 | | |
| | | 郑敞先 | | | | | |
| | 嘉靖己酉（1549年）科 | 廖廓志 | | 安仁里高浦所 | 集美区 | | |
| | | 叶廷秀 | | 安仁里高浦所 | 集美区 | | |
| | 嘉靖壬子（1552年）科 | 张一鹏 | | | | | |
| | | 杨国安 | | | | | |
| | | 卓孚功 | | | | | |
| | | 黄伯需 | | 翔风里金门所 | 金门县 | | |
| | | 叶惟正 | | 安仁里高浦所 | 集美区 | | |
| | 嘉靖乙卯（1555年）科 | 黄文献 | | | | | |
| | | 木邦和 | | 翔风里金门所 | 金门县 | | |
| | | 卓维潘 | | | | | |
| | 嘉靖戊午（1558年）科 | 杨文时 | | 翔风里金门所 | 金门县 | | |
| | | 黄复初 | | | | | |
| | 嘉靖甲子（1564年）科 | 陈履逊 | | 翔风里金门所 | 金门县 | | |
| | | 陈亮 | | | | | |
| | | 叶本资 | | 翔风里金门所 | 金门县 | | |
| | | 李平藩 | | 安仁里高浦所 | 集美区 | | |
| | | 赵有开 | | 在坊里西南隅溪头 | 同安区 | 烽火寨把总 | 乙丑进士 |
| | | 吴应龙 | | | | | |
| | | 张伯理 | | | | | |
| | 隆庆丁卯（1567年）科 | 陈钟 | | | | | |
| | | 董志学 | | | | | |
| | | 周鼎 | | | | | |
| | | 张逢辰 | | 翔风里金门所 | 金门县 | | |

续表

| 朝代 | 科榜 | 姓名 | 字号 | 原籍 | 现籍 | 累官至 | 附注 |
|---|---|---|---|---|---|---|---|
| 明 | 隆庆庚午（1570年）科 | 叶有凤 | | 在坊里岭下 | 同安区 | | |
| | | 周文郁 | | 翔风里金门所 | 金门县 | 广东都司佥书 | 乙丑进士 |
| | | 张继忠 | 字次岩 | 从顺里西塘 | 同安区 | | |
| | 万历癸酉（1573年）科 | 林一祯 | | 从顺里亨泥 | 同安区 | | 林一材弟，中广东第一名 |
| | | 陈镆 | | 翔风里金门所 | 金门县 | | |
| | 万历丙子（1576年）科 | 叶腾凤 | | 在坊里岭下 | 同安区 | 广东罗定中路守备 | 丁丑进士 |
| | | 洪熙寰 | | 翔风里窗兜 | 翔安区 | | |
| | | 叶冲凤 | | 在坊里岭下 | 同安区 | | |
| | 万历己卯（1579年）科 | 庄渭阳 | | 从顺里祥露 | 同安区 | 左参将 | 癸未进士 |
| | 万历壬午（1582年）科 | 翁学周 | | 翔风里金门所 | 金门县 | | |
| | 万历辛卯（1591年）科 | 张铉 | | | | 广西军门坐营都司 | 第一名，壬辰进士 |
| | 万历丁酉（1597年）科 | 陈居安 | | 翔风里金门所 | 金门县 | | |
| | | 林良翰 | | | | | |
| | | 王曜 | | 安仁里高浦所 | 集美区 | | |
| | 万历癸卯（1603年）科 | 蒋廷曜 | | 安仁里高浦所 | 集美区 | | |
| | | 林凤翔 | | | | | |
| | 万历丙午（1606年）科 | 林彦镛 | | | | | |
| | 万历年间 | 林应元 | | | 海沧区 | | |
| | | 邱一蚪 | | 海澄三都 | 海沧区 | | |
| | | 杨超凤 | | 海澄三都 | 海沧区 | | |
| | 天启丁卯（1627年）科 | 林鹰扬 | | 从顺里亨泥 | 同安区 | | 林一材孙 |

续表

| 朝代 | 科榜 | 姓名 | 字号 | 原籍 | 现籍 | 累官至 | 附注 |
|---|---|---|---|---|---|---|---|
| 明 | 崇祯庚午（1630年）科 | 陈煌 | | 阳翟 | | | |
| | | 徐大行 | | 安仁里高浦所 | 集美区 | 高浦所副千户（从五品） | 出自族谱 |
| | 崇祯癸酉（1633年）科 | 林万里 | | 从顺里亨泥 | 同安区 | 都司 | 林一材曾孙，阵亡 |
| | 科榜不详 | 刘捷 | | | | 金门所指挥同知 | 庚戌进士 |
| | | 陈弼心 | | | | 大同参将 | 戊辰进士 |
| 清 | 顺治庚子（1660年）科 | 赵全斌 | | 在坊里溪头 | 同安区 | | |
| | | 郭君爱 | | 在坊里后郭 | 同安区 | | |
| | | 胡林勋 | | 积善里鼎尾 | 海沧区 | | |
| | 康熙己酉（1669年）科 | 洪乔藩 | | 从顺里冈头 | 同安区 | | |
| | 康熙辛亥（1671年）科 | 杜光参 | | 安仁里马銮 | 集美区 | 广东总兵、云南永北总兵官 | 出自族谱 |
| | 康熙壬子（1672年）科 | 蔡宏 | | | | | |
| | 庚熙庚申（1680年）科 | 白士鳌 | | | | | |
| | 康熙辛酉（1681年）科 | 蔡国镇 | | | | | |
| | | 李三英 | | | | | |
| | 康熙甲子（1684年）科 | 李荐 | | | | | |
| | | 李子壮 | | | | | 本姓许 |
| | 康熙丁卯（1687年）科 | 叶高升 | | 感化里西坑 | 同安区 | | |
| | | 吴绍 | | 感化里埔地 | 同安区 | | |
| | | 黄国栋 | | | | | 甲戌进士 |
| | 康熙庚午（1690年）科 | 吴有成 | | 同禾里石浔 | 同安区 | 台湾千总 | |
| | | 周德奎 | | | | | |

续表

| 朝代 | 科榜 | 姓名 | 字号 | 原籍 | 现籍 | 累官至 | 附注 |
|---|---|---|---|---|---|---|---|
| 清 | 康熙丙子（1696年）科 | 洪铭 | 字懋功 | 在坊里 | 同安区 | 平和城守 | |
| | | 叶寅章 | | 在坊里岭下 | 同安区 | | |
| | | 许朝诚 | | | | | |
| | 康熙己卯（1699年）科 | 陈章馨 | | 感化里古庄 | 同安区 | | |
| | | 陈之彪 | | 感化里东山 | 同安区 | | |
| | 康熙壬午（1702年）科 | 颜皇求 | | 长兴里后塘 | 同安区 | | |
| | | 陈焿 | 字彩侯 | 在坊里阳翟 | 同安区 | | |
| | | 施尚瑗 | | | | | 癸未进士 |
| | | 叶宏正 | | 积善里冲龙 | 漳州龙海市 | | 丙戌进士 |
| | 康熙戊子（1708年）科 | 周联慧 | | 积善里角尾 | 漳州龙海市 | | 己丑进士 |
| | | 陈保琳 | | 嘉禾里店前 | 湖里区 | | |
| | | 颜孔嘉 | | 长兴里后塘 | 同安区 | | |
| | 康熙辛卯（1711年）科 | 王虎威 | | 安仁里高浦 | 集美区 | | |
| | | 王斌 | | 安仁里高浦 | 集美区 | | |
| | | 洪遂 | | 翔风里洪厝 | 翔安区 | | |
| | | 洪宏虑 | | 翔风里洪厝 | 翔安区 | | |
| | | 林培 | | 积善里龙屿 | 海沧区 | | |
| | | 陈士成 | | 翔风里封侯亭 | 翔安区 | | |
| | 康熙癸巳（1713年）恩科 | 陈芾 | | 安仁里杏林住白鹤山下 | 集美区 | | |
| | 康熙甲午（1714年）科 | 刘思睿 | | 在坊里东桥 | 同安区 | | |
| | | 郭祖美 | | | | | |
| | | 郭玑 | | 在坊里后郭 | 同安区 | | |
| | 康熙丁酉（1717年）科 | 王伊濯 | | 在坊里前街 | 同安区 | | |
| | 康熙庚子（1720年）科 | 杨雄 | | 嘉禾里西门 | 思明区 | | |

续表

| 朝代 | 科榜 | 姓名 | 字号 | 原籍 | 现籍 | 累官至 | 附注 |
|---|---|---|---|---|---|---|---|
| 清 | 雍正癸卯（1723年）科 | 刘梦熊 | | 积善里角尾 | 漳州龙海市 | | |
| | | 曾魁在 | | | | | |
| | 雍正甲辰（1724年）科 | 施雄 | 字玉立 | 民安里蔡宅 | 翔安区 | | |
| | | 刘大宾 | | 积善里塘源 | 漳州龙海市 | | 由台湾学中 |
| | | 颜天佑 | | 长兴里后塘 | 同安区 | | |
| | 雍正丙午（1726年）科 | 洪辉起 | | 翔风里洪厝 | 翔安区 | | |
| | | 陈紫霞 | | 安仁里灌口 | 集美区 | | 本姓李 |
| | | 周镐生 | | 安仁里马銮 | 集美区 | | 本姓杜 |
| | | 林光元 | | 民安里莲塘 | 翔安区 | | 榜姓李 |
| | 雍正己酉（1729年）科 | 吴必达 | 字通卿号碧涯 | 在坊里溪边 | 同安区 | 福建水师提督 | 榜姓林，庚戌进士 |
| | 雍正壬子（1732年）科 | 高华 | | 翔风里刘五店 | 翔安区 | 广东惠州千总 | |
| | | 程琮 | | 翔风里浦南 | 翔安区 | | |
| | | 董廷相 | | 嘉禾里下港 | 思明区 | | |
| | 雍正乙卯（1735年）科 | 王盛 | 字景履 | 安仁里埔里 | 集美区 | | |
| | | 李廷献 | | 积善里山边 | 海沧区 | | |
| | | 叶金枝 | | 在坊里岭下 | 同安区 | | |
| | 乾隆丙辰（1736年）恩科 | 叶之昙 | | 在坊里岭下 | 同安区 | | |
| | | 曾春 | 字馨士 | 感化里大路尾 | 同安区 | | |
| | | 陈建俊 | | 安仁里登瀛 | 集美区 | 寿春游击 | |
| | 乾隆甲子（1744年）科 | 林元 | | 积善里角尾 | 漳州龙海市 | 守备 | 榜姓彭 |
| | 乾隆丁卯（1747年）科 | 刘锡命 | | 在坊里县前 | 同安区 | | |
| | | 陈天拱 | | 安仁里陈井 | 集美区 | | |
| | | 石绍烈 | | 仁德里下店 | 集美区 | | |
| | 乾隆庚午（1750年）科 | 叶克俊 | | 在坊里岭下 | 同安区 | | |

续表

| 朝代 | 科榜 | 姓名 | 字号 | 原籍 | 现籍 | 累官至 | 附注 |
|---|---|---|---|---|---|---|---|
| 清 | 乾隆壬申（1752年）科 | 彭三达 | | 翔风里彭厝 | 翔安区 | 万安守备 | |
| | | 王邦杰 | 字希英 | 南陈 | | | |
| | 乾隆癸酉（1753年）科 | 徐元熙 | | 翔风里澳头 | 翔安区 | | |
| | | 石绍麟 | | 仁德里下店 | 集美区 | | |
| | | 李遂良 | | 感化里大学 | 同安区 | | |
| | | 王鲤 | 字瑞龙 | 嘉禾里浦口 | 思明区 | | 庚辰进士 |
| | 乾隆丙子（1756年）科 | 李攀龙 | 字公御 | 感化里大学 | 同安区 | | 榜姓金 |
| | | 纪捷魁 | 字占侯 | 同禾里后廨 | 同安区 | | |
| | 乾隆己卯（1759年）科 | 叶时茂 | 字允丰号得溪 | 从顺里瑶江 | 同安区 | 新太副将 | 癸未会元，廷试探花及第 |
| | | 陈其春 | | 翔风里封侯亭 | 翔安区 | | |
| | | 杨森 | 字君茂 | 安仁里下庄 | 集美区 | | 庚戌进士 |
| | | 陈金瑛 | | 仁德里集美 | 集美区 | | 由台湾学中 |
| | | 叶邦宁 | 字子殿 | 在坊里岭下 | 同安区 | | |
| | 乾隆庚辰（1760年）科 | 潘廷勇 | | 积善里白礁 | 漳州龙海市 | | |
| | | 郭瑛 | 字敦五 | 在坊里后郭 | 同安区 | | 榜姓金 |
| | | 吴豪山 | 字希虞 | 仁德里何山埔 | 集美区 | | |
| | | 邵文英 | | 归德里橄榄岭 | 同安区 | | |
| | | 王骥良 | | 民安里珩头 | 翔安区 | | |
| | | 陈廷英 | | 在坊里溪边 | 同安区 | | 榜姓黄，由台湾学中 |
| | 乾隆壬午（1762年）科 | 庄长清 | 字士澄 | 从顺里祥露 | 同安区 | | |
| | | 陈一扬 | | 仁德里下店 | 集美区 | | |
| | | 杨槐 | 字君三 | 仁德里下庄 | 集美区 | | |
| | 乾隆乙酉（1765年）科 | 洪有庆 | 字景士 | 在坊里溪边 | 同安区 | | |

续表

| 朝代 | 科榜 | 姓名 | 字号 | 原籍 | 现籍 | 累官至 | 附注 |
|---|---|---|---|---|---|---|---|
| 清 | 乾隆乙酉（1765年）科 | 陈清骥 | | 安仁里陈井 | 集美区 | | 榜姓洪，由台湾学中 |
| | | 陈廷英 | | 仁德里集美 | 集美区 | | 榜姓章，由台湾学中 |
| | | 吴志科 | | 在坊里溪边 | 同安区 | | 吴必达侄 |
| | | 吴志谦 | | 在坊里溪边 | 同安区 | | 吴必达子 |
| | | 叶国材 | | 从顺里宋厝 | 同安区 | | |
| | 乾隆庚寅恩（1770年）科 | 李长庚 | 号西岩 | 民安里后滨 | 翔安区 | 闽浙水师提督 | 辛卯进士 |
| | | 杨桂 | 字君丹 | 仁德里下庄 | 集美区 | | 辛卯进士，杨森弟 |
| | | 杨辉 | 字模立 | 仁德里下庄 | 集美区 | | |
| | | 叶长茂 | | 在坊里岭下 | 同安区 | | 叶时茂弟 |
| | | 连三捷 | | 仁德里白石 | 集美区 | | |
| | | 叶国杬 | | 嘉禾里莲坂 | 思明区 | | 叶国材弟 |
| | 乾隆辛卯（1771年）科 | 吴廷英 | | 同禾里石浔 | 同安区 | 守备 | |
| | | 陈其夏 | | 翔风里封侯亭 | 翔安区 | | 陈其春弟 |
| | 乾隆甲午（1774年）科 | 庄廷柱 | | 从顺里祥露 | 同安区 | | |
| | | 李国宝 | | 感化里大学 | 同安区 | | |
| | | 黄大钟 | | 民安里马巷 | 翔安区 | | |
| | | 张天骥 | | 仁德里坂桥 | 集美区 | | |
| | | 王永春 | | 仁德里珩头 | 翔安区 | | |
| | 乾隆丁酉（1777年）科 | 郭大成 | 字集三 | 在坊里后郭 | 同安区 | 海坛左营千总 | |
| | | 黄大伦 | | 民安里马巷 | 翔安区 | | |
| | | 杨梓 | | 仁德里下庄 | 集美区 | | 由台湾学中 |
| | | 洪湘 | | 翔风里 | 翔安区 | | |
| | | 徐元龙 | | 翔风里澳头 | 翔安区 | | |

续表

| 朝代 | 科榜 | 姓名 | 字号 | 原籍 | 现籍 | 累官至 | 附注 |
|---|---|---|---|---|---|---|---|
| 清 | 乾隆己亥恩（1779年）科 | 庄调元 | | 从顺里祥露 | 同安区 | | 第二名 |
| | | 陈清 | | 在坊里溪边 | 同安区 | 千总 | |
| | | 施凤来 | | 从顺里霞露 | 同安区 | | |
| | | 林长青 | | 民安里马巷 | 翔安区 | | |
| | 乾隆庚子（1780年）科 | 叶丹花 | 字韩香 | 在坊里岭下 | 同安区 | | 第十名 |
| | | 李先庚 | | 民安里马巷后滨 | 翔安区 | | 李长庚弟，赠振威将军 |
| | | 黄国魁 | | 民安里马巷 | 翔安区 | | |
| | | 潘有夏 | | 积善里栖栅 | 漳州龙海市 | | |
| | 乾隆癸卯（1783年）科 | 李经邦 | | 仁德里兑山 | 集美区 | | 第二名 |
| | | 刘式典 | | 在坊里县前 | 同安区 | | |
| | | 林炳昌 | 字汝盛 | 仁德里城内 | 集美区 | | |
| | 乾隆戊申（1788年）科 | 叶炳超 | 字汝青 | 仁德里城内 | 集美区 | | 第六名 |
| | | 叶国梁 | | 在坊里岭下 | 同安区 | | |
| | 乾隆己酉（1789年）恩科 | 杨舟 | | 仁德里下庄 | 集美区 | | |
| | | 刘廷璋 | 字特世 | 在坊里县前 | 同安区 | | |
| | 乾隆壬子（1792年）科 | 陈永禧 | | 翔风里封侯亭 | 翔安区 | | |
| | | 许文涧 | | 在坊里 | 同安区 | | |
| | 乾隆甲寅（1794年）恩科 | 陈奠康 | | 翔风里封侯亭 | 翔安区 | | |
| | | 吴国材 | | 同禾里石浔 | 同安区 | | |
| | | 叶高飞 | | 在坊里岭下 | 同安区 | | |
| | | 杨三捷 | | 仁德里下庄 | 集美区 | | 由台湾学中 |
| | 乾隆乙卯（1795年）科 | 林培荣 | | 嘉禾里塔头 | 思明区 | | 第一名武解元 |
| | | 林大山 | | 在坊里 | 同安区 | | |
| | | 余光辉 | | 在坊里 | 同安区 | | |

续表

| 朝代 | 科榜 | 姓名 | 字号 | 原籍 | 现籍 | 累官至 | 附注 |
|---|---|---|---|---|---|---|---|
| 清 | 乾隆乙卯（1795年）科 | 刘辅朝 | | 嘉禾里 | 厦门岛内区域 | | |
| | | 庄式玉 | | 从顺里祥露 | 同安区 | | 由台湾学中 |
| | | 吴安邦 | | 仁德里苎溪内 | 集美区 | 候补守备 | 由台湾学中，丙辰进士 |
| | | 杜光玉 | | 安仁里马銮 | 集美区 | | 由台湾学中 |
| | 嘉庆戊午（1798年）科 | 许长清 | | 民安里马巷 | 翔安区 | | |
| | 嘉庆庚申（1800年）科 | 戴时中 | | | | | |
| | | 吴国华 | | | | | |
| | | 李廷勷 | | | | | |
| | | 杨栋 | | 仁德里灌口后溪 | 集美区 | | |
| | 嘉庆辛酉（1801年）科 | 翁腾榜 | | | | | |
| | | 苏有光 | | | | | |
| | 嘉庆甲子（1804年）科 | 吴应诏 | | | | | |
| | | 陈朝元 | | | | | |
| | | 汪捷升 | | | | | |
| | | 高腾辉 | | | | | |
| | 嘉庆丁卯（1807年）科 | 吕国兴 | | 从顺里卿朴 | 同安区 | | 第一名武解元 |
| | | 童经邦 | | 在坊里城内后城 | 同安区 | | 第七名 |
| | | 庄学山 | | 从顺里祥露 | 同安区 | | 第十二名 |
| | | 曾南英 | 字启俊 | 在坊里岳口 | 同安区 | 海坛副总兵 | 丁丑进士 |
| | | 叶廷衡 | | 同禾里卢坂尾 | 翔安区 | | |
| | 嘉庆戊辰（1808年）恩科 | 吴先登 | | | | | 第十一名 |
| | | 洪廷机 | | 翔风里洪厝 | 翔安区 | | |
| | | 叶金标 | | 在坊里溪边 | 同安区 | 游击 | 甲戌进士 |

续表

| 朝代 | 科榜 | 姓名 | 字号 | 原籍 | 现籍 | 累官至 | 附注 |
|---|---|---|---|---|---|---|---|
| 清 | 嘉庆庚午（1810年）科 | 颜高飞 | | 长兴里后塘 | 同安区 | 都司 | 辛未进士 |
| | | 颜兴邦 | 字子灿 | 在坊里铜鱼馆 | 同安区 | | |
| | | 陈国兴 | | 同禾里云头 | 翔安区 | | 第八名 |
| | | 叶超 | | 感化里古坑 | 同安区 | | |
| | | 陈捷元 | | 翔风里封侯亭 | 翔安区 | | |
| | 嘉庆癸酉（1813年）科 | 叶玉 | | 感化里古坑 | 同安区 | 钦点守备 | |
| | | 叶向日 | | | | | 道光丙戌进士 |
| | | 叶国栋 | | | | 山东守备 | |
| | | 颜国标 | | | | | |
| | | 李先登 | | | | | |
| | | 叶殿邦 | | | | 三砂千总 | |
| | 嘉庆丙子（1816年）科 | 叶璠 | | | | | |
| | | 陈其荣 | | 感化里霞坂 | 同安区 | | |
| | | 叶应新 | | 感化里褒美 | 同安区 | | |
| | | 陈国荣 | | 从顺里丙洲 | 同安区 | 游击 | 丁丑进士 |
| | | 叶朝选 | | | | | |
| | 嘉庆戊寅（1818年）科 | 吕联元 | | 从顺里卿朴 | 同安区 | | |
| | | 余德音 | | 在坊里福星楼 | 同安区 | | |
| | | 陈清华 | | | | | |
| | 嘉庆己卯（1819年）科 | 叶定邦 | | | | | |
| | | 吴邦荣 | | 同禾里石浔 | 同安区 | | 道光癸未进士 |
| | | 颜捷春 | | | | | |
| | | 李廷驹 | | 民安里马巷后滨 | 翔安区 | 山东登州镇总兵 | 李长庚子，袭壮烈伯 |
| | 道光辛已（1821年）恩科 | 曾国兴 | | 嘉丽村 | | | 第六名 |
| | | 叶殿安 | | 感化里褒美 | 同安区 | | 第七名 |

续表

| 朝代 | 科榜 | 姓名 | 字号 | 原籍 | 现籍 | 累官至 | 附注 |
|---|---|---|---|---|---|---|---|
| 清 | 道光辛巳（1821年）恩科 | 杨国兴 | | | | | |
| | | 杨鸿谟 | | 仁德里后溪 | 集美区 | | |
| | 道光壬午（1822年）科 | 黄克忠 | | | | | |
| | | 庄其中 | | 从顺里霞路 | 同安区 | | 第九名 |
| | | 叶山 | | 感化里褒美 | 同安区 | 湾石守备 | |
| | | 苏嵩 | | 同禾里郭坑 | 同安区 | | |
| | | 叶凌云 | | 感化里褒美 | 同安区 | | |
| | 道光乙酉（1825年）科 | 陈腾蛟 | | 同禾里官山湖厝 | 翔安区 | | 第一名武解元 |
| | | 叶为邦 | | | | 铜山千总 | |
| | | 许兴邦 | | 民安里马巷许厝 | 翔安区 | | |
| | | 颜阁紫 | | 长兴里后塘 | 同安区 | | 己丑进士 |
| | | 童必达 | | 在坊里后城 | 同安区 | | |
| | | 叶侍朝 | | | | | |
| | | 叶恩波 | | | | | |
| | | 辛鸿谟 | | | | | |
| | 道光戊子（1828年）科 | 叶绍庚 | | 感化里上邦 | 同安区 | 澎湖都司 | 己丑进士 |
| | | 童必魁 | 字子淳 | 在坊里后城 | 同安区 | | 赠云骑尉 |
| | | 洪国珍 | | | | | |
| | | 苏容 | | 同禾里郭坑 | 同安区 | | 第二名，己丑进士 |
| | | 王奠邦 | | | | | |
| | | 陈经邦 | | 同禾里　头 | 同安区 | | |
| | | 吴定邦 | | | | | |
| | 道光辛卯（1831年）恩科 | 吴兴邦 | | | | | 第十二名 |
| | | 杨联登 | | | | | |
| | | 颜大川 | | | | | |
| | | 洪国泰 | | | | | |
| | | 叶春魁 | | 感化里古坑 | 同安区 | | |

续表

| 朝代 | 科榜 | 姓名 | 字号 | 原籍 | 现籍 | 累官至 | 附注 |
|---|---|---|---|---|---|---|---|
| 清 | 道光壬辰（1832年）科 | 吴奠邦 | | | | | |
| | 道光甲午（1834年）科 | 陈金銮 | | 翔风里封侯亭 | 翔安区 | | |
| | | 叶元 | | | | | 第四名 |
| | | 叶清辉 | | | | | |
| | | 叶升邦 | | 感化里褒美 | 同安区 | 烽火营守备 | |
| | | 叶观成 | | | | | |
| | | 叶殿魁 | | 感化里褒美 | 同安区 | | |
| | | 许邦耀 | | | | | |
| | | 叶达魁 | | 感化里褒美 | 同安区 | | |
| | | 叶兴常 | | 感化里褒美 | 同安区 | | |
| | | 叶士辉 | 字景六 | | | 海沧汛防 | |
| | 道光乙未（1835年）恩科 | 叶廷魁 | 字升老 | 感化里古坑 | 同安区 | | 第四名 |
| | | 周朝恩 | | | | | |
| | | 陈鹤鸣 | | | | | |
| | | 叶舒青 | | 感化里古坑 | 同安区 | 通永镇都司 | 戊戌进士 |
| | | 陈高超 | | 安仁里李林 | 集美区 | | |
| | | 叶绍飏 | | 感化里上邦 | 同安区 | | 丙申进士 |
| | 道光丁酉（1837年）科 | 叶有成 | | 感化里褒美 | 同安区 | 石码守备 | |
| | | 叶元魁 | | 归德里莲山头 | 同安区 | 南澳协镇 | |
| | 道光己亥（1839年）科 | 叶殿章 | | 感化里古坑 | 同安区 | | 第二名 |
| | | 叶观邦 | | | | | |
| | | 许荣辉 | | | | | |
| | | 周荣辉 | | | | | |
| | | 叶朝华 | | | | | |
| | | 黄捷庆 | | | | | |
| | | 叶朝邦 | | 感化里褒美 | 同安区 | 灌口都司 | |

续表

| 朝代 | 科榜 | 姓名 | 字号 | 原籍 | 现籍 | 累官至 | 附注 |
|---|---|---|---|---|---|---|---|
| 清 | 道光庚子（1840年）科 | 高国瑞 | | | | 都阃 | |
| | | 叶天来 | | | | | |
| | 道光癸卯（1843年）科 | 吴士邦 | | 仁德里石兜 | 集美区 | | 第一名武解元，乙已进士 |
| | | 陈升三 | | 同禾里内官 | 翔安区 | | |
| | | 陈邦经 | | 同禾里诗坂 | 翔安区 | | 第五名 |
| | | 苏元图 | | 同禾里霞溪头 | 同安区 | | |
| | | 黄逢日 | | 积善里锦宅 | 漳州龙海市 | | |
| | 道光甲辰（1844年）恩科 | 叶维兴 | | 感化里褒美 | 同安区 | | 第二名 |
| | | 柯邦祥 | | 积善里后柯 | 海沧区 | | 第四名 |
| | | 叶成勋 | | | | | 第七名 |
| | | 卓邦光 | | 仁德里蔡宅 | 同安区 | | |
| | | 叶荣邦 | | 感化里古坑 | 同安区 | | |
| | | 叶逢衢 | | | | 连营守备 | |
| | | 叶初开 | | | | | |
| | | 叶元晖 | | 感化里古坑 | 同安区 | | |
| | 道光丙午（1846年）科 | 叶长春 | | | | | 第十三名 |
| | | 叶邦荣 | | 感化里双圳头 | 同安区 | | |
| | 道光乙酉（1849年）科 | 叶荣标 | | | | | 第十二名 |
| | | 叶钟灵 | | 感化里褒美 | 同安区 | | |
| | | 刘兴邦 | | 感化里圭亩岫 | 同安区 | 温州总兵 | |
| | | 叶绍年 | | 感化里大埔 | 同安区 | | |
| | | 叶凤翔 | | 感化里古坑 | 同安区 | | |
| | | 叶春晖 | | 感化里古坑 | 同安区 | 漳州山城中军守备 | 庚戌进士 |
| | 咸丰辛亥（1851年）恩科 | 叶光明 | | 感化里古坑 | 同安区 | | |
| | | 叶维桢 | | | | | |

续表

| 朝代 | 科榜 | 姓名 | 字号 | 原籍 | 现籍 | 累官至 | 附注 |
| --- | --- | --- | --- | --- | --- | --- | --- |
| 清 | 咸丰辛亥（1851 年）恩科 | 叶殿华 | | | | | |
| | | 叶景堂 | | 感化里古坑 | 同安区 | | 壬子进士 |
| | 咸丰壬子（1852 年）科 | 叶建勋 | | | | | 第二名 |
| | | 叶联升 | | 归德里莲山头 | 同安区 | | 第十八名 |
| | | 叶凌云 | | 感化里褒美 | 同安区 | | 第二十名 |
| | | 蔡荣邦 | | 同禾里乌山 | 翔安区 | | |
| | | 叶时昌 | | 感化里古坑 | 同安区 | | 癸丑进士 |
| | | 叶兴邦 | | 感化里上邦 | 同安区 | | |
| | | 叶廷瑞 | | 感化里褒美 | 同安区 | | |
| | | 蔡振兴 | | 同禾里乌山 | 翔安区 | | |
| | | 蔡从龙 | | 同禾里乌山 | 翔安区 | 石码左府 | |
| | | 叶金魁 | | 感化里褒美 | 同安区 | | |
| | 咸丰乙卯（1855 年）科 | 叶联登 | | 归德里莲山头 | 同安区 | | |
| | | 叶南金 | | | | | |
| | | 叶时 | | | | | |
| | | 叶扬时 | | 感化里褒美 | 同安区 | | |
| | 咸丰己未（1859 年）补戊午（1858 年）科 | 叶宝书 | | 感化里古坑 | 同安区 | | 第十名 |
| | | 陈维城 | | 同禾里官山洪坑 | 翔安区 | | 第十二名 |
| | | 叶殿青 | | 感化里褒美 | 同安区 | | 第十六名 |
| | | 郭长青 | | 同禾里郭山 | 同安区 | | |
| | | 林捷魁 | 字子碧 | 在坊里铜鱼馆 | 同安区 | | |
| | | 林金榜 | | 感化里褒美 | 同安区 | | |
| | | 叶沆宗 | | | | | |
| | | 叶庆魁 | | | | | |
| | 同治壬戌（1862 年）补辛酉（1861 年）科 | 王建魁 | 字汝魁 | | | | |
| | | 叶拔元 | | 感化里古坑 | 同安区 | | |
| | | 叶金魁 | | 感化里古坑 | 同安区 | | |
| | | 叶登云 | | 感化里古坑 | 同安区 | | |

续表

| 朝代 | 科榜 | 姓名 | 字号 | 原籍 | 现籍 | 累官至 | 附注 |
|---|---|---|---|---|---|---|---|
| 清 | 同治壬戌（1862年）补辛酉（1861年）科 | 蔡安邦 | | 同禾里乌山 | 翔安区 | | |
| | | 苏克家 | 字允寿 | 同禾里霞溪头 | 同安区 | | |
| | | 陈正忠 | | 民安里马巷五甲 | 翔安区 | | |
| | | 叶拱南 | | 感化里褒美 | 同安区 | | |
| | | 林廷会 | 字子亨 | 在坊里铜鱼馆 | 同安区 | | |
| | 同治甲子（1864年）科 | 叶大茂 | | | | | |
| | | 陈念祖 | | 民安里马巷五甲 | 翔安区 | | |
| | | 刘美龙 | | 同禾里村尾 | 翔安区 | | |
| | 同治丁卯（1867年）科 | 叶绍三 | | 感化里古坑 | 同安区 | | |
| | | 叶宗清 | | | | | |
| | 同治庚午（1870年）科 | 陈河成 | | 同禾里云头 | 翔安区 | | 第六名 |
| | | 叶世清 | | | | | |
| | | 叶应祥 | | 归德里莲山头 | 同安区 | | 甲戌进士 |
| | 同治癸酉（1873年）科 | 蔡良辰 | | 从顺里凤岗 | 同安区 | | |
| | | 黄廷玉 | 字乃瑞 | 在坊里铜鱼馆 | 同安区 | | |
| | 光绪乙亥（1875年）恩科 | 叶朝安 | | | | | |
| | 光绪丙子（1876年）科 | 吴克忠 | | 同禾里石浔 | 同安区 | | 第十四名 |
| | | 叶捷成 | | 感化里南池 | 同安区 | | |
| | 光绪己卯（1879年）科 | 蔡丕烈 | | 安仁里东西蔡 | 集美区 | | 居台湾 |
| | | 颜金升 | | 长兴里后塘 | 同安区 | 台湾左营汛 | |
| | 光绪壬午（1882年）科 | 叶朝邦 | | 感化里褒美 | 同安区 | | 第十二名 |
| | | 叶炯元 | | | | | 第二十名 |
| | 光绪乙酉（1885年）科 | 李祥金 | | 民安里李厝 | 翔安区 | | 居台湾 |
| | | 李应东 | | 民安里李厝 | 翔安区 | | 居台湾 |
| | | 施朝凤 | 字楷梧 | 从顺里霞露 | 同安区 | | |
| | 光绪辛卯（1891年）科 | 陈国邦 | | 同禾里封侯亭 | 翔安区 | | |

续表

| 朝代 | 科榜 | 姓名 | 字号 | 原籍 | 现籍 | 累官至 | 附注 |
|---|---|---|---|---|---|---|---|
| 清 | 光绪甲午（1894 年）科 | 叶国器 | | 感化里褒美 | 同安区 | 钦加都阃衔 | 乙未进士 |
| | 光绪壬寅（1902 年）补庚子（1900 年）科 | 杜履中 | | 安仁里马銮 | 集美区 | | |
| | 科榜不详 | 叶时辉 | | | | | 道光 |
| | | 陈世扬 | | | | | 咸丰 |
| | | 叶克屏 | | | | | 同治 |
| | | 叶长青 | | 同禾里上宅 | 翔安区 | | |
| | | 叶邦书 | | | | | |
| | | 叶万芬 | | | | | |
| | | 叶显荣 | | | | | |
| | | 叶维藩 | | | | | |
| | | 叶腾云 | | 同禾里上宅 | 翔安区 | | |
| | | 郭之藩 | | | | | |

## （三）清代钦赐举人名表

| 年代 | 姓名 | 字号 | 原乡籍 | 现乡籍 | 累官至 | 附注 |
| --- | --- | --- | --- | --- | --- | --- |
| 嘉庆 | 林一枝 | | | | | |
| | 蔡启章 | | | | | |
| | 石辉 | | | | | |
| | 蔡其焕 | | | | | |
| | 颜黉 | | | | | 国子监学正 |
| 道光 | 黄炯 | | | | | |
| 咸丰壬子（1852年） | 叶玉鸣 | | | | | |
| 咸丰己未（1859年） | 宋大器 | | | | | |
| 同治壬戌（1862年） | 叶林森 | | | | | |
| | 黄耇 | | | | | |
| | 纪壮猷 | | 同禾里鲇鮲潭 | 同安区 | | |
| 同治甲子（1864年） | 陈英灿 | | 感化里下魏 | 同安区 | | |
| 同治丁卯（1867年） | 颜綮 | | 长兴里后塘 | 同安区 | | |
| 年代不详 | 黄应泰 | | | | | |
| | 叶清才 | | | | | |

说明：
1. 古同安县包括今天的厦门市各区、金门县和漳州龙海市角美镇等。
2. 海沧区包括史属同安县和龙溪、海澄县的一部分。
3. 本名录起止时间为洪武五年壬子（1372年）至光绪二十九年癸卯（1903年）。

# 【后记】

征编《厦门科举纪事》缘于长期以来编辑整理厦门文史资料的过程，最初是因为陆续发现散见于各处的科举名人史料记载，及至后来数量渐多，恰逢社会各界越来越重视传承和保护地方文脉，于是酝酿将这部分文史资料挖掘整理、结集成书。

在本书编纂过程中，得到厦门市政协领导的高度重视，得到同安、翔安、海沧、思明、集美和湖里六个区政协的大力支持，特别是同安区政协收集和校核了大量资料；得到厦门地方文史研究专家和有关社会团体及广大文史爱好者、摄影者的大力支持，如龚洁、李启宇和颜立水等文史专家亲自收集资料、撰写文章。在此，对支持和关心《厦门科举纪事》编纂工作的各位领导和社会人士表示衷心的感谢。同时，也希望广大读者与我们交流互动，不吝指正，帮助我们进一步修改完善，共同促进厦门优秀传统文化的赓续发展。

编者

2019 年 11 月